濱千代いづみ 著

中世近世日本語の語彙と語法

キリシタン資料を中心として

和泉書院

目　次

第一部　天草版『エソポのハブラス』の語彙と語法

はじめに ……………………………………………………………………3
第一章　天草版『エソポのハブラス』の自立語の語彙 ………………7
　1　はじめに ………………………………………………………………7
　2　研究の方法と天草版『エソポのハブラス』の基幹語彙 …………8
　3　〈エソポ〉〈ヘイケ〉〈高野本〉で第一・第二基幹語彙の語………24
　4　〈エソポ〉で基幹語彙、〈ヘイケ〉〈高野本〉で0・1・2の段階の語 ……25
　5　〈エソポ〉〈ヘイケ〉で基幹語彙、〈高野本〉で0・1・2の段階の語 ……27
　6　〈エソポ〉で0・1・2の段階、〈ヘイケ〉〈高野本〉で基幹語彙の語 ……28
　7　〈エソポ〉〈ヘイケ〉で0・1・2の段階、〈高野本〉で基幹語彙の語 ……29
　8　〈エソポ〉〈高野本〉で0・1・2の段階、〈ヘイケ〉で基幹語彙の語 ……32
　9　おわりに ……………………………………………………………32
第二章　天草版『エソポのハブラス』・天草版『平家物語』の語彙の
　　　　豊富さ、類似度、偏り ……………………………………37
　1　はじめに ……………………………………………………………37
　2　『エソポのハブラス』の語彙の概要 ………………………………38
　3　語彙の豊富さ ………………………………………………………41
　4　語彙の類似度 ………………………………………………………43
　5　語彙の偏り …………………………………………………………44
　6　おわりに ……………………………………………………………49
第三章　天草版『エソポのハブラス』の助動詞の語彙と語法 ………67
　1　はじめに ……………………………………………………………67
　2　助動詞の語彙の全体像 ……………………………………………68
　3　〈エソポ〉〈伊曽保〉〈ヘイケ〉の助動詞の使用度数と基幹語彙………75

4　基幹語彙の観点による〈伊曽保〉〈ヘイケ〉の助動詞との比較 ……… 81
　　5　おわりに …………………………………………………………… 89
第四章　天草版『エソポのハブラス』の助詞の語彙と語法 …………… 95
　　1　はじめに …………………………………………………………… 95
　　2　助詞の語彙の全体像 ……………………………………………… 97
　　3　〈エソポ〉〈ヘイケ〉〈高野本〉の助詞の使用度数と基幹語彙 …… 105
　　4　〈エソポ〉で基幹語彙の助詞 ……………………………………… 122
　　5　〈エソポ〉で基幹語彙でない助詞 ………………………………… 124
　　6　おわりに …………………………………………………………… 130
おわりに ………………………………………………………………… 134

第二部　古活字本『伊曽保物語』・『教訓近道』の疑問表現

はじめに ………………………………………………………………… 139
第一章　古活字本『伊曽保物語』の疑問詞疑問文 ……………………… 143
　　1　はじめに …………………………………………………………… 143
　　2　疑問詞疑問文の形式 ……………………………………………… 144
　　3　文頭・文中に疑問詞（を含む成分）を用いる形式 ……………… 146
　　4　文末に疑問詞（を含む成分）を用いる形式、文が疑問詞（を含
　　　 む成分）で成立する形式 ………………………………………… 154
　　5　おわりに …………………………………………………………… 156
第二章　古活字本『伊曽保物語』の肯否疑問文 ………………………… 175
　　1　はじめに …………………………………………………………… 175
　　2　肯否疑問文の形式 ………………………………………………… 175
　　3　係り結び形式 ……………………………………………………… 177
　　4　文末助詞形式「─終止形＋や」 …………………………………… 179
　　5　文末助詞形式「─か」 ……………………………………………… 184
　　6　おわりに …………………………………………………………… 185
第三章　『教訓近道』の疑問表現─『伊曽保物語』との比較を通して─ … 197
　　1　はじめに …………………………………………………………… 197

2　『教訓近道』の疑問表現の概観 …………………………………198
　　3　古活字本『伊曽保物語』の疑問表現との比較 ………………199
　　4　万治本『伊曽保物語』の対応部分との比較 …………………202
　　5　おわりに …………………………………………………………207
　おわりに ………………………………………………………………210

第三部　天草版『平家物語』・天草版『エソポのハブラス』の助数詞と数詞

はじめに …………………………………………………………………215
第一章　天草版『平家物語』の助数詞と数詞 …………………………219
　　1　はじめに …………………………………………………………219
　　2　助数詞の概要と数詞語彙 ………………………………………224
　　3　意味による分類の観点で見た助数詞 …………………………229
　　4　使用度数の観点で見た助数詞 …………………………………243
　　5　基幹単位集団の各助数詞の使用比率による比較 ……………258
　　6　使用度数の観点で見た数詞 ……………………………………279
　　7　おわりに …………………………………………………………297
第二章　天草版『エソポのハブラス』の助数詞と数詞 ………………305
　　1　はじめに …………………………………………………………305
　　2　助数詞と助数詞を含む数詞の概要 ……………………………308
　　3　意味による分類の観点で見た助数詞 …………………………314
　　4　おわりに …………………………………………………………336
　おわりに ………………………………………………………………347

あとがき …………………………………………………………………349
索引 ………………………………………………………………………353

第一部
天草版『エソポのハブラス』の語彙と語法

はじめに

　第一部においては、天草版『エソポのハブラス』の語彙を計量的な観点から分析し、語彙と語法を考察する。その際、古活字本『伊曽保物語』・天草版『平家物語』・『平家物語』〈高野本〉を適宜比較に用いることにする。

　天草版『エソポのハブラス』及び天草版『平家物語』は『金句集』と合わせ綴じた形で出版され、1593年の総序を持つ。ただし、天草版『エソポのハブラス』の扉の刊行年は1593年であるが、天草版『平家物語』の扉・序の刊行年は1592年である。現在、大英図書館に唯一本が伝存されている天下の孤本である。天正遣欧少年使節がもたらした活版印刷機によって天草学林（コレジヨ）で印刷され、ポルトガル語式の写音法によるローマ字で日本語が綴られている。

　これらの中で、天草版『エソポのハブラス』はイソップの生涯と数々の寓話とで構成され、それを室町時代末期の話し言葉に翻訳してある。イエズス会の宣教師たちが日本語の学習をするためのテキストとして、また布教の際に引用する拠り所として編集された。

　そして、天草版『平家物語』は古典の平家物語を室町時代末期の話し言葉に書き直してあり、物語は喜一検校と右馬の允の二人が対話する形式で進行する。イエズス会の宣教師たちが日本の言葉と歴史とを学習するためのテキストとして編集された。天草版『平家物語』の原拠の一本として一方流の覚一本が用いられたことが判明している[1]。

　古活字本『伊曽保物語』は少なくとも十種の版本があり、写本も存することから近世初期によく読まれたと推されるが、みな同じ系統と言える[2]。天草版『エソポのハブラス』との関係では共通の祖本として広本の文語本が存したであろうと推定されている。しかし、天草版の下巻に相当する部分は古活字本・天草版の収録寓話の異同が大きい。この部分に関して、天草版が共通の祖本によらず、16世紀ヨーロッパにおいて標準的で権威あるラテン語

本によったとする調査がある[3]。古活字本全体は文語文が基調で、話し言葉を含んでいる。

『平家物語』〈高野本〉は応安四年（1371）の沙門覚一の識語を有している。覚一本は語りの正本を志向したが、その中で〈高野本〉は古態を継承した後期の伝本である。表記は漢字仮名交じり、文体は和漢混交文である。

以上のような作品の成立事情と作品相互の関連から、天草版『エソポのハブラス』の語彙を考察するのに、古活字本『伊曽保物語』・天草版『平家物語』・『平家物語』〈高野本〉と比較を行うのは意義あることと判断する。

天草版『エソポのハブラス』及び天草版『平家物語』は「扉・序・物語の本文・目録」の四部によって構成されている。このうちの物語の本文に使われている語彙を調査の対象とする。計量には次の文献を利用する。

a 『エソポのハブラス本文と総索引』
b 『仮名草子伊曽保物語用語索引』
c 『天草版平家物語語彙用例総索引』
d 『平家物語〈高野本〉語彙用例総索引』（自立語篇）（付属語篇）

これらは共通の方針と基準の下に作成してあるわけではない。そこで、単語の認定の基準を一致させるようにする。

比較に用いる天草版『平家物語』・『平家物語』〈高野本〉についてはc・dに依りながら、項目や用例を検証した。そのため、c・dの解説にある数値と異なる場合もある。

以下、天草版『エソポのハブラス』について、第一章で自立語の語彙、第二章で自立語の語彙の統計的傾向、第三章で助動詞の語彙と語法、第四章で助詞の語彙と語法を取り上げて考察し、特色を把握するように努める。

なお、助数詞・数詞については第三部で取り扱うことにする。

注
1) 天草版『平家物語』の原拠本研究史については、近藤政美（2008）参照。
2) 森田武（1965）「伊曽保物語」の解説では、「異本と称すべきものはないと言えよう」とし、上巻の「第一 本国の事」の条に「そのうへオかく又ならふ人

なし」とあるものと、「そのうへ」の代わりに「然共」とあるものとを区別し、「そのうへ」系と「しかれども」系とする。
3) 遠藤潤一（1987）には、「古活字本祖本の原典は Steinhöwel 集のロマンス語訳本であったと考えられ」、天草版の編者は「古活字本祖本に依拠した編集を続け、その古活字本祖本にイソップ寓話としては異質な話が登場する辺りに差し掛かって古活字本祖本の利用を断念し、初めから用意していたラテン語本に依拠しての編集に切り替えたのではないであろうか」とある。

〈文献〉
遠藤潤一（1987）『邦訳二種　伊曽保物語の原典的研究　総説』　風間書房
大塚光信・来田隆（1999）『エソポのハブラス本文と総索引』　清文堂出版
近藤政美・武山隆昭・近藤三佐子（1996）『平家物語〈高野本〉語彙用例総索引』（自立語篇）　勉誠社
近藤政美・武山隆昭・池村奈代美・濱千代いづみ・近藤三佐子（1998）『平家物語〈高野本〉語彙用例総索引』（付属語篇）　勉誠社
近藤政美・池村奈代美・濱千代いづみ（1999）『天草版平家物語語彙用例総索引』　勉誠出版
近藤政美（2008）『天草版『平家物語』の原拠本、および語彙・語法の研究』　和泉書院
森田武（1965）校注・解説「伊曽保物語」（日本古典文学大系『仮名草子集』）岩波書店
横山英　監修（1975）『仮名草子伊曽保物語用語索引』　白帝社

第一章　天草版『エソポのハブラス』の自立語の語彙

キーワード：エソポのハブラス　自立語　基幹語彙　使用率　順位

1　はじめに

　この研究の目的は、天草版『エソポのハブラス』の自立語の語彙の特色を計量的な方面から捉えることである。かつて天草版『平家物語』の自立語の語彙について、各見出し語の使用度数を計量して使用率を計算し、段階に分けて作品の骨格部分をなす語集団を設定し、その語集団の観点から作品の語彙の特色を解明した[1]。天草版『エソポのハブラス』にも、その語集団という観点をあてはめるが、天草版『平家物語』のときの段階については見直すことにする。天草版『平家物語』、『平家物語』〈高野本〉との比較を行いながら、天草版『エソポのハブラス』の自立語の語彙の特色を探究することに努める。

　計量には次の文献を利用し、単語の認定の基準を一致させるようにする。
　a　『エソポのハブラス本文と総索引』
　b　『天草版平家物語語彙用例総索引』
　c　『平家物語〈高野本〉語彙用例総索引』（自立語篇）

　天草版『エソポのハブラス』と天草版『平家物語』は、それぞれ「扉・序・物語の本文・目録」の四部によって構成されている。このうちの物語の本文に使われている自立語を対象とする。cは新日本古典文学大系『平家物語』をもとに作成してある。

　以下、略称を用いる場合があるが、そのときは次のものを用いる。
　〈エソポ〉〈エ〉……天草版『エソポのハブラス』

〈ヘイケ〉〈ヘ〉……天草版『平家物語』
〈高野本〉〈高〉……『平家物語』〈高野本〉
〈エソポ〉〈ヘイケ〉〈高野本〉の自立語の語彙量は次のようである。

作品	異なり語数	延べ語数
〈エソポ〉	2904	11749
〈ヘイケ〉	7421	46893
〈高野本〉	14790	99309

　異なり語数において、〈エソポ〉を1とすると〈ヘイケ〉は2.6、〈高野本〉は5.1になる。延べ語数において、〈エソポ〉を1とすると〈ヘイケ〉は4.0、〈高野本〉は8.5になる。〈ヘイケ〉〈高野本〉の語彙量にくらべると〈エソポ〉の語彙量は多いと言えない。しかし、室町時代末期の自立語の語彙の特色を明らかにできると考える。

2　研究の方法と天草版『エソポのハブラス』の基幹語彙

　ある言語資料を対象とした語彙調査を行った場合に得られる、骨格部分をなす語集団を「基幹語彙」と呼ぶことにする[2]。基幹語彙はその言語資料で大きな使用率で使われる語集団である。その中には他の言語資料にも現れるものと、この言語資料にのみ特徴的によく現れるものとがある。
　かつて天草版『平家物語』の自立語の語彙の特色を把握するにあたり、『平家物語』〈高野本〉を比較に用いて、作品ごとに、自立語全体の中における各語の使用率（各語の使用度数÷自立語全部の使用度数×1000）を計算し、それによって9段階に分けるという手法をとった。使用率が1.00パーミル以上2.00パーミル未満に入るものの段階を「5」とし、それを基準にして、高い方は段階ごとに使用率の幅を2倍・4倍というように広げていき、低い方は2分の1・4分の1というように狭めていく。これにゼロを加えて、10段階に分けた。この分け方を天草版『エソポのハブラス』にも応用してみる。各段階の使用率の範囲、各作品の使用度数・異なり語数を示すと、次のよう

になる。

表1 使用率による9段階の分類

段階	使用率の範囲：a 単位：パーミル	〈エソポ〉使用度数	〈エソポ〉異なり語数	〈ヘイケ〉使用度数	〈ヘイケ〉異なり語数	〈高野本〉使用度数	〈高野本〉異なり語数
9	16.00 ≦ a	277〜	3	754〜	4	2024〜	1
8	8.00 ≦ a ＜16.00	96〜181	10	384〜716	7	989〜1469	5
7	4.00 ≦ a ＜ 8.00	50〜79	15	200〜350	9	422〜746	11
6	2.00 ≦ a ＜ 4.00	24〜44	42	95〜183	32	206〜378	27
5	1.00 ≦ a ＜ 2.00	12〜23	87	47〜93	101	100〜197	71
4	0.50 ≦ a ＜ 1.00	6〜11	214	24〜46	170	50〜99	159
3	0.25 ≦ a ＜ 0.50	3〜5	464	12〜23	340	25〜49	345
2	0.125≦ a ＜ 0.25	2	461	6〜11	717	13〜24	659
1	0.00 ＜ a ＜ 0.125	1	1608	1〜5	6041	1〜12	13512
0	0.00 ＝ a	0	……	0	……	0	……
	異なり語数の合計		2904		7421		14790

　作品の異なり語数が多くなると使用率の小さい語が多くなる。上記の表で、1の段階の範囲に入る語が〈エソポ〉では全体の55.4％であるのに対し、〈ヘイケ〉では全体の81.4％にも至る。〈高野本〉ではさらに高く、全体の91.4％を占める。しかし、作品の異なり語数の多少にかかわらず、一定の使用率以上の語数はあまり違わない。上記の表で、2の段階以上の語数は〈エソポ〉で1296語、〈ヘイケ〉で1380語、〈高野本〉で1278語となり、大きな差はない。

　このような事象を踏まえて、今回は〈エソポ〉の語彙の特色を把握するのに使用率に加えて順位という基準を設けることにする。各作品の語彙を使用度数の多い順に並べ、上位50語を選出し、この語群を第一基幹語彙とする。そして、51位以下で5の段階（使用率1.00パーミル以上）までに属する語を第二基幹語彙とする。〈エソポ〉の第一基幹語彙、第二基幹語彙を示すと、表2、表3のようになる。

　表中、「品詞」には品詞名を略称で示す。「文法」には活用語の活用の種類と普通名詞以外の名詞の区別を略称で示す。各作品で第一基幹語彙に入るも

第一部　天草版『エソポのハブラス』の語彙と語法

のには「A」、第二基幹語彙に入るものには「B」の印を付ける。表4から表7までも同様である。

表2　〈エソポ〉の第一基幹語彙

エ番号	見出し語	漢字	品詞	文法	エ度数	エ使用率	エ段階	ヘ度数	ヘ段階	ヘ印	高度数	高段階	高印
1	いふ	言	動	四段	378	32.17	9	822	9	A	704	7	A
2	こと	事	名		323	27.49	9	844	9	A	989	8	A
3	その	其	連体		277	23.58	9	507	8	A	746	7	A
4	あり	有	動	ラ変	181	15.41	8	1000	9	A	1469	8	A
5	す	為	動	サ変	174	14.81	8	545	8	A	1007	8	A
6	もの	物・者	名		153	13.02	8	408	8	A	503	7	A
7	この	此	連体		140	11.92	8	384	8	A	591	7	A
8	なし	無	形	ク活	139	11.83	8	388	8	A	654	7	A
9	エソポ		名	固人	133	11.32	8	0	0		0	0	
10	とき	時	名		114	9.70	8	153	6	A	352	6	A
11	これ	此	名	代名	105	8.94	8	427	8	A	745	7	A
12	ひと	人	名		104	8.85	8	350	7	A	558	7	A
13	ある	或	連体		96	8.17	7	38	4		64	4	
14	まうす	申	動	四段	79	6.72	7	754	9	A	1170	8	A
15	おもふ	思	動	四段	78	6.64	7	341	7	A	494	7	A
16	われ	我	名	代名	72	6.13	7	84	5	B	157	5	B
17	したごころ	下心	名		69	5.87	7	0	0		0	0	
18	おほかめ	狼	名		65	5.53	7	0	0		0	0	
19	かの	彼	連体		63	5.36	7	35	4		145	5	B
20	みる	見	動	上一	62	5.28	7	272	7	A	422	7	A
21	ところ	所・処	名		62	5.28	7	147	6	A	324	6	A
22	わが	我	連体		61	5.19	7	51	5	B	129	5	B
23	シヤント		名	固人	60	5.11	7	0	0		0	0	
24	また	又	接		59	5.02	7	162	6	A	251	6	A
25	み	身	名	代名	55	4.68	7	98	6	A	186	5	A
26	それ	其	名	代名	55	4.68	7	87	5	B	140	5	B
27	ござる	御座	動	四段	52	4.43	7	716	8	A	0	0	
28	く	来	動	カ変	50	4.26	7	48	5	B	19	2	

第一章　天草版『エソポのハブラス』の自立語の語彙　11

エ番号	見出し語	漢字	品詞	文法	エ度数	エ使用率	エ段階	ヘ度数	ヘ段階	ヘ印	高度数	高段階	高印
29	きつね	狐	名		44	3.74	6	0	0		1	1	
30	さて	然	接		41	3.49	6	147	6	A	144	5	B
31	いかに	如何	副		40	3.40	6	87	5	B	259	6	A
32	こころ	心	名		39	3.32	6	118	6	A	239	6	A
33	ゐる	居	動	上一	37	3.15	6	113	6		30	3	
34	おほきなり	大	形動	ナリ	37	3.15	6	42	4		84	4	
35	きく	聞	動	四段	35	2.98	6	162	6	A	194	5	A
36	およぶ	及	動	四段	35	2.98	6	77	5	B	184	5	B
37	づ	出	動	下二	34	2.89	6	101	6	A	0	0	
38	しゆじん	主人	名		34	2.89	6	0	0		0	0	
39	なる	成	動	四段	33	2.81	6	287	7	A	540	7	A
40	なか	中	名		33	2.81	6	95	6	B	229	6	A
41	なす	為	動	四段	33	2.81	6	38	4		114	5	B
42	すこし	少	副		33	2.81	6	22	3		60	4	
43	いぬ	犬	名		33	2.81	6	0	0		0	0	
44	ただ	只	副		32	2.72	6	115	6	A	206	6	A
45	いま	今	名		31	2.64	6	158	6		340	6	
46	やう	様	名		31	2.64	6	46	4		73	4	
47	ひつじ	羊	名		31	2.64	6	0	0		0	0	
48	とる	取	動	四段	29	2.47	6	136	6	A	250	6	A
49	もつ	持	動	四段	29	2.47	6	47	5	B	217	6	A
50	こたふ	答	動	下二	29	2.47	6	8	2		16	2	

表3 〈エソポ〉の第二基幹語彙

エ番号	見出し語	漢字	品詞	文法	エ度数	エ使用率	エ段階	ヘ度数	ヘ段階	ヘ印	高度数	高段階	高印
51	なんと	何	副		28	2.38	6	123	6	A	1	1	
52	くらふ	食	動	四段	28	2.38	6	1	1		0	0	
53	うち	内・中	名		27	2.30	6	133	6	A	251	6	A
54	くに	国	名		27	2.30	6	19	3		64	4	
55	ろば	驢馬	名		27	2.30	6	0	0		0	0	
56	しる	知	動	四段	26	2.21	6	102	6	A	181	5	B

12　第一部　天草版『エソポのハブラス』の語彙と語法

エ番号	見出し語	漢字	品詞	文法	エ度数	エ使用率	エ段階	ヘ度数	ヘ段階	ヘ印	高度数	高段階	高印
57	とふ	問	動	四段	26	2.21	6	53	5	B	74	4	
58	なぜに	何故	副		26	2.21	6	36	4		0	0	
59	なんぢ	汝	名	代名	26	2.21	6	29	4		54	4	
60	うへ	上	名		25	2.13	6	66	5	B	186	5	A
61	ていわう	帝王	名		25	2.13	6	19	3		8	1	
62	われら	我等	名	代名	25	2.13	6	15	3		43	3	
63	ねずみ	鼠	名		25	2.13	6	0	0		2	1	
64	かへる	帰・返	動	四段	24	2.04	6	66	5	B	124	5	B
65	まづ	先	副		24	2.04	6	59	5	B	86	4	
66	ゆく	行	動	四段	24	2.04	6	55	5	B	95	4	
67	ほど	程	名		24	2.04	6	54	5	B	253	6	A
68	ただいま	只今	名		24	2.04	6	42	4		67	4	
69	けだもの	獣	名		24	2.04	6	5	1		5	1	
70	しし	獅子	名		24	2.04	6	0	0		0	0	
71	のち	後	名		23	1.96	5	106	6	A	247	6	A
72	ちから	力	名		23	1.96	5	38	4		75	4	
73	いへ	家	名		23	1.96	5	24	4		52	4	
74	さき	先・前	名		22	1.87	5	81	5	B	130	5	B
75	おく	置	動	四段	22	1.87	5	61	5	B	105	5	B
76	ため	為	名		22	1.87	5	57	5	B	142	5	B
77	ひとつ	一	名		22	1.87	5	40	4		82	4	
78	ししわう	獅子王	名		21	1.79	5	0	0		0	0	
79	つかまつる	仕	動	四段	20	1.70	5	80	5	B	96	4	
80	ここ	此処	名	代名	20	1.70	5	70	5	B	64	4	
81	かなふ	叶	動	四段	20	1.70	5	59	5	B	82	4	
82	よし	良	形	ク活	20	1.70	5	55	5	B	78	4	
83	おのおの	各々	名		20	1.70	5	19	3		52	4	
84	いく	行	動	四段	20	1.70	5	18	3		0	0	
85	ふしん	不審	名		20	1.70	5	3	1		3	1	
86	たちまち	忽	副		20	1.70	5	3	1		0	0	
87	ぎ	義	名		20	1.70	5	2	1		5	1	
88	くださる	下	動	下二	19	1.62	5	54	5	B	0	0	

第一章　天草版『エソポのハブラス』の自立語の語彙　13

エ番号	見出し語	漢字	品詞	文法	エ度数	エ使用率	エ段階	ヘ度数	ヘ段階	ヘ印	高度数	高段階	高印
89	まへ	前	名		19	1.62	5	46	4		62	4	
90	ころす	殺	動	四段	19	1.62	5	3	1		9	1	
91	おほす	仰	動	下二	18	1.53	5	183	6	A	153	5	B
92	うま	馬	名		18	1.53	5	161	6	A	236	6	A
93	ひとびと	人々	名		18	1.53	5	98	6	A	185	5	A
94	いのち	命	名		18	1.53	5	93	5	B	129	5	B
95	こゑ	声	名		18	1.53	5	42	4		77	4	
96	からす	烏	名		18	1.53	5	0	0		3	1	
97	いちにん	一人	名		17	1.45	5	72	5	B	107	5	B
98	ににん	二人	名		17	1.45	5	38	4		69	4	
99	それがし	某	名	代名	17	1.45	5	31	4		3	1	
100	はら	腹	名		17	1.45	5	21	3		29	3	
101	おん	恩	名		17	1.45	5	16	3		20	2	
102	はわ	母	名		17	1.45	5	15	3		0	0	
103	すなはち	即	副		17	1.45	5	13	3		37	3	
104	おのれ	己	名	代名	17	1.45	5	9	2		9	1	
105	やぎう	野牛	名		17	1.45	5	0	0		0	0	
106	ほか	外	名		16	1.36	5	63	5	B	91	4	
107	まだ	未	副		16	1.36	5	44	4		2	1	
108	みち	道	名		16	1.36	5	41	4		79	4	
109	しか	鹿	名		16	1.36	5	12	3		4	1	
110	ことごとく	悉	副		16	1.36	5	7	2		16	2	
111	あた	怨	名		16	1.36	5	3	1		10	1	
112	にはとり	鶏	名		16	1.36	5	2	1		10	1	
113	わし	鷲	名		16	1.36	5	0	0		0	0	
114	いる	入	動	四段	15	1.28	5	88	5	B	148	5	B
115	ぞんず	存	動	サ変	15	1.28	5	79	5	B	53	4	
116	かく	掛	動	下二	15	1.28	5	63	5	B	133	5	B
117	おほし	多	形	ク活	15	1.28	5	50	5	B	126	5	B
118	ことば	言葉	名		15	1.28	5	18	3		28	3	
119	あたり	辺	名		15	1.28	5	17	3		11	1	
120	とり	鳥	名		15	1.28	5	8	2		22	2	

第一部　天草版『エソポのハブラス』の語彙と語法

エ番号	見出し語	漢字	品詞	文法	エ度数	エ使用率	エ段階	ヘ度数	ヘ段階	ヘ印	高度数	高段階	高印
121	まらする		動	サ変	14	1.19	5	328	7	A	0	0	
122	たてまつる	奉	動	四段	14	1.19	5	230	7	A	631	7	A
123	こ	子	名		14	1.19	5	45	4		109	5	B
124	あまた	数多	名		14	1.19	5	29	4		48	3	
125	ゆるす	許	動	四段	14	1.19	5	29	4		41	3	
126	なん	何	名	代名	14	1.19	5	21	3		25	3	
127	のむ	飲	動	四段	14	1.19	5	6	2		12	1	
128	むかふ	向	動	四段	13	1.11	5	69	5	B	102	5	B
129	て	手	名		13	1.11	5	53	5	B	114	5	B
130	みづ	水	名		13	1.11	5	42	4		78	4	
131	なに	何	名	代名	13	1.11	5	35	4		54	4	
132	ひらく	開	動	四段	13	1.11	5	23	3		30	3	
133	くち	口	名		13	1.11	5	11	2		24	2	
134	そなた	其方	名	代名	13	1.11	5	9	2		4	1	
135	をしふ	教	動	下二	13	1.11	5	4	1		11	1	
136	あり	蟻	名		13	1.11	5	0	0		1	1	
137	ぬすびと	盗人	名		13	1.11	5	0	0		1	1	
138	まゐる	参	動	四段	12	1.02	5	204	7	A	378	6	A
139	みゆ	見	動	下二	12	1.02	5	112	6	A	237	6	A
140	よ	世・代	名		12	1.02	5	109	6	A	210	6	A
141	やがて	軈而	副		12	1.02	5	106	6	A	176	5	B
142	よし	由	名		12	1.02	5	59	5	B	187	5	A
143	ぎ	儀	名		12	1.02	5	52	5	B	32	3	
144	しぬ	死	動	ナ変	12	1.02	5	51	5	B	71	4	
145	なにごと	何事	名		12	1.02	5	51	5	B	62	4	
146	たれ	誰	名	代名	12	1.02	5	30	4		65	4	
147	こころう	心得	動	下二	12	1.02	5	22	3		19	2	
148	いたす	致	動	四段	12	1.02	5	19	3		38	3	
149	まこと	誠	名		12	1.02	5	13	3		21	2	
150	そば	側	名		12	1.02	5	11	2		7	1	
151	だうり	道理	名		12	1.02	5	5	1		7	1	
152	さと	里	名		12	1.02	5	2	1		11	1	

第一章　天草版『エソポのハブラス』の自立語の語彙　15

エ番号	見出し語	漢字	品詞	文法	エ度数	エ使用率	エ段階	ヘ度数	ヘ段階	ヘ印	高度数	高段階	高印
153	あたふ	与	動	下二	12	1.02	5	2	1		9	1	
154	あな	穴	名		12	1.02	5	1	1		1	1	
155	つま	妻	名		12	1.02	5	1	1		1	1	
156	はと	鳩	名		12	1.02	5	0	0		1	1	
157	バビロニヤ		名	固地	12	1.02	5	0	0		0	0	

　〈エソポ〉の第一基幹語彙は「言ふ」「こと」「その」から「取る」「持つ」「答ふ」までの50語で、9の段階から6の段階までに属している。また、〈エソポ〉の第二基幹語彙は「なんと」「食らふ」「うち」から「妻」「鳩」「バビロニヤ」までの107語で、6・5の段階に属している。これらが〈エソポ〉という作品の骨格部分をなす語集団である。

　なお、〈ヘイケ〉の第一基幹語彙は使用度数98で6の段階の「ひとびと」「み（身）」までの51語であり、第二基幹語彙は使用度数47で5の段階の「持つ」までの102語である。また、〈高野本〉の第一基幹語彙は使用度数185で5の段階の「ひとびと」までの50語であり、第二基幹語彙は使用度数100で5の段階の「承る」までの65語である。

表4　〈ヘイケ〉の第一基幹語彙

ヘ番号	見出し語	漢字	品詞	文法	ヘ度数	ヘ段階	エ度数	エ段階	エ印	高度数	高段階	高印
1	あり	有	動	ラ変	1000	9	181	8	A	1469	8	A
2	こと	事	名		844	9	323	9	A	989	8	A
3	いふ	言	動	四段	822	9	378	9	A	704	7	A
4	まうす	申	動	四段	754	9	79	7	A	1170	8	A
5	ござる	御座	動	四段	716	9	52	7	A	0	0	
6	す	為	動	サ変	545	8	174	8	A	1007	8	A
7	その	其	連体		507	8	277	9	A	746	7	A
8	これ	此	名	代名	427	8	105	8	A	745	7	A
9	もの	物・者	名		408	8	153	8	A	503	7	A
10	なし	無	形	ク活	388	8	139	8	A	654	7	A

16　第一部　天草版『エソポのハブラス』の語彙と語法

ヘ番号	見出し語	漢字	品詞	文法	ヘ度数	ヘ段階	エ度数	エ段階	エ印	高度数	高段階	高印
11	この	此	連体		384	8	140	8	A	591	7	A
12	ひと	人	名		350	7	104	8	A	558	7	A
13	おもふ	思	動	四段	341	7	78	7	A	494	7	A
14	まらする		動	サ変	328	7	14	5	B	0	0	
15	なる	成	動	四段	287	7	33	6	A	540	7	A
16	みる	見	動	上一	272	7	62	7	A	422	7	A
17	へいけ	平家	名	固外	258	7	0	0		368	6	A
18	たてまつる	奉	動	四段	230	7	14	5	B	631	7	A
19	まゐる	参	動	四段	204	7	12	5	B	378	6	A
20	みやこ	都	名		200	7	2	2		294	6	A
21	おほす	仰	動	下二	183	6	18	5	B	153	5	B
22	よしつね	義経	名	固人	169	6	0	0		63	4	
23	きく	聞	動	四段	162	6	35	6	A	194	5	A
24	また	又	接		162	6	59	7	A	251	6	A
25	うま	馬	名		161	6	18	5	B	0	0	
26	いま	今	名		158	6	31	6	A	340	6	A
27	とき	時	名		153	6	114	8	A	352	6	A
28	さて	然	接		147	6	41	6	A	144	5	B
29	ところ	所・処	名		147	6	62	7	A	324	6	A
30	みな	皆	名		145	6	5	3		245	6	A
31	とる	取	動	四段	136	6	29	6	A	250	6	A
32	うち	内・中	名		133	6	27	6	B	251	6	A
33	きこゆ	聞	動	下二	127	6	6	4		250	6	A
34	なんと	何	副		123	6	28	6	B	1	1	
35	こころ	心	名		118	6	39	6	A	239	6	A
36	よりとも	頼朝	名	固人	117	6	0	0		58	4	
37	ただ	只	副		115	6	32	6	A	206	6	A
38	ゐる	居	動	上一	113	6	37	6	A	30	3	
39	きそ	木曽	名	固人	112	6	0	0		80	4	
40	みゆ	見	動	下二	112	6	12	5	B	237	6	A
41	うつ	打・討	動	四段	110	6	5	3		227	6	A
42	よ	世・代	名		109	6	12	5	B	210	6	A

第一章　天草版『エソポのハブラス』の自立語の語彙　17

ヘ番号	見出し語	漢字	品詞	文法	ヘ度数	ヘ段階	エ度数	エ段階	エ印	高度数	高段階	高印
43	きよもり	清盛	名	固人	108	6	0	0		10	1	
44	のち	後	名		106	6	23	5	B	247	6	A
45	めす	召	動	四段	106	6	8	4		181	5	B
46	やがて	軈而	副		106	6	12	5	B	176	5	B
47	しる	知	動	四段	102	6	26	6		181	5	B
48	てき	敵	名		102	6	5	3		28	3	
49	づ	出	動	下二	101	6	34	6	A	0	0	
50	ひとびと	人々	名		98	6	18	5	B	185	5	A
51	み	身	名	代名	98	6	55	7	A	186	5	A

表5　〈ヘイケ〉の第二基幹語彙

ヘ番号	見出し語	漢字	品詞	文法	ヘ度数	ヘ段階	エ度数	エ段階	エ印	高度数	高段階	高印
52	なか	中	名		95	6	33	6	A	229	6	A
53	いのち	命	名		93	5	18	5	B	129	5	B
54	おなじ	同	形	シク	90	5	6	4		285	6	A
55	いる	入	動	四段	88	5	15	5		148	5	B
56	いかに	如何	副		87	5	40	6	A	259	6	A
57	それ	其	名	代名	87	5	55	7	A	140	5	B
58	なみだ	涙	名		86	5	3	3		160	5	
59	ものども	者共	名		86	5	6	4		107	5	
60	いくさ	軍	名		84	5	4	3		125	5	
61	かた	方	名		84	5	8	4		156	5	
62	われ	我	名	代名	84	5	72	7	A	157	5	
63	ふね	船	名		83	5	6	4		157	5	
64	ほふわう	法皇	名		83	5	0	0		150	5	
65	すでに	既	副		82	5	10	4		169	5	
66	つく	付・着・即	動	四段	82	5	11	4		173	5	
67	さき	先・前	名		81	5	22	5	B	130	5	
68	つかまつる	仕	動	四段	80	5	20	5		96	4	
69	くび	首	名		79	5	3	3		113	5	B
70	ぞんず	存	動	サ変	79	5	15	5	B	53	4	

第一部　天草版『エソポのハブラス』の語彙と語法

ヘ番号	見出し語	漢字	品詞	文法	ヘ度数	ヘ段階	エ度数	エ段階	エ印	高度数	高段階	高印
71	ながす	流	動	四段	79	5	6	4		149	5	B
72	まことに	誠	副		78	5	7	4		96	4	
73	および	及	動	四段	77	5	35	6	A	184	5	B
74	しげもり	重盛	名	固人	76	5	0	0		29	3	
75	おつ	落	動	上二	75	5	4	3		89	4	
76	せうしやう	少将	名		74	5	0	0		67	4	
77	き	喜	名	固人	73	5	0	0		0	0	
78	くだる	下	動	四段	73	5	2	2		88	4	
79	のぼる	上	動	四段	73	5	10	4		113	5	B
80	いちにん	一人	名		72	5	17	5	B	107	5	B
81	きみ	君	名		72	5	1	1		183	5	B
82	かく	書	動	四段	71	5	4	3		118	5	B
83	うま	右馬	名	固人	70	5	0	0		0	0	
84	ここ	此処	名	代名	70	5	20	5	B	64	4	
85	ござない	御座無	形	ク活	69	5	8	4		0	0	
86	むかふ	向	動	四段	69	5	13	5	B	102	5	B
87	きる	切	動	四段	68	5	2	2		109	5	B
88	さ	然	副		68	5	9	4		119	5	B
89	げんじ	源氏	名	固外	67	5	0	0		140	5	B
90	よ	夜	名		67	5	1	1		123	5	B
91	うへ	上	名		66	5	25	6	B	186	5	A
92	かへる	帰・返・還	動	四段	66	5	24	6	B	124	5	B
93	しげひら	重衡	名	固人	66	5	0	0		26	3	
94	おほいとの	大臣殿	名		63	5	0	0		81	4	
95	かく	掛	動	下二	63	5	15	5	B	133	5	B
96	きたのかた	北方	名		63	5	0	0		72	4	
97	ほか	外	名		63	5	16	5	B	91	4	
98	せい	勢	名		62	5	0	0		140	5	B
99	つひに	遂・終	副		62	5	9	4		103	5	B
100	おく	置	動	四段	61	5	22	5	B	105	5	B
101	ごしよ	御所	名		61	5	0	0		93	4	
102	あまり	余	名		60	5	9	4		32	3	

第一章 天草版『エソポのハブラス』の自立語の語彙　19

ヘ番号	見出し語	漢字	品詞	文法	ヘ度数	ヘ段階	エ度数	エ段階	エ印	高度数	高段階	高印
103	たつ	立	動	四段	60	5	7	4		120	5	B
104	かなふ	叶	動	四段	59	5	20	5	B	82	4	
105	のる	乗	動	四段	59	5	3	3		124	5	B
106	まづ	先	副		59	5	24	6	B	86	4	
107	よし	由	名		59	5	12	5		187	5	A
108	かつせん	合戦	名		57	5	1	1		32	3	
109	ため	為	名		57	5	22	5	B	142	5	B
110	たいしやう	大将	名		56	5	0	0		0	0	
111	かう	斯	副		55	5	2	2		56	4	
112	なりちかきやう	成親卿	名	固人	55	5	0	0		0	0	
113	ゆく	行	動	四段	55	5	24	6	B	95	4	
114	よし	良	形	ク活	55	5	20	5		78	4	
115	よろひ	鎧	名		55	5	0	0		98	4	
116	わたす	渡	動	四段	55	5	6	4		98	4	
117	きる	着	動	上一	54	5	2	2		92	4	
118	くださる	下	動	下二	54	5	19	5	B	0	0	
119	ほど	程	名		54	5	24	6	B	253	6	A
120	むねもり	宗盛	名	固人	54	5	0	0		14	2	
121	て	手	名		53	5	13	5	B	114	5	B
122	とふ	問	動	四段	53	5	26	6		74	4	
123	みや	宮	名		53	5	0	0		76	4	
124	やま	山	名		53	5	11	4		71	4	
125	いちもん	一門	名		52	5	5	3		59	4	
126	いる	射	動	上一	52	5	1	1		111	5	B
127	ぎ	儀	名		52	5	12	5	B	32	3	
128	なく	泣	動	四段	52	5	5	3		63	4	
129	なほ	猶	副		52	5	7	4		106	5	B
130	ひ	日	名		52	5	8	4		119	5	B
131	ふかし	深	形	ク活	52	5	8	4		84	4	
132	おぼゆ	覚	動	下二	51	5	4	3		197	5	A
133	しぬ	死	動	ナ変	51	5	12	5	B	71	4	
134	なにごと	何事	名		51	5	12	5	B	62	4	

20　第一部　天草版『エソポのハブラス』の語彙と語法

ヘ番号	見出し語	漢字	品詞	文法	ヘ度数	ヘ段階	エ度数	エ段階	エ印	高度数	高段階	高印
135	ひく	引・牽・退	動	四段	51	5	9	4		74	4	
136	わが	我	連体		51	5	61	7	A	129	5	B
137	いそぐ	急	動	四段	50	5	6	4		93	4	
138	おほし	多	形	ク活	50	5	15	5	B	126	5	B
139	いる	入	動	下二	49	5	7	4		108	5	B
140	そで	袖	名		49	5	0	0		107	5	B
141	なさる	為	動	下二	49	5	4	3		0	0	
142	おぼしめす	思召	動	四段	48	5	0	0		128	5	B
143	く	来	動	カ変	48	5	50	7	A	19	2	
144	たつ	立・建	動	下二	48	5	8	4		114	5	B
145	ちち	父	名		48	5	5	3		93	4	
146	つはものども	兵共	名		48	5	0	0		86	4	
147	むかし	昔	名		48	5	1	1		144	5	B
148	あふ	会・合	動	四段	47	5	9	4		77	4	
149	きそどの	木曽殿	名	固人	47	5	0	0		44	3	
150	さらば	然	接		47	5	9	4		72	4	
151	すぐ	過	動	上二	47	5	10	4		81	4	
152	つく	付・着・即	動	下二	47	5	6	4		84	4	
153	もつ	持	動	四段	47	5	29	6	A	217	6	A

表6　〈高野本〉の第一基幹語彙

高番号	見出し語	漢字	品詞	文法	高度数	高段階	エ度数	エ段階	エ印	ヘ度数	ヘ段階	ヘ印
1	たまふ	給	動	四段	2024	9	0	0		9	2	
2	あり	有	動	ラ変	1469	8	181	8	A	1000	9	A
3	さうらふ	候	動	四段	1458	8	0	0		0	0	
4	まうす	申	動	四段	1170	8	79	7	A	754	9	A
5	す	為	動	サ変	1007	8	174	8	A	545	8	A
6	こと	事	名		989	8	323	9	A	844	9	A
7	その	其	連体		746	7	277	9	A	507	8	A
8	これ	此	名	代名	745	7	105	8	A	427	8	A
9	いふ	言	動	四段	704	7	378	9	A	822	9	A

第一章　天草版『エソポのハブラス』の自立語の語彙　21

高番号	見出し語	漢字	品詞	文法	高度数	高段階	エ度数	エ段階	エ印	ヘ度数	ヘ段階	ヘ印
10	なし	無	形	ク活	654	7	139	8	A	388	8	A
11	たてまつる	奉	動	四段	631	7	14	5	B	230	7	A
12	この	此	連体		591	7	140	8	A	384	8	A
13	ひと	人	名		558	7	104	8	A	350	7	A
14	なる	成	動	四段	540	7	33	6	A	287	7	A
15	もの	物・者	名		503	7	153	8	A	408	8	A
16	おもふ	思	動	四段	494	7	78	7	A	341	7	A
17	みる	見	動	上一	422	7	62	7	A	272	7	A
18	まゐる	参	動	四段	378	6	12	5	B	204	7	A
19	へいけ	平家	名	固外	368	6	0	0		258	7	A
20	まゐらす	参	動	下二	356	6	3	3		36	4	
21	とき	時	名		352	6	114	8	A	153	6	A
22	のたまふ	宣	動	四段	343	6	0	0		1	1	
23	いま	今	名		340	6	31	6	A	158	6	A
24	ところ	所・処	名		324	6	62	7	A	147	6	A
25	みやこ	都	名		294	6	2	2		200	7	A
26	おなじ	同	形	シク	285	6	6	4		90	5	B
27	いかに	如何	副		259	6	40	6	A	87	5	B
28	ほど	程	名		253	6	24	6	B	54	5	B
29	うち	内・中	名		251	6	27	6	B	133	6	A
30	また	又	接		251	6	59	7	A	162	6	A
31	きこゆ	聞	動	下二	250	6	6	4		127	6	A
32	とる	取	動	四段	250	6	29	6	A	136	6	A
33	のち	後	名		247	6	23	5	B	106	6	A
34	みな	皆	副		245	6	5	3		145	6	A
35	こころ	心	名		239	6	39	6	A	118	6	A
36	みゆ	見	動	下二	237	6	12	5	B	112	6	A
37	うま	馬	名		236	6	18	5	B	161	6	A
38	なか	中	名		229	6	33	6	A	95	6	B
39	うつ	打・討	動	四段	227	6	5	3		110	6	A
40	もつ	持	動	四段	217	6	29	6	A	47	5	B
41	よ	世・代	名		210	6	12	5	B	109	6	A

高番号	見出し語	漢字	品詞	文法	高度数	高段階	エ度数	エ段階	エ印	ヘ度数	ヘ段階	ヘ印
42	おはす	御座	動	サ変	209	6	0	0		2	1	
43	いづ	出	動	下二	207	6	4	3		36	4	
44	ただ	只	副		206	6	32	6	A	115	6	A
45	おぼゆ	覚	動	下二	197	5	4	3		51	5	B
46	きく	聞	動	四段	194	5	35	6	A	162	6	A
47	よし	由	名		187	5	12	5	B	59	5	B
48	うへ	上	名		186	5	25	6	B	66	5	B
49	み	身	名	代名	186	5	55	7	A	98	6	A
50	ひとびと	人々	名		185	5	18	5	B	98	6	A

表7 〈高野本〉の第二基幹語彙

高番号	見出し語	漢字	品詞	文法	高度数	高段階	エ度数	エ段階	エ印	ヘ度数	ヘ段階	ヘ印
51	およぶ	及	動	四段	184	5	35	6	A	77	5	B
52	きみ	君	名		183	5	1	1		72	5	B
53	しる	知	動	四段	181	5	26	6	B	102	6	A
54	めす	召	動	四段	181	5	8	4		106	6	A
55	よる	依・寄	動	四段	178	5	7	4		46	4	
56	やがて	軈而	副		176	5	12	5	B	106	6	A
57	つく	付・着・即	動	四段	173	5	11	4		82	5	B
58	すでに	既	副		169	5	10	4		82	5	B
59	なみだ	涙	名		160	5	3	3		86	5	B
60	いまだ	未	副		157	5	1	1		9	2	
61	ふね	船	名		157	5	6	4		83	5	
62	われ	我	名	代名	157	5	72	7	A	84	5	B
63	かた	方	名		156	5	8	4		84	5	
64	おほす	仰	動	下二	153	5	18	5	B	183	6	A
65	あひだ	間	名		151	5	6	4		26	4	
66	ほふわう	法皇	名		150	5	0	0		83	5	B
67	ながす	流	動	四段	149	5	6	4		79	5	B
68	いる	入	動	四段	148	5	15	5	B	88	5	B
69	かの	彼	連体		145	5	63	7	A	35	4	

第一章　天草版『エソポのハブラス』の自立語の語彙　23

高番号	見出し語	漢字	品詞	文法	高度数	高段階	エ度数	エ段階	エ印	ヘ度数	ヘ段階	ヘ印
70	さて	然	接		144	5	41	6	A	147	6	A
71	むかし	昔	名		144	5	1	1		48	5	B
72	さぶらふ	侍・候	動	四段	143	5	0	0		0	0	
73	ため	為	名		142	5	22	5	B	57	5	B
74	げんじ	源氏	名	固外	140	5	0	0		67	5	B
75	せい	勢	名		140	5	0	0		62	5	B
76	それ	其	名	代名	140	5	55	7	A	87	5	B
77	まします	坐	動	四段	138	5	1	1		1	1	
78	かく	掛	動	下二	133	5	15	5	B	63	5	B
79	かたき	敵	名		133	5	0	0		2	1	
80	さき	先・前	名		130	5	22	5	B	81	5	B
81	いのち	命	名		129	5	18	5	B	93	5	B
82	わが	我	連体		129	5	61	7	A	51	5	B
83	おぼしめす	思召	動	四段	128	5	0	0		48	5	B
84	おほし	多	形	ク活	126	5	15	5	B	50	5	B
85	いくさ	軍	名		125	5	4	3		84	5	B
86	かへる	帰・返・還	動	四段	124	5	24	6	B	66	5	B
87	のる	乗	動	四段	124	5	4	3		59	5	B
88	よ	夜	名		123	5	1	1		67	5	B
89	あるいは	或	接		120	5	5	3		42	4	
90	たつ	立	動	四段	120	5	7	4		60	5	B
91	さ	然	副		119	5	9	4		68	5	B
92	ひ	日	名		119	5	8	4		52	5	B
93	かく	書	動	四段	118	5	4	3		71	5	B
94	にふだうしやうこく	入道相国	名	固人	115	5	0	0		0	0	
95	たつ	立・建	動	下二	114	5	8	4		48	5	B
96	て	手	名		114	5	13	5	B	53	5	B
97	なす	為	動	四段	114	5	33	6	A	38	4	
98	くび	首	名		113	5	3	3		79	5	B
99	のぼる	上	動	四段	113	5	10	4		73	5	B
100	いる	射	動	上一	111	5	1	1		52	5	B
101	わたる	渡	動	四段	110	5	5	3		29	4	

24　第一部　天草版『エソポのハブラス』の語彙と語法

高番号	見出し語	漢字	品詞	文法	高度数	高段階	エ度数	エ段階	エ印	ヘ度数	ヘ段階	ヘ印
102	きる	切	動	四段	109	5	2	2		68	5	B
103	こ	子	名		109	5	14	5	B	45	4	
104	いる	入	動	下二	108	5	7	4		49	5	B
105	いちにん	一人	名		107	5	17	5	B	72	5	B
106	そで	袖	名		107	5	0	0		49	5	B
107	ものども	者共	名		107	5	6	4		86	5	B
108	なほ	猶	副		106	5	7	4		52	5	B
109	にようばう	女房	名		106	5	10	4		40	4	
110	おく	置	動	四段	105	5	22	5	B	61	5	B
111	つひに	遂・終	副		103	5	9	4		62	5	B
112	むかふ	向	動	四段	102	5	13	5	B	69	5	B
113	さるほどに	然程	接		101	5	0	0		5	1	
114	されば	然	接		101	5	4	3		30	4	
115	うけたまはる	承	動	四段	100	5	2	2		34	4	

3 〈エソポ〉〈ヘイケ〉〈高野本〉で第一・第二基幹語彙の語

　〈エソポ〉〈ヘイケ〉〈高野本〉全部で第一基幹語彙に入るのは次の23語である。
　　［名詞］　こと、もの、時、これ、人、所、身、心、今
　　［動詞］　言ふ、あり、す、申す、思ふ、見る、聞く、成る、取る
　　［形容詞］　なし
　　［副詞］　ただ
　　［接続詞］　また
　　［連体詞］　その、この
　これらは当時の日常語としてよく用いられた語群である。また、平安時代の源氏物語を調べても使用度数は多い[3]。中には意味や用法・活用の変化を伴うものもあるが、現代語としてもよく用いる語群で、日本語のなかの基礎語である。

〈エソポ〉で第一基幹語彙、〈ヘイケ〉〈高野本〉で第二基幹語彙までに入るのは次の8語である。

　　［名詞］　　われ、それ、なか
　　［動詞］　　およぶ、持つ
　　［副詞］　　いかに
　　［接続詞］　さて
　　［連体詞］　わが

〈エソポ〉で第二基幹語彙、〈ヘイケ〉〈高野本〉で第二基幹語彙までに入るのは次の25語である。

　　［名詞］　　うち、うへ、ほど、のち、さき、ため、馬[4]、人々、いのち、いちにん、手、世、由
　　［動詞］　　知る、かへる、置く、おほす、入る、掛く、奉る、向かふ、参る、見ゆ
　　［形容詞］　多し
　　［副詞］　　やがて

　これらも当時の日常語としてよく用いられた語群である。しかし、これらの中には源氏物語では使用度数の多くない漢語名詞の「いちにん」や敬語の「おほす」、現代語としては硬い印象のある「わが」も含まれる。

4　〈エソポ〉で基幹語彙、〈ヘイケ〉〈高野本〉で0・1・2の段階の語

4.1　〈エソポ〉で第一基幹語彙、〈ヘイケ〉〈高野本〉で0・1・2の段階の語

　〈エソポ〉で第一基幹語彙に入るが、〈ヘイケ〉〈高野本〉の2作品で0・1・2の段階に入るのは次の9語である。

　　［名詞］　　エソポ、したごころ、おほかめ（狼）、シヤント、狐、主人、犬、羊
　　［動詞］　　答ふ

　これらの語が〈エソポ〉の中でどのように使われているのか見てみよう。

「エソポ」はこの作品の主人公イソップの名前、「シヤント」は学者でイソップの主人となった人物の名前で、ともに固有名詞である。「主人」も登場人物で、シャントを表すことが多い。「おほかめ」「狐」「犬」「羊」はイソップが伝えたとされる数々の寓話に登場する動物たちである。また、寓話の後に、寓話の裏に隠れている意味や寓話から学ぶ人生訓について述べてあるが、その記述の始めに「したごころ」の語が置かれている。「答ふ」は問いかけに対して答える場合によく用いられ、「答へて言ふ」「答へて申す」という形をとることが多い。ここに挙がった語群は〈エソポ〉という作品に登場する人物や動物、寓話の記述形式に関わるものである。

4.2 〈エソポ〉で第二基幹語彙、〈ヘイケ〉〈高野本〉で０・１の段階の語

〈エソポ〉で第二基幹語彙に入るが、〈ヘイケ〉〈高野本〉の２作品で０・１の段階に入るのは次の25語である。

　　［名詞］　ろば、ねずみ、けだもの、獅子、獅子王、不審、義、からす、野牛、あた、鶏、鷲、蟻、盗人、道理、里、穴、妻、鳩、バビロニヤ
　　［動詞］　食らふ、殺す、教ふ、与ふ
　　［副詞］　たちまち

これらのうち、「ろば」「ねずみ」「けだもの」「獅子」「獅子王」「からす」「野牛」「鶏」「鷲」「蟻」「盗人」「鳩」の12語は寓話に登場する動物と人物であり、「妻」はイソップの主人の妻を表すことが多い。〈エソポ〉には妻の意味を表す言葉として「妻」のほかに「女房」（使用度数10）が見られるが、「内儀」「奥方」「奥様」「家内」や〈ヘイケ〉〈高野本〉にある「北の方」は見られない。「里」は「エソポが生涯の物語略」にも寓話にも現れ、「アモニヤといふ里」「その里」のように使われ、舞台となる場所を示す。「バビロニヤ」はイソップの赴いた土地の名である。「穴」は動物のすみかを表すことが多く、「食らふ」は動物が動物を食べる場合に用いられる。「不審」「あた」「道理」は相手や事態に対する心の動きや判断を表す場合に用いられる。「殺す」は命をとるという意味で人間にも動物にも広く使われている。類義の語

に「切る」「うつ」がある。その使用度数は「切る」（エ2、ヘ68、高109）、「うつ」（エ5、ヘ110、高228）である。〈エソポ〉で使用度数が少ないが、「切る」は〈ヘイケ〉〈高野本〉でともに第二基幹語彙に入り、「うつ」はともに第一基幹語彙に入る。「義」は棺槨の文字の意味が問題となる段によく現れ、一話に集中しているが、結果としてここに挙がった。また、「たちまち」には別に「たちまちに」の形の語もあり、〈高野本〉で使用度数33、3の段階に入っている。ここに挙がった語群は〈エソポ〉という作品に登場する人物や動物、作品の舞台となった場所、動物の食住に関わるもの、心の動きや判断を表すものである。

5 〈エソポ〉〈ヘイケ〉で基幹語彙、〈高野本〉で0・1・2の段階の語

　〈エソポ〉〈ヘイケ〉の2作品で第一基幹語彙に入るが、〈高野本〉で0・1・2の段階に入るのは次の2語である。
　　［動詞］　ござる、づ（出）
　〈エソポ〉〈ヘイケ〉の2作品で第二基幹語彙までに入るが、〈高野本〉で0・1の段階に入るのは次の3語である。
　　［動詞］　くださる、まらする
　　［副詞］　なんと
　これらのうち、「ござる」「くださる」「まらする」は敬語の変遷が現れたもの、「づ」「なんと」は音韻の変化が現れたものである。近藤・濱千代（2000）で〈高野本〉の「さうらふ」が〈ヘイケ〉の「ござる」「まらする」と多く対応することを指摘した。そこで〈エソポ〉の「くださる」が古活字本『伊曽保物語』（〈伊曽保〉と略す）[5]でどのような語句と対応するか調査してみよう。〈エソポ〉の「くださる」19例のうち、〈伊曽保〉に近い形で対応する箇所が存するのは10例である。
　　本動詞の用法……7
　　　〈エソポ〉「くださる」6

〈伊曽保〉「与へ給ふ」2、「賜る」1、「たぶ」1、「かうむる」1、
　　　　「持ち来たらせ給ふ」1
〈エソポ〉「宣旨をくださる」1
〈伊曽保〉「仰せ付けられ候ふ」1
　補助動詞の用法……3
〈エソポ〉「くださる」3
〈伊曽保〉「たぶ」2、「給ふ」1

　いくつかの形の対応が見られるが、「くださる」は「給ふ」「たぶ」とよく対応していると指摘できる。
　なお、〈エソポ〉〈高野本〉で第一・第二基幹語彙、〈ヘイケ〉で0・1・2の段階の語は存しない。

6　〈エソポ〉で0・1・2の段階、〈ヘイケ〉〈高野本〉で基幹語彙の語

　〈エソポ〉で0・1・2の段階であるが、〈ヘイケ〉〈高野本〉の2作品で第一基幹語彙に入るのは次の2語である。括弧の中に使用度数を示す。
　　［名詞］　平家（エ0、ヘ258、高368）
　　　　　　　みやこ（エ2、ヘ200、高294）
　「平家」は〈ヘイケ〉〈高野本〉に登場する主たる一門であり、2作品の内容に関連する語である。「みやこ」は〈ヘイケ〉〈高野本〉の舞台となる場所であり、平安時代の作品でもよく現れる語である。
　〈エソポ〉で0・1の段階であるが、〈ヘイケ〉〈高野本〉の2作品で第二基幹語彙までに入るのは次の9語である。
　　［名詞］　きみ（エ1、ヘ72、高183）
　　　　　　　よ（夜）（エ1、ヘ67、高123）
　　　　　　　むかし（エ1、ヘ48、高144）
　　　　　　　法皇（エ0、ヘ83、高150）
　　　　　　　源氏（エ0、ヘ67、高140）

　　　　　せい（勢）（エ0、ヘ62、高140）
　　　　　袖（エ0、ヘ49、高107）
　　［動詞］　射る（エ1、ヘ52、高111）
　　　　　おぼしめす（エ0、ヘ48、高128）
　「法皇」は〈ヘイケ〉〈高野本〉に登場する重要な人物であり、「源氏」は「平家」に対抗する一門である。「せい」「射る」は合戦の場でよく用いられる語群である。これらは〈ヘイケ〉〈高野本〉の内容に関連する語である。
　「きみ」「よ」「むかし」「袖」「おぼしめす」は平安時代の作品でもよく用いられる語である。〈エソポ〉で夜や昼を表す語は「ちうや（昼夜）」（使用度数1）だけで、確かな時間帯を示す語がほとんど現れない。その代わり「ある時」というように日時をはっきりと示さない言い方を多用する。
　ここに挙がった語群は〈ヘイケ〉〈高野本〉の2作品の内容に関連する語、平安時代の作品でもよく用いられる語である。

7　〈エソポ〉〈ヘイケ〉で0・1・2の段階、〈高野本〉で基幹語彙の語

　〈エソポ〉〈ヘイケ〉の2作品で0・1・2の段階であるが、〈高野本〉で第一基幹語彙に入るのは次の4語である。括弧の中に使用度数を示す。
　　［動詞］　たまふ（エ0、ヘ9、高2024）
　　　　　さうらふ（エ0、ヘ0、高1458）
　　　　　のたまふ（エ0、ヘ1、高343）
　　　　　おはす（エ0、ヘ2、高209）
　〈エソポ〉〈ヘイケ〉の2作品で0・1の段階であるが、〈高野本〉で第二基幹語彙までに入るのは次の5語である。
　　［名詞］　かたき（エ0、ヘ2、高132）
　　　　　入道相国（エ0、ヘ0、高115）
　　［動詞］　さぶらふ（エ0、ヘ0、高143）
　　　　　まします（エ1、ヘ1、高138）

［接続詞］　さるほどに（エ0、ヘ5、高101）

　上記のうち「たまふ」「さうらふ」「のたまふ」「おはす」「さぶらふ」「まします」の6語は話し言葉における敬語の変遷に関連する語群である。「さうらふ」については第5節で触れたが、近藤・濱千代（2000）で〈高野本〉の「たまふ」が〈ヘイケ〉の「る（らる）」と、「のたまふ」は「言はる」「仰せらる」と、「おはす」は「ゐらる」と多く対応することを指摘した。そこで、「さぶらふ」と「まします」について検討しよう。

　〈高野本〉で「さぶらふ」は女性が用い、「さうらふ」は男性が用いるという使い分けがある。「さぶらふ」も「さうらふ」の場合と同様に〈ヘイケ〉の「ござる」「まらする」と多く対応する。ところで、〈エソポ〉には女性の言葉が少ない。シャントの妻がシャントに向かって言う会話の中に「今よりして夫とも頼み<u>まらすまい</u>。」（422-9）があり、「さぶらふ」に相当する語としては「まらする」1例を見ることができる。

　「まします」は〈高野本〉で神仏・皇族・高位の貴族・平家一門、会話文で源氏の上位の武士を遇するのによく用いられる。しかし、〈高野本〉で「まします」の現れる章段や部分が、〈ヘイケ〉では省かれていることが多い。〈ヘイケ〉に対応箇所の存する20例について見ると、次のように「ござる」とよく対応している。

　　「ござる」15、「せらるる」2、「おぢやる」1、敬語なし2

　一方、〈ヘイケ〉の「まします」1例は部下の平盛俊から主人の平宗盛への会話に現れ、〈高野本〉でその部分は簡略になっており、対応する語句を見出せない。〈エソポ〉ではイソップがアテネの人々に例えを引いて述べる中に「主君にて<u>まします</u>鶴」（455-1）がある。〈伊曽保〉ではその部分が簡略に表現され、鶴が鳶になっている。また、〈伊曽保〉に「まします」は現れない。「まします」は『日葡辞書』に「デウス、サントス、貴人などのことを言うのにもちいられる。文書語。」と記載されている。〈ヘイケ〉〈エソポ〉の例は「まします」の持つ硬い印象を利用した用法と考える。

　「かたき」は合戦の場でよく用いる語であるが、〈ヘイケ〉では少ない。「かたき」を漢字表記にすると、「敵」「仇」のようになる。その中の「敵」

第一章　天草版『エソポのハブラス』の自立語の語彙　31

の音読みの「てき」が〈エソポ〉にも見られ、その使用度数は（エ5、ヘ48、高29）で、段階は（エ3、ヘ6、高3）である。室町末期の話し言葉では「かたき」より「てき」を用いるように変化していたと言えよう。「入道相国」は平清盛の呼称で、『平家物語』に登場する重要な人物である。〈高野本〉では「清盛公」「浄海」など平清盛にさまざまな呼称が使われているが、その中でも「入道相国」が多い。しかし、〈ヘイケ〉は人物の呼称を統一するという方針のもとに作成されており、平清盛の呼称として「清盛」がよく用いられている。そのため〈エソポ〉〈ヘイケ〉で共通に使用度数がゼロになった。これらは〈ヘイケ〉〈高野本〉の内容に関連する語であるが、語使用の変化、作品の編集方針の相違を反映してここに挙がった。

　「さるほどに」は〈高野本〉で先行の事柄に続いて後続の事柄が起こることを示す場合や、話の発端や冒頭において書き起こす場合に用いられる。〈ヘイケ〉の5例の対応箇所を〈高野本〉で見ると「さるほどに」が2例、異文が3例である。〈ヘイケ〉の5例のうち4例は話の発端や冒頭において書き起こす用法であるが、次の1例は異なっている。源頼朝から平重衡への会話に現れ、〈高野本〉では接続助詞「ども」を用いて接続している。

　　平家を滅ぼし奉らうこと案の内でござつた。さるほどに目の前にかやうに見参に入らうとは思ひも寄らなんだれども、（〈ヘ〉300-20)

『日本国語大辞典』に「先行の事柄を受けて感想を語り出す時に用いる。感動の気持を含む。さてもさても。」という説明があり、浮世草子が引用されている。上の例はこれと近いと考える。

　「さるほどに」は〈伊曽保〉に16例あるが、そのうちの14例は章段の冒頭にあって「さて」と書き起こすのに用いられ、2例が先行の事柄との関係を示すのに用いられている。〈エソポ〉でこれらに対応する箇所を見ると、対応する語のない場合が多く、確実に指摘できるのは「さて」「かくて」各1例である。一方、〈エソポ〉では話の発端や冒頭に「ある時」「ある人」のように連体詞アル＋名詞の形を置くことが多い。そして、この形は〈伊曽保〉にもよく現れている[6]。「さるほどに」は室町時代末期に文語的語感で先行の事柄に続いて後続の事柄が起こることを示す場合や、話の発端や冒頭

において書き起こす場合に用いられた。それゆえ、〈エソポ〉には現れず、ここに挙がった。

8 〈エソポ〉〈高野本〉で0・1・2の段階、〈ヘイケ〉で基幹語彙の語

　〈エソポ〉〈高野本〉の2作品で0・1・2の段階であるが、〈ヘイケ〉で第一基幹語彙に入るのは次の語である。括弧の中に使用度数を示す。
　　［名詞］　清盛（エ0、ヘ108、高10）
　〈エソポ〉〈高野本〉の2作品で0・1の段階であるが、〈ヘイケ〉で第二基幹語彙までに入るのは次の3語である。
　　［名詞］　喜（エ0、ヘ73、高0）、右馬（エ0、ヘ70、高0）
　　　　　　成親卿（エ0、ヘ55、高0）
　「成親卿」も「清盛」と同様に『平家物語』に登場する重要な人物である。この2語は人物の呼称を統一するという〈ヘイケ〉の方針によって多用された。また、〈ヘイケ〉は話し手の喜一検校と聞き手の右馬の允との対談形式で話が進行する。「喜」「右馬」はそれぞれの略称である。この2語は〈ヘイケ〉で『平家物語』を対談形式で語るために創造された人物である。ここに挙がったのは〈ヘイケ〉の編集方針にかかわる語群である。

9　おわりに

　作品の骨格部分をなす語集団（基幹語彙）という観点から、作品の語彙の特色を探求することに努めた。今回、〈エソポ〉の語彙の特色を把握するのに、使用率によって9段階に分けるという手法に加えて順位という基準を設けた。各作品の語彙を使用度数の多い順に並べ、上位50語を選出し、この語群を第一基幹語彙とし、51位以下で5の段階（使用率1.00パーミル以上）までに属する語を第二基幹語彙とした。この方法で得た結果は次のものである。

第一章　天草版『エソポのハブラス』の自立語の語彙　33

（a）〈エソポ〉の第一基幹語彙は「言ふ」「こと」「その」から「取る」「持つ」「答ふ」までの50語で、9の段階から6の段階までに属している。また、〈エソポ〉の第二基幹語彙は「なんと」「食らふ」「うち」から「妻」「鳩」「バビロニヤ」までの107語で、6・5の段階に属している。これらが〈エソポ〉という作品の骨格部分をなす語集団である。

〈エソポ〉の第一・第二基幹語彙を〈ヘイケ〉〈高野本〉と比較することで次の点が判明した。

（b）「こと」「言ふ」「その」など3作品全部で第一基幹語彙に入るものは、当時の日常語としてよく用いられた語群である。これらは平安時代の源氏物語を調べても使用度数は多く、現代語としてもよく用いる語群で、日本語のなかの基礎語である。

（c）「なか」「さて」など3作品全部で第二基幹語彙までに入るものも、当時の日常語としてよく用いられた語群である。しかし、源氏物語で使用度数の多くない漢語名詞の「いちにん」や敬語の「おほす」、現代語としては硬い印象の「わが」も含まれる。

（d）〈エソポ〉で第一・第二基幹語彙に入るが〈ヘイケ〉〈高野本〉で0・1・2の段階に入るものは、「エソポ」「おほかめ（狼）」など〈エソポ〉という作品に登場する人物や動物、「したごころ」「答ふ」など寓話の記述形式に関わるもの、「里」「バビロニヤ」など作品の舞台となった場所、「食らふ」「穴」など動物の食住に関わるもの、「不審」「あた」など心の動きや判断を表すものである。

（e）〈エソポ〉〈ヘイケ〉で第一・第二基幹語彙に入るが〈高野本〉で0・1・2の段階に入るものは、「ござる」「くださる」など敬語の変遷が現れたもの、「づ（出）」「なんと」のように音韻の変化が現れたものである。

〈エソポ〉で0・1・2の段階の語彙を〈ヘイケ〉〈高野本〉と比較することで次の点が判明した。

（f）〈エソポ〉で0・1・2の段階に入るが〈ヘイケ〉〈高野本〉で第一・

第二基幹語彙に入るものは、「平家」「法皇」「射る」など〈ヘイケ〉〈高野本〉の内容に関連するもの、「みやこ」「きみ」「よ（夜）」など平安時代の作品でもよく用いられるものである。
（ｇ）〈エソポ〉〈ヘイケ〉で０・１・２の段階に入るが〈高野本〉で第一・第二基幹語彙に入るものは、「たまふ」「さうらふ」など話し言葉における敬語の変遷に関連するもの、「かたき」「入道相国」のように〈ヘイケ〉〈高野本〉の内容に関連する語でありながら語使用の変化、作品の編集方針の相違を反映したもの、「さるほどに」のように文語的語感を伴うようになったものである。
（ｈ）〈エソポ〉〈高野本〉で０・１・２の段階に入るが〈ヘイケ〉で第一・第二基幹語彙に入るものは、「清盛」「成親卿」のように人物の呼称を統一するという〈ヘイケ〉の方針によって多用されたもの、「喜」「右馬」のように『平家物語』を対談形式で語るために〈ヘイケ〉で創造された人物で、すべて〈ヘイケ〉の編集方針にかかわる語群である。

〈エソポ〉の語彙の特色を把握することが目的の研究であったが、〈ヘイケ〉との比較を通して次の点も見えてきた。
（ｉ）〈エソポ〉と〈ヘイケ〉はイエズス会の宣教師たちが日本語を習得するためのテキストとして作成された。しかし、〈エソポ〉の語彙だけでは合戦に生きる武士の語彙や宮廷に関わる語彙が不足し、〈ヘイケ〉の語彙だけでは町や農村に生きる人々の語彙が不足した。２つのテキストの語彙は互いに不足する部分を補完する形をとっている。

注
1) 近藤政美・濱千代いづみ（2000）参照。
2) 林四郎（1971）では基本語彙をめぐって５つの概念が立てられ、その１つとして基幹語彙（ある語集団の基幹部として存在する語彙）という概念が提案された。真田信治（1977）は基本語彙および基礎語彙に関しての概念を整理して基本語彙・基幹語彙・基礎語彙の３つの概念をまとめ、基幹語彙の定義を、ある特定語集団を対象としての語彙調査から直接に得られる、その語集団の骨格的部分集団とした。

3) 宮島達夫ほか（1989）の数値を参照した。
4) 『平家物語〈高野本〉語彙用例総索引』の見出し語「むま」を〈エソポ〉〈ヘイケ〉の「うま」と同語として扱い、計量した。
5) 調査には日本古典文学大系『仮名草子集』の「伊曽保物語」を用いた。古活字本『伊曽保物語』と天草版『エソポのハブラス』とには共通の祖本としての文語本が存したであろうと考えられる。しかし、〈エソポ〉の下巻に相当する部分は〈伊曽保〉〈エソポ〉の収録寓話の異同が大きい。〈伊曽保〉全体は文語文が基調で、話し言葉を含んでいる。
6) 〈伊曽保〉で章段の冒頭にある「さるほどに」14例のうち、12例はイソップの生涯を語る部分に現れ、2例が寓話部分に現れる。そして、寓話部分では章段の冒頭が「ある時」「ある―」の形式になる。

〈文献〉
大塚光信（1983）『キリシタン版エソポのハブラス私注』 臨川書店
大塚光信・来田隆（1999）『エソポのハブラス本文と総索引』 清文堂出版
近藤政美・武山隆昭・近藤三佐子（1996）『平家物語〈高野本〉語彙用例総索引』（自立語篇） 勉誠社
近藤政美・池村奈代美・濱千代いづみ（1999）『天草版平家物語語彙用例総索引』 勉誠出版
近藤政美・濱千代いづみ（2000）「天草版『平家物語』の語彙の特色―『平家物語』〈高野本〉との比較による―」（愛知県立大学大学院『国際文化研究科論集』第1号）
真田信治（1977）「基本語彙・基礎語彙」岩波講座『日本語』9（語彙と意味） 岩波書店
小学館国語辞典編集部（2001）『日本国語大辞典　第二版』6　小学館
土井忠生・森田武・長南実　編訳（1980）『邦訳日葡辞書』 岩波書店
林四郎（1971）「語彙調査と基本語彙」『電子計算機による国語研究　Ⅲ』国研報告39　秀英出版
宮島達夫・中野洋・鈴木泰・石井久雄（1989）『フロッピー版古典対照語い表および使用法』 笠間書院
森田武（1965）校注・解説「伊曽保物語」（日本古典文学大系『仮名草子集』） 岩波書店
横山英　監修（1975）『仮名草子伊曽保物語用語索引』 白帝社

第二章　天草版『エソポのハブラス』・天草版『平家物語』の語彙の豊富さ、類似度、偏り

キーワード：エソポのハブラス　天草版『平家物語』　語彙の豊富さ
　　　　　語彙の類似度　語彙の偏り

1　はじめに

　この研究の目的は、統計上のいろいろな指標を利用して、天草版『エソポのハブラス』と天草版『平家物語』の自立語の語彙の豊富さ・語彙の類似度・語彙の偏りをはかり、作品の語彙の傾向を探ろうとするものである。そのために、まず天草版『エソポのハブラス』の語彙の傾向を、平均度数や標準偏差という数値で表し、天草版『平家物語』との比較を通して考察する。次にタイプ・トークン比、K特性値を算出し、それを用いて語彙の豊富さを天草版『平家物語』との比較を通して考察する。その次に、宮島（1970）で示された指標である語彙の類似度Cを用いて、『平家物語』〈高野本〉も含めた3作品を比較して語彙の類似度を考察する。最後に、田中（1983）で示された指標である期待値偏差を用いて、古典作品19種の中における語彙の偏りについて考察する。このように統計上の指標を用いて数値で示すことで両作品の語彙の傾向を把握することに努める。

　天草版『エソポのハブラス』と天草版『平家物語』は、それぞれ「扉・序・物語の本文・目録」の四部によって構成されている。このうちの物語の本文に使われている自立語を対象とする。計量には次の文献を利用し、単語の認定の基準を一致させるようにした。

　　a　『エソポのハブラス本文と総索引』
　　b　『天草版平家物語語彙用例総索引』

略称として次のものを用いる。

〈エソポ〉〈エ〉……天草版『エソポのハブラス』
〈ヘイケ〉〈ヘ〉……天草版『平家物語』

2 『エソポのハブラス』の語彙の概要

2.1 『エソポのハブラス』の語彙の異なり語数・延べ語数

〈エソポ〉の自立語の語彙について各見出し語の使用度数を計量し、全体の異なり語数・延べ語数、品詞別の異なり語数・延べ語数を集計し、平均の使用度数を算出した。その結果を表に示すと次のようである。

表1 〈エソポ〉の自立語の語彙

品詞	異なり語数	比率(‰)	延べ語数	比率(‰)	平均
名詞	1515	521.69	5864	499.11	3.9
動詞	963	331.61	3759	319.94	3.9
形容詞	103	35.47	398	33.88	3.9
形容動詞	110	37.88	216	18.38	2.0
副詞	155	53.37	646	54.98	4.2
連体詞	12	4.13	651	55.41	54.3
接続詞	30	10.33	186	15.83	6.2
感動詞	12	4.13	23	1.96	1.9
その他	4	1.38	6	0.51	1.5
全体	2904	1000.00	11749	1000.00	4.0

名詞と副詞というように、2種以上の品詞にわたる機能を有する語は主たるものによって整理した。また、動詞で自他の別によって活用の型が異なる場合は別語として扱った。

〈エソポ〉は異なり語数が2904、延べ語数が11749である。全体の平均度数は4.0になる。

〈エソポ〉の語彙を品詞別に見ると、名詞が最も多く、異なり語数・延べ

第二章　天草版『エソポのハブラス』・天草版『平家物語』の語彙の豊富さ、類似度、偏り　39

語数ともに全体の半分を占めている。次に動詞が多く、異なり語数・延べ語数ともに全体の 30% を超えている。平均の使用度数は連体詞が 54.3 で最も多く、次に接続詞が 6.2 で続いている。

　データの散らばり具合を知るために分散（各データと平均値との差を二乗したものの総和をデータの数で除した平均）、および標準偏差（分散の正の平方根）を算出して調べよう。〈エソポ〉の見出し語は、使用度数の最も多いものから降順に「いふ（言）」378、「こと（事）」323、……「をなご」1、「をば（尾羽）」1 の 2904 語である。

$$\{(378-4.0)^2 + (323-4.0)^2 + \cdots\cdots + (1-4.0)^2 + (1-4.0)^2\}/2904 = 209.49$$
$$\sqrt{209.49} = 14.47$$

〈エソポ〉の分散は 209.49、標準偏差は 14.47 である。
　言葉の集合の傾向を数値で示すとき代表値と散布度を用いる。本論では代表値として平均度数、散布度として標準偏差を用いることにする。〈エソポ〉の語彙の傾向について次のことが言える。
　（a）〈エソポ〉の語彙の傾向を数値で示すと、平均度数 4.0、標準偏差 14.47 である。

2.2　天草版『平家物語』の語彙との比較

　〈ヘイケ〉の自立語の語彙について各見出し語の使用度数を計量し、全体の異なり語数・延べ語数、品詞別の異なり語数・延べ語数を集計し、平均の使用度数を算出した[1]。その結果を表に示すと表 2 のようである。
　〈ヘイケ〉は異なり語数が 7421、延べ語数が 46893 である。全体の平均度数は 6.3 になる。
　〈ヘイケ〉の語彙を品詞別に見ると、異なり語数・延べ語数ともに名詞が最も多く、次に動詞が続いている。平均の使用度数は連体詞が 62.2 で最も多く、次に接続詞が 12.7 で続いている。
　〈ヘイケ〉の見出し語は、使用度数の最も多いものから降順に「あり

40　第一部　天草版『エソポのハブラス』の語彙と語法

表2　〈ヘイケ〉の自立語の語彙

品　　詞	異なり語数	比　率 (‰)	延べ語数	比　率 (‰)	平均
名詞	4697	632.93	23810	507.75	5.1
動詞	1931	260.21	16510	352.08	8.5
形容詞	233	31.40	1691	36.06	7.3
形容動詞	172	23.18	545	11.62	3.2
副詞	291	39.21	2452	52.29	8.4
連体詞	18	2.43	1119	23.86	62.2
接続詞	51	6.87	650	13.86	12.7
感動詞	22	2.96	107	2.28	4.9
その他	6	0.81	9	0.19	1.5
全体	7421	1000.00	46893	1000.00	6.3

（有）」1000、「こと（事）」844、……「をりかく（折掛）」1、「をんなむしや」1の7421語である。

$$\{(1000-6.3)^2 + (844-6.3)^2 + \cdots\cdots + (1-6.3)^2 + (1-6.3)^2\} / 7421 = 858.59$$

$$\sqrt{858.59} = 29.30$$

〈ヘイケ〉の分散は858.59、標準偏差は29.30である。〈ヘイケ〉の語彙の傾向について次のことが言える。

　（b）〈ヘイケ〉の語彙の傾向を数値で示すと、平均度数6.3、標準偏差29.30である。

そして、〈エソポ〉の自立語の語彙を〈ヘイケ〉と比較すると次のことが言える。

　（c）〈エソポ〉の語彙量を1.0とすると、〈ヘイケ〉の語彙量は異なり語数で約2.6、延べ語数で約4.0である。

　（d）異なり語数の比率を品詞別で見ると、〈エソポ〉の名詞は〈ヘイケ〉

より約10％少ない。また、〈エソポ〉の動詞・形容動詞・副詞は〈ヘイケ〉よりかなり多く、接続詞はやや多い[2]。

（e）延べ語数の比率を品詞別で見ると、〈エソポ〉の形容動詞・連体詞は〈ヘイケ〉よりかなり多い。また、〈エソポ〉の動詞は〈ヘイケ〉よりかなり少なく、名詞はやや少ない[3]。

3 語彙の豊富さ

3.1 タイプ・トークン比を用いて

〈エソポ〉に用いられた語彙が〈ヘイケ〉と比較して豊富であるかどうかを知るのに、タイプ・トークン比（Type/Token Ratio、TTR）という指標を用いることにする。一般的に、テキストの中に異なった単語が多く用いられていると、語彙が豊富であり、表現が豊かであるといえる。TTRは延べ語数（Token）に対する異なり語数（Type）の比率を示す指標である。数値が1に近くなるほど語彙が豊富である。〈エソポ〉と〈ヘイケ〉のTTRは次のようになる。

〈エソポ〉のTTR　　2904／11749＝0.25
〈ヘイケ〉のTTR　　7421／46893＝0.16

この結果によると〈エソポ〉の方が〈ヘイケ〉に比べてかなり語彙が豊富であるといえる。しかし、〈エソポ〉と〈ヘイケ〉では語彙量に大きな差があり、この結果ほどの違いがあるのか疑問が残る。TTRは延べ語数が多くなるほど数値が小さくなる傾向がある。そのため1000語単位で算出するとよいとも言われている。

そこで、キャロル（Carroll）が改良したTTR（TTR2とする）を利用して計算する。これも延べ語数の多さの影響から逃れられないが、その影響がもとのTTRよりもはるかに和らぎ、手順が簡便だという利点がある。TTR2は延べ語数に2をかけた平方根に対する異なり語数の比率を示す指標であ

る。〈エソポ〉と〈ヘイケ〉のTTR2は次のようになる。

〈エソポ〉のTTR2　　　$2904 / \sqrt{11749 \times 2} = 18.94$
〈ヘイケ〉のTTR2　　　$7421 / \sqrt{46893 \times 2} = 24.23$

TTR2の結果によると、〈エソポ〉より〈ヘイケ〉の方が語彙が豊富であると言える。

以上をまとめると次のようになる。

（a）キャロルが改良したタイプ・トークン比を指標に用いると、〈エソポ〉より〈ヘイケ〉の方が語彙が豊富である。

3.2 K 特性値を用いて

〈エソポ〉に用いられた語彙が〈ヘイケ〉と比較して豊富であるかどうかを知るのに、ユール（Yule）のK特性値（characteristic K）という指標を用いることにする。これは見出し語の使用度数を使う指標で、数値が小さいほど語彙が豊富であることを示す。延べ語数がN、異なり語数がVの文章で、使用度数がmの見出し語の数をV（m, N）とした時、この値は次の式で定義されている。

$$K = \{\Sigma m^2 V(m, N) - N\} / N^2 \times 10^4$$

〈エソポ〉の見出し語の数は、使用度数の最も多いものから降順に378が1語、323が1語、……2が461語、1が1608語である（章末の表I参照）。さきに挙げた式に入れて計算すると次のようになる。

$378^2 \times 1 + 323^2 \times 1 + \cdots\cdots + 2^2 \times 461 + 1^2 \times 1608$
$= 655887$
$655887 - 11749 = 644138$
$644138 / 11749^2 \times 10^4 = 46.66$　……〈エソポ〉のK特性値

〈ヘイケ〉の見出し語の数は、使用度数の最も多いものから降順に1000が1語、844が1語、……2が1228語、1が3580語である（章末の表Ⅱ参照）。

$$1000^2 \times 1 + 844^2 \times 1 + \cdots\cdots + 2^2 \times 1228 + 1^2 \times 3580$$
$$= 6667887$$
$$6667887 - 46893 = 6620994$$
$$6620994 / 46893^2 \times 10^4 = 30.11 \quad \cdots\cdots \text{〈ヘイケ〉のK特性値}$$

算出した数値は〈エソポ〉より〈ヘイケ〉の方が小さい。K特性値の結果によると、〈エソポ〉より〈ヘイケ〉の方が語彙が豊富であると言える。

以上をまとめると次のようになる。

（b） K特性値を指標に用いると、〈エソポ〉より〈ヘイケ〉の方が語彙が豊富である。

そして、この節をまとめると次のようになる。

（c） 改良されたタイプ・トークン比を指標としても、K特性値を指標としても、〈エソポ〉より〈ヘイケ〉の方が語彙が豊富であると判断される。

4　語彙の類似度

〈エソポ〉の語彙が〈ヘイケ〉の語彙とどのくらい類似しているかをはかるのに、宮島（1970）で示された語彙の類似度Cを用いることにする。これは作品A・Bに共通する1組の見出し語のうち、使用率の小さい方を取り出し、その使用率の総和をとったものである。ふたつの作品の使用率を$P_i(A)$、$P_i(B)$とした時、この値は次の式で定義されている。

$$C_{AB} = \Sigma_i \min [P_i(A), P_i(B)]$$

Cの値が1に近くなるほど類似度は高くなる。〈エソポ〉と〈ヘイケ〉に共通する見出し語は1559語である。その使用率の小さい方の値の総和を計算すると438.46パーミルになる。類似度は0.438である。

この数値だけでは類似の程度がつかみにくいので、高野本『平家物語』（以下、〈高野本〉と略す）の語彙との類似度も出してみよう[4]。共通する見出し語の数、その使用率の小さい方の値の総和、類似度を表に示すと次のようになる。

表3　3作品の語彙の類似度

作　　品	共通する見出し語	使用率の小さい方の値の総和	類　似　度
〈エソポ〉〈ヘイケ〉	1559語	438.46‰	0.438
〈エソポ〉〈高野本〉	1644語	355.06‰	0.355
〈ヘイケ〉〈高野本〉	5560語	641.13‰	0.641

この結果から次のことが言える。
（a）〈エソポ〉と〈ヘイケ〉の方が〈エソポ〉と〈高野本〉よりも共通する見出し語の数は少ないが、語彙の類似度は高い。
（b）〈ヘイケ〉と〈高野本〉は共通する見出し語も大変多く、語彙の類似度もきわめて高い。
（c）〈エソポ〉と〈ヘイケ〉の語彙の類似度は、高いとも言えないが低いとも言えない。

5　語彙の偏り

5.1　3作品の語彙の偏り

〈エソポ〉〈ヘイケ〉〈高野本〉の3作品すべてにわたって現れる見出し語は1348語である。この共通見出し語の各作品における現れ方の偏りをはかるのに、田中（1983）で示された期待値偏差を用いることにする。これは「語彙の偏りを、期待値に対する、期待値からの偏りの比率としてとらえよ

第二章　天草版『エソポのハブラス』・天草版『平家物語』の語彙の豊富さ、類似度、偏り　45

うという考え方で」[5]、期待値偏差は「作品相互間の偏りの比較にしか使えない、相対的な尺度である。」[6]期待値偏差は次の手順で求める[7]。

　各作品の共通見出し語の使用度数をf、全作品の共通見出し語の使用度数をΣf、各作品の延べ語数をn、全作品の延べ語数をNとする。

　　全体比率：$P = \Sigma f / N = 81998 / 157951 = 0.5191$
　　期待値：$f' = n \times P$
　　期待値偏差：$K.D. = (f - f') / f'$

　全体比率（3作品全体での共通語群の使用率）は51.91%で、これが3作品全体を通じての平均像である。
　求めた数値を整理すると表4のようである。

表4　3作品の共通見出し語の現れ方

作品	延べ語数 n	共通語の使用度数 f	期待値 f'	f−f'	期待値偏差 K.D.
〈エソポ〉	11749	8370	6098.91	＋2271.09	＋0.3724
〈ヘイケ〉	46893	26456	24342.16	＋2113.84	＋0.0868
〈高野本〉	99309	47172	51551.30	−4379.30	−0.0850
	N 157951	Σf 81998			

　各作品の共通見出し語の使用度数と期待値が一致すると、期待値偏差の値がゼロになる。期待値偏差の絶対値が大きくなると、平均像からのズレが大きくなる。期待値偏差は共通語群への傾斜を表す。上の結果から、3作品における共通見出し語の現れ方の偏りに関して次のことが言える。
（a）〈エソポ〉の語彙は37.24%もプラスの方向に偏り、共通語群に大きく頼っている。
（b）〈ヘイケ〉の語彙は8.68%プラスの方向へ偏り、共通語群への傾斜がやや多い。

46　第一部　天草版『エソポのハブラス』の語彙と語法

（c）〈高野本〉の語彙は8.50％マイナスの方向へ偏り、共通語群への傾斜がやや少ない。
（d）3作品の中では〈エソポ〉が平均像から大きく隔たっている。

5.2　19作品の語彙の偏り

　期待値偏差は「作品相互間の偏りの比較にしか使えない、相対的な尺度」という制約がある。5.1で得た結果は、日本語学習教材、または軍記という性格を持つ〈エソポ〉〈ヘイケ〉〈高野本〉の3作品の間でのみ通用する。そこで、調査対象の作品の範囲を広げ、3作品の語彙の偏りを確かめることにする。新しく『日本古典対照分類語彙表』で取り上げている作品を加え、合計19作品を用いる。なお、『日本古典対照分類語彙表』では平家物語も載せているが、本論では〈エソポ〉〈ヘイケ〉と基準をあわせて計量した数値を利用している。ゆえに本論の〈高野本〉と『日本古典対照分類語彙表』の平家物語の数値は一致しない場合もある[8]。『日本古典対照分類語彙表』掲載の作品で共通の見出し語は129語である。このうち、〈エソポ〉〈ヘイケ〉〈高野本〉の3作品と共通するのは117語である[9]。それを示すと次のようになる（使用度数は章末の表Ⅲ参照）。

表5　19作品に共通の見出し語
〔名詞〕　56語
　（抽象）　　　もの　こと　かひ　よし：　これ　それ　なに　いづれ
　（とき）　　　とき　ころ　いま　のち　もと　むかし　つね：
　　　　　　　　日　夜（よ）　年　春
　（ところ）　　ところ　ここ　あたり　なか　うち　方（かた）
　（数量）　　　かず　ほど　かぎり　みな　ひとつ　ひとり
　（人）　　　　人　子　国　世　世の中：　われ　たれ
　（動作・精神）しるし　名　こころ　まこと
　（生産物）　　道　かど
　（自然）　　　風　雲　水　かげ　音：　山　海
　（生物）　　　鳥　花：　身　手　目
〔動詞〕　40語

第二章　天草版『エソポのハブラス』・天草版『平家物語』の語彙の豊富さ、類似度、偏り　47

　　（関係）　　似る　指す　まさる　斯かり
　　（存在・消滅）あり　ゐる
　　（変化）　　付く［四］　付く［下二］　とどむ　なる　寄す
　　（移動）　　出づ　入る［四］　入る［下二］　おく　かへる　のぼる　ゆく
　　　　　　　わたる
　　（経過）　　明く　暮る　過ぐ　経（ふ）
　　（精神）　　おもふ　しる　なげく　わする：
　　　　　　　きく　きこゆ　みる　みゆ
　　（行為）　　す　なす：　いふ　書く　問ふ　とる　着る　泣く　吹く
〔形容詞〕9語
　　　　　　　なし　よし　おなじ　おほし：
　　　　　　　ちかし　とほし　たかし　ふかし：　くるし
〔形容動詞〕3語
　　　　　　　あはれ　如何（いか）　異（こと）
〔副詞〕6語
　　　　　　　あまた　いと　かく　ただ　なほ　また
〔連体詞〕3語
　　　　　　　この　その　わが

　この19作品の共通見出し語が、各作品にどのように現れたかを示すと表6のようになる。なお、この表では〈エソポ〉〈ヘイケ〉〈高野本〉の3作品の見出し語の使用度数を、『日本古典対照分類語彙表』の見出し語の注記を参考にして調整してある[10]。

　全体比率は31.81％で、これが19作品全体を通じての平均像である。共通語群の占める割合は、蜻蛉日記が35.11％で最も高く、土佐日記（土左日記）・伊勢物語・後撰集が20％代で続いている。そして、〈高野本〉が−32.30％で最も低く、〈ヘイケ〉・万葉集・紫式部日記が−10％代で続いている。蜻蛉日記・土佐日記・伊勢物語・後撰集は共通語群に頼った作品であり、〈高野本〉・〈ヘイケ〉・万葉集・紫式部日記は共通語群への傾斜が低い作品だということになる。また、新古今集が−0.37％で最もゼロに近く、次いで〈エソポ〉が0.53％で近い。＋−6あるいは7％代のものに大鏡・枕草子・

表6　19作品の共通見出し語の現れ方

作品番号	作品	延べ語数 n	共通語の度数 f	期待値 f'	f−f'	期待値偏差 K.D.
1	エソポ	11749	3757	3737.36	＋　19.64	＋0.0053
2	ヘイケ	46893	12487	14916.66	－2429.66	－0.1629
3	高野	99309	21386	31590.19	－10204.2	－0.323
4	徒然	17110	6373	5442.69	＋　930.31	＋0.1709
5	宇治	49183	18605	15645.11	＋2959.89	＋0.1892
6	方丈	2527	864	803.84	＋　60.16	＋0.0748
7	新古	17165	5440	5460.19	－　20.19	－0.0037
8	大鏡	29253	8640	9305.38	－　665.38	－0.0715
9	更級	7243	2715	2304	＋　411	＋0.1784
10	紫	8736	2436	2778.92	－　342.92	－0.1234
11	源氏	207788	72204	66097.36	＋6106.64	＋0.0924
12	枕	32904	11144	10466.76	＋　677.24	＋0.0647
13	蜻蛉	22400	9627	7125.44	＋2501.56	＋0.3511
14	後撰	11955	4592	3802.89	＋　789.11	＋0.2075
15	土左	3496	1415	1112.08	＋　302.92	＋0.2724
16	古今	10013	3694	3185.14	＋　508.86	＋0.1598
17	伊勢	6931	2686	2204.75	＋　481.25	＋0.2183
18	竹取	5119	1900	1628.35	＋　271.65	＋0.1668
19	万葉	50056	13596	15922.81	－2326.81	－0.1461
	全体	N 639830	Σf 203561			

全体比率：P＝Σf／N＝203561／639830＝0.3181
期待値：f'＝n×P
期待値偏差：K.D.＝（f−f'）／f'

　方丈記がある。このあたりが平均像に近い作品になる。田中（1983）の「古典十四作品の語彙の偏り度」では「共通語群の占める割合は、蜻蛉日記において最も高く、万葉集で最も低い。」「源氏物語・方丈記・古今集・枕草子あ

第二章　天草版『エソポのハブラス』・天草版『平家物語』の語彙の豊富さ、類似度、偏り　49

たりが、いちばん平均像に近いと推定される」とある[11]。〈エソポ〉〈ヘイケ〉〈高野本〉の3作品を加えた19作品で作品の語彙の偏りを見ると、〈高野本〉〈ヘイケ〉が万葉集よりも共通語群への傾斜が少なく、〈エソポ〉が平均像に近いことが判明した。

　上の結果から、19作品の共通見出し語の現れ方における3作品の語彙の偏りに関して、次のことが言える。

（a）〈エソポ〉の語彙は0.53％プラスの方向へ偏り、平均像に近い。
（b）〈ヘイケ〉の語彙は16.29％マイナスの方向へ偏り、共通語群への傾斜が少ない。
（c）〈高野本〉の語彙は32.30％マイナスの方向へ偏り、共通語群への傾斜がきわめて少ない。
（d）19作品の中では〈エソポ〉がきわめてゼロに近く、平均像に近い。そして、〈高野本〉〈ヘイケ〉が万葉集よりも共通語群への傾斜が少ない。

6　おわりに

　統計上のいろいろな指標を利用して、天草版『エソポのハブラス』と天草版『平家物語』の自立語の語彙の傾向を探究し、次の点を明らかにした。

（a）キャロルにより改良されたタイプ・トークン比、ユールのK特性値を指標に利用すると、〈エソポ〉より〈ヘイケ〉の方が語彙が豊富であると判断される。
（b）宮島の語彙の類似度を指標に利用すると、〈エソポ〉と〈ヘイケ〉の方が〈エソポ〉と〈高野本〉よりも共通する見出し語の数は少ないが、語彙の類似度は高くなり、〈ヘイケ〉と〈高野本〉は共通する見出し語も大変多く、語彙の類似度もきわめて高くなる。
（c）田中の期待値偏差を指標に利用して〈エソポ〉〈ヘイケ〉〈高野本〉の3作品の中で語彙の偏りを測ったときには、〈エソポ〉の語彙が最も大きく平均像から隔たり、共通語群に頼っているという結果を得た。

しかし、他の古典を合わせて19作品の中で語彙の偏りを測ったところ、〈エソポ〉の語彙がきわめて平均像に近く、〈高野本〉〈ヘイケ〉の語彙がどの古典作品よりも共通語群への傾斜が少ないという結果になった。

（c）の結果から次のようなことが推察できる。

（d）〈エソポ〉は古典でよく使われ、室町末期でも使った語彙を用いて翻訳された作品である。〈高野本〉はマイナス方向への偏りが大きく、他の古典作品と異なる語彙を多く使用している作品である。〈ヘイケ〉は〈高野本〉に見られるような平家物語の語彙を継承しつつ、古典でよく使われ、室町末期でも使った語彙を用いて書き直された作品である。

注
1) 近藤政美・濱千代いづみ（2000）の調査を利用し、〈エソポ〉と単語の認定の基準を一致させるように整理し修正した。
2) 有意差検定の結果のZスコアは名詞10.381、動詞7.263、形容動詞4.120、副詞3.182、接続詞1.792である。名詞・動詞・形容動詞・副詞は有意水準1％、接続詞は有意水準10％で有意差がある。言いかえると、99％、90％の確かさで〈エソポ〉と〈ヘイケ〉の比率の差は意味のある差であると言える。
3) 有意差検定の結果のZスコアは名詞1.667、動詞6.557、形容動詞5.790、連体詞17.870である。動詞・形容動詞・連体詞は有意水準1％、名詞は有意水準10％で有意差がある。
4) 近藤政美・濱千代いづみ（2000）の調査を利用し、3作品の単語の認定の基準を一致させるように整理し修正した。
5) 田中章夫（1983）のp.34、14～15行
6) 同上のp.37、9～10行
7) 同上のp.35で形容動詞の期待値を求める式が $f = f \times \Sigma f / N = f \times P$ と示してある。このfは各作品の形容動詞の使用度数であるので、このままでは期待値fが求められない。このfは各作品の延べ語数nの誤りであろう。また、期待値偏差を求める式が $K.D. = (f - f) / f$ と示してあるが、p.36の6～7行の説明が「各作品の延べ語数と期待値の差をとって、それを期待値で割ると、ズレの率が出てくる」となっている。この説明の中の「延べ語数」は「形容動詞の使

第二章　天草版『エソポのハブラス』・天草版『平家物語』の語彙の豊富さ、類似度、偏り　　51

　　　用度数」の誤りであろう。
　8）『日本古典対照分類語彙表』の平家物語の数値も、本論と同じく『平家物語〈高野本〉語彙用例総索引』（自立語篇）に拠っている。
　9）『日本古典対照分類語彙表』の別冊で「各作品に共通の語」としてあげられたもののうち、表5に載らないのは次の12語である。［名詞］「月　昼　夜（よる）　そで　空」、［動詞］「たゆ　やむ　飽く　住む」、［形容詞］「疾（と）し　あやし」、［副詞］「まして」。動詞「やむ」は活用の種類が示されていないが、四段と判断する。
　10）〈エソポ〉〈ヘイケ〉〈高野本〉で別語の扱いをしていたものを延べ語数に影響のない範囲で一見出しにまとめてある。以下にまとめた見出しと各作品の内訳を示す。

　　　あく下二：エ1［あく1］　ヘ42［あく33、あくる9］　高91［あく78、あくる13］
　　　あはれ：エ2［あはれ1、あはれなり1］　ヘ63［あはれ28、あはれなり35］
　　　　　　　高132［あはれ49、あはれなり83］
　　　ありラ変：エ181［あり181］　ヘ1000［あり1000］　高1490［あり1469、ありつる2、あんなり19］
　　　いか：エ42［いかなり2、いかに40］　ヘ119［いかなり30、いかに87、いかばかり2］　高373［いかなり98、いかに259、いかばかり16］
　　　いふ四段：エ378［いふ378］　ヘ822［いふ822］　高716［いふ704、いはく12］
　　　うち：エ27［うち27］　ヘ134［うち133、うちども1］　高254［うち251、うちども3］
　　　かかりラ変：エ1［かかり1］　ヘ10［かかり10］　高91［かかり25、かかる66］
　　　かげ：エ2［蔭2］　ヘ8［蔭5、影3］　高25［蔭12、影13］
　　　きこゆ下二：エ6［きこゆ6］　ヘ134［きこゆ127、きこゆる7］　高268［きこゆ250、きこゆる18］
　　　くる下二：エ2［暮る2］　ヘ18［暮る16、眩る2］　高40［暮る29、眩る11］
　　　こ：エ21［こ14、こども7］　ヘ54［こ45、こども9］　高125［こ109、こども16］
　　　ここ：エ20［ここ20］　ヘ70［ここ70］　高89［ここ64、ここに25］
　　　こと（事）：エ324［こと323、ことども1］　ヘ865［こと844、ことども21］
　　　　　　　高1056［こと989、ことども67］
　　　こと（異・殊）：エ2［ことなり1、ことに1］　ヘ13［ことなり7、ことに6］
　　　　　　　高52［ことなり21、ことに31］
　　　これ：エ111［これ105、これら6］　ヘ450［これ427、これら23］　高783［これ746、これら38］

それ：エ56[其れ55、それら1]　へ89[其れ87、それに2]　高173[其れ140、
　　　　夫れ18、それに13、それら2]
　　ただ：エ32[ただ32]　へ116[ただ115、ただなり1]　高209[ただ206、ただ
　　　　なり3]
　　つね：エ10[つね4、つねに6]　へ41[つね20、つねに21]　高67[つね45、
　　　　つねに22]
　　なか：エ33[なか33]　へ100[なか95、なかにも5]　高251[なか229、なか
　　　　に2、なかにも20]
　　なに：エ16[なに13、なにと3]　へ60[なに35、なにと21、なにとて4]
　　　　高109[なに54、なにしか1、なにと49、なにとて5]
　　はる（春）：エ2[はる2]　へ21[はる21]　高55[はる54、はるごと1]
　　ひと：エ107[ひと104、ひとごと2、ひとども1]　へ356[ひと350、ひとごと
　　　　2、ひとども4]　高570[ひと558、ひとごと3、ひとども9]
　　まこと：エ19[まこと12、まことや7]　へ91[まこと13、まことに78]
　　　　高122[まこと21、まことなり1、まことに96、まことや4]
　　もと：エ15[本11、旧4]　へ54[本42、旧12]　高113[本84、旧29]
　　もの：エ159[もの153、ものども6]　へ494[もの408、ものども86]　高610
　　　　[もの503、ものども107]
　　よ（世）：エ12[よ12]　へ127[よ109、よに18]　高235[よ210、よに25]
　　よ（夜）：エ12[よ12]　へ67[よ67]　高124[よ123、よごと1]
　　われ：エ97[われ72、われと3、われら25]　へ95[われ84、われら15]
　　　　高203[われ157、われから1、われと2、われら43]
11）　田中章夫（1983）の「表7　古典14作品共通の137語の現われ方」では古
　　今集の共通見出し語の使用度数が3581語となっているが、『フロッピー版古典
　　対照語い表』で調査したところ、3881語という結果を得た。この結果で計算
　　すると、古今集は竹取物語に近くなり、いちばん平均像に近いとは言えない。

〈文献〉
伊藤雅光（2002）『計量言語学入門』　大修館書店
大塚光信（1983）『キリシタン版エソポのハブラス私注』　臨川書店
大塚光信・来田隆（1999）『エソポのハブラス本文と総索引』　清文堂出版
金明哲（2009）『テキストデータの統計科学入門』　岩波書店
近藤政美・武山隆昭・近藤三佐子（1996）『平家物語〈高野本〉語彙用例総索引』
　　（自立語篇）　勉誠社
近藤政美・池村奈代美・濱千代いづみ（1999）『天草版平家物語語彙用例総索引』

勉誠出版
近藤政美・濱千代いづみ（2000）「天草版『平家物語』の語彙の特色―『平家物語』〈高野本〉との比較による―」（愛知県立大学大学院『国際文化研究科論集』第1号）
田中章夫（1983）「作品の語彙の偏りを測る」『国語語彙史の研究』4　和泉書院
田中章夫（2002）『近代日本語の語彙と語法』　東京堂出版
宮島達夫（1970）「語いの類似度」『国語学』82
宮島達夫・中野洋・鈴木泰・石井久雄（1989）『フロッピー版古典対照語い表および使用法』　笠間書院
宮島達夫・中野洋・鈴木泰・石井久雄・安部清哉（2014）『日本古典対照分類語彙表』　笠間書院
Carroll, J. B. (1964) Language and Thought. Prentice-Hall, Englewood Cliffs, New Jersey.
Yule, G. U. (1944) The statistical study of literary vocabulary. Cambridge University Press. Cambridge.

表I 〈エソポ〉の語彙の使用度数

使用度数	比率‰	異なり語数	延べ語数	使用度数	比率‰	異なり語数	延べ語数
378	32.17	1	378	34	2.89	2	68
323	27.49	1	323	33	2.81	5	165
277	23.58	1	277	32	2.72	1	32
181	15.41	1	181	31	2.64	3	93
174	14.81	1	174	29	2.47	3	87
153	13.02	1	153	28	2.38	2	56
140	11.92	1	140	27	2.3	3	81
139	11.83	1	139	26	2.21	4	104
133	11.32	1	133	25	2.13	4	100
114	9.7	1	114	24	2.04	7	168
105	8.94	1	105	23	1.96	3	69
104	8.85	1	104	22	1.87	4	88
96	8.17	1	96	21	1.79	1	21
79	6.72	1	79	20	1.7	9	180
78	6.64	1	78	19	1.62	3	57
72	6.13	1	72	18	1.53	6	108
69	5.87	1	69	17	1.45	9	153
65	5.53	1	65	16	1.36	8	128
63	5.36	1	63	15	1.28	7	105
62	5.28	2	124	14	1.19	7	98
61	5.19	1	61	13	1.11	10	130
60	5.11	1	60	12	1.02	20	240
59	5.02	1	59	11	0.94	13	143
55	4.68	2	110	10	0.85	21	210
52	4.43	1	52	9	0.77	22	198
50	4.26	1	50	8	0.68	39	312
44	3.74	1	44	7	0.6	45	315
41	3.49	1	41	6	0.51	74	444
40	3.4	1	40	5	0.43	85	425
39	3.32	1	39	4	0.34	137	548
37	3.15	2	74	3	0.26	242	726
35	2.98	2	70	2	0.17	461	922

第二章　天草版『エソポのハブラス』・天草版『平家物語』の語彙の豊富さ、類似度、偏り　55

表Ⅱ　〈ヘイケ〉の語彙の使用度数

使用度数	比率‰	異なり語数	延べ語数
1	0.09	1608	1608
全体		2904	11749

使用度数	比率‰	異なり語数	延べ語数
1000	21.33	1	1000
844	18	1	844
822	17.53	1	822
754	16.08	1	754
716	15.27	1	716
545	11.62	1	545
507	10.81	1	507
427	9.11	1	427
408	8.7	1	408
388	8.27	1	388
384	8.19	1	384
350	7.46	1	350
341	7.27	1	341
328	6.99	1	328
287	6.12	1	287
272	5.8	1	272
258	5.5	1	258
230	4.9	1	230
204	4.35	1	204
200	4.27	1	200
183	3.9	1	183
169	3.6	1	169
162	3.45	2	324
161	3.43	1	161
158	3.37	1	158
153	3.26	1	153
147	3.13	2	294
145	3.09	1	145
136	2.9	1	136
133	2.84	1	133
127	2.71	1	127
123	2.62	1	123

使用度数	比率‰	異なり語数	延べ語数	使用度数	比率‰	異なり語数	延べ語数
118	2.52	1	118	70	1.49	2	140
117	2.5	1	117	69	1.47	2	138
115	2.45	1	115	68	1.45	2	136
113	2.41	1	113	67	1.43	2	134
112	2.39	2	224	66	1.41	3	198
110	2.35	1	110	63	1.34	4	252
109	2.32	1	109	62	1.32	2	124
108	2.3	1	108	61	1.3	2	122
106	2.26	3	318	60	1.28	2	120
102	2.18	2	204	59	1.26	4	236
101	2.15	1	101	57	1.22	2	114
98	2.09	2	196	56	1.19	1	56
95	2.03	1	95	55	1.17	6	330
93	1.98	1	93	54	1.15	4	216
90	1.92	1	90	53	1.13	4	212
88	1.88	1	88	52	1.11	7	364
87	1.86	2	174	51	1.09	5	255
86	1.83	2	172	50	1.07	2	100
84	1.79	3	252	49	1.04	3	147
83	1.77	2	166	48	1.02	6	288
82	1.75	2	164	47	1	6	282
81	1.73	1	81	46	0.98	4	184
80	1.71	1	80	45	0.96	3	135
79	1.68	3	237	44	0.94	3	132
78	1.66	1	78	43	0.92	3	129
77	1.64	1	77	42	0.9	8	336
76	1.62	1	76	41	0.87	3	123
75	1.6	1	75	40	0.85	5	200
74	1.58	1	74	39	0.83	5	195
73	1.56	3	219	38	0.81	4	152
72	1.54	2	144	37	0.79	4	148
71	1.51	1	71	36	0.77	8	288

第二章　天草版『エソポのハブラス』・天草版『平家物語』の語彙の豊富さ、類似度、偏り　　57

使用度数	比率‰	異なり語数	延べ語数
35	0.75	7	245
34	0.73	8	272
33	0.7	7	231
32	0.68	2	64
31	0.66	9	279
30	0.64	9	270
29	0.62	12	348
28	0.6	14	392
27	0.58	10	270
26	0.55	14	364
25	0.53	13	325
24	0.51	15	360
23	0.49	10	230
22	0.47	17	374
21	0.45	30	630
20	0.43	21	420
19	0.41	14	266
18	0.38	27	486
17	0.36	29	493
16	0.34	26	416
15	0.32	30	450
14	0.3	31	434
13	0.28	45	585
12	0.26	60	720
11	0.23	71	781
10	0.21	71	710
9	0.19	92	828
8	0.17	135	1080
7	0.15	140	980
6	0.13	208	1248
5	0.11	270	1350
4	0.09	371	1484

使用度数	比率‰	異なり語数	延べ語数
3	0.06	592	1776
2	0.04	1228	2456
1	0.02	3580	3580
全体		7421	46893

表Ⅲ　19作品の共通見出し語の使用度数

見出し	漢字	品詞	エソポ	ヘイケ	高野	徒然	宇治	方丈	新古	大鏡
あく	開・明	動下二	1	42	91	4	53	1	21	9
あたり	辺		15	17	11	7	8	1	5	7
あはれ	哀	形動	2	63	132	37	55	1	62	66
あまた	数多	副	14	29	48	15	36	1	2	29
あり	有	動ラ変	181	1000	1490	490	1214	51	207	397
いか	如何	形動	42	119	373	41	257	4	72	90
いづ	出	動下二	4	36	207	14	124	5	50	60
いづれ	何		8	22	43	14	4	1	24	20
いと	甚	副	5	4	11	69	102	2	5	362
いふ	言	動四	378	822	716	354	1409	17	48	223
いま	今		31	158	340	29	286	11	66	155
いる	入・要	動四	15	88	148	23	130	1	18	20
いる	入	動下二	7	49	108	5	87	1	1	13
うち	内・内裏		27	134	254	45	81	7	11	73
うみ	海		6	37	57	1	28	2	9	3
おく	置	動四	22	61	105	15	75	3	50	24
おと	音		2	19	39	7	30	3	37	3
おなじ	同	形	6	90	285	19	49	6	19	87
おほし	多	形	15	50	126	80	99	9	4	53
おもふ	思	動四	78	341	494	129	559	4	206	155
かかり	斯有	動ラ変	1	10	91	16	107	3	12	50
かぎり	限		3	31	41	11	88	1	24	32
かく	書	動四	4	71	118	29	74	2	3	29
かく	斯	副	3	13	72	37	198	9	13	111
かげ	蔭・影		2	8	25	5	12	1	74	10
かず	数		1	13	35	10	11	6	25	11
かぜ	風		3	34	66	5	28	8	112	8
かた	方		8	84	156	30	141	4	23	58
かど	門		1	3	14	5	19	2	3	13
かひ	効		2	13	14	6	15	1	22	10
かへる	帰	動四	24	66	124	15	128	2	35	23
きく	聞	動四	35	162	194	39	139	7	60	82

第二章　天草版『エソポのハブラス』・天草版『平家物語』の語彙の豊富さ、類似度、偏り　　59

更級	紫	源氏	枕	蜻蛉	後撰	土左	古今	伊勢	竹取	万葉	全体
7	5	82	39	44	23	3	17	11	1	50	504
1	3	166	4	6	4	1	2	2	8	35	303
44	15	944	87	99	16	5	20	11	4	8	1671
2	7	196	44	32	4	1	6	7	7	10	490
169	110	4450	763	1016	219	103	176	219	118	812	13185
22	22	698	120	133	26	3	14	5	7	68	2116
17	16	352	78	73	20	14	33	26	10	109	1248
1	2	80	6	6	21	3	6	4	3	15	283
95	148	4237	715	436	9	19	4	70	31	8	6332
120	69	1228	735	466	89	124	62	134	147	314	7455
28	12	836	78	100	57	16	49	25	13	183	2473
9	10	223	45	25	13	5	9	9	12	25	828
2	9	125	23	20	1	5	1	4	9	2	472
22	33	623	69	46	5	8	8	7	9	40	1502
8	1	27	8	5	17	33	4	1	12	98	357
1	2	143	23	15	48	2	24	6	2	141	762
19	12	115	37	36	19	1	18	4	4	82	487
8	15	293	45	38	16	14	4	2	3	11	1010
8	20	566	70	34	9	6	2	6	7	49	1213
74	64	2468	283	444	192	27	163	118	46	578	6423
10	21	705	38	39	5	11	2	14	10	11	1156
17	17	530	38	36	23	2	15	8	13	8	938
13	18	247	96	73	1	5	2	16	9	1	811
9	16	1066	35	119	20	18	18	20	28	151	1956
15	4	140	10	17	36	5	29	4	1	22	420
1	3	111	9	15	32	4	13	3	1	9	313
15	4	179	30	36	50	15	50	11	9	89	752
27	34	1159	80	96	25	5	20	15	11	10	1986
2	1	23	19	19	2	2	7	3	4	36	178
4	1	299	25	49	31	6	3	7	10	1	519
25	2	168	51	88	39	8	13	16	16	38	881
35	13	535	121	153	67	17	31	25	30	131	1876

第一部　天草版『エソポのハブラス』の語彙と語法

見出し	漢字	品詞	エソポ	ヘイケ	高野	徒然	宇治	方丈	新古	大鏡
きこゆ	聞	動下二	6	134	268	21	17	3	9	96
きる	着	動上一	2	54	92	4	62	1	5	6
くに	国		27	19	64	18	125	2	6	20
くも	雲		1	10	44	2	4	2	65	5
くる	暮・眩	動下二	2	18	40	9	16	1	24	5
くるし	苦	形	1	21	24	7	20	2	10	4
こ	子・蚕		21	54	125	17	87	1	4	27
ここ	此処		20	70	89	11	76	2	3	9
こころ	心		39	118	239	168	170	29	158	129
こと	事		324	865	1056	538	849	45	57	766
こと	異	形動	2	13	52	21	37	6	3	13
この	此	連体	140	384	591	108	901	13	27	506
これ	此		111	450	784	73	351	21	11	98
ころ	頃		4	41	73	27	13	6	27	26
さす	指・点	動四	8	29	62	4	21	1	18	5
しる	知・領	動四	26	102	181	127	180	21	115	58
しるし	験		2	6	16	5	19	1	8	9
す	為	動サ変	174	545	1007	360	1117	47	202	455
すぐ	過	動上二	10	47	81	22	71	3	45	18
その	其	連体	277	507	746	132	522	27	17	219
それ	其		56	89	173	12	203	2	15	109
たかし	高	形	4	20	45	10	50	2	8	14
ただ	唯・直・徒	副	32	116	209	40	177	10	20	78
たれ	誰		12	30	65	15	21	4	53	22
ちかし	近	形	10	34	57	20	53	7	16	35
つく	着・付	動四	11	82	173	26	66	2	3	52
つく	着・付	動下二	6	47	84	42	39	8	8	31
つね	常		10	41	67	24	26	8	9	36
て	手		13	53	114	20	84	1	10	25
とき	時		114	153	352	98	207	18	25	127
ところ	所		62	147	324	83	183	14	2	49
とし	年		4	40	71	24	47	4	50	160
とどむ	止	動下二	1	11	42	3	14	2	3	14

第二章　天草版『エソポのハブラス』・天草版『平家物語』の語彙の豊富さ、類似度、偏り

更級	紫	源氏	枕	蜻蛉	後撰	土左	古今	伊勢	竹取	万葉	全体
16	16	1659	103	103	18	3	7	9	1	24	2513
9	9	71	70	5	19	1	11	5	4	52	482
37	2	55	15	3	5	11	5	32	27	149	622
2	1	25	7	7	15	5	16	8	2	68	289
5	2	65	3	24	9	2	10	3	4	11	253
6	4	238	13	28	9	5	11	3	3	55	464
4	1	111	39	20	3	9	1	12	17	182	735
6	4	251	22	71	2	7	5	5	6	44	703
49	87	3411	156	171	168	26	117	57	32	325	5649
98	134	4804	449	399	98	40	54	58	108	111	10853
5	27	543	46	18	5	1	7	4	1	2	806
67	28	1624	108	111	19	61	13	65	74	228	5068
24	13	368	128	88	7	21	6	20	35	13	2622
4	7	245	36	21	10	1	8	2	2	64	617
2	4	22	11	3	2	1	4	2	2	19	220
25	16	591	133	78	112	16	86	31	21	274	2193
4	1	94	8	4	10	2	3	1	1	28	222
128	146	3060	654	497	173	65	139	133	96	649	9647
19	9	211	29	33	14	2	8	5	2	102	731
52	34	568	110	59	1	12	2	47	23	100	3455
8	18	205	93	45	5	3	5	15	17	10	1083
6	5	93	39	8	11	1	12	5	2	35	370
20	30	727	154	73	10	7	8	7	9	67	1794
8	5	224	49	20	28	2	24	6	2	40	630
19	7	347	67	35	21	4	9	4	6	37	788
5	1	104	27	16	3	3	3	8	4	24	613
8	10	552	59	34	6	3	2	11	11	22	983
6	10	335	49	14	24	2	10	7	2	76	756
5	4	196	36	22	5	6	6	6	10	85	701
12	14	225	33	59	46	15	51	33	20	234	1836
52	20	598	148	135	3	44	4	30	17	1	1916
12	8	229	17	40	64	3	45	12	6	128	964
5	4	197	16	12	7	1	14	4	5	13	368

見出し	漢字	品詞	エソポ	ヘイケ	高野	徒然	宇治	方丈	新古	大鏡
とふ	問	動四	26	53	74	32	190	1	78	43
とほし	遠	形	3	5	26	10	14	3	6	10
とり	鳥・鶏		15	8	22	14	13	3	7	7
とる	取	動四	29	136	250	34	172	2	3	37
な	名		4	27	56	25	17	1	17	15
なか	中・仲		33	100	251	28	80	8	7	70
なく	泣・鳴	動四	5	52	63	4	81	2	79	15
なげく	歎	動四	3	20	25	2	10	1	18	7
なし	無	形	139	388	654	305	557	44	220	221
なす	為	動四	33	38	114	26	52	7	6	28
なに	何		16	60	109	27	115	4	34	34
なほ	尚	副	7	52	106	29	44	5	57	48
なる	成・為	動四	33	287	540	77	296	13	66	233
にる	似	動上一	6	10	26	17	18	4	9	3
のち	後		23	106	247	50	134	5	20	98
のぼる	上	動四	10	73	113	8	106	1	4	32
はな	花		1	31	61	22	21	2	162	19
はる	春		2	21	55	12	2	2	125	5
ひ	日		8	52	119	30	84	4	31	83
ひと	人		107	356	570	572	691	46	249	326
ひとつ	一		22	40	82	25	47	8	6	37
ひとり	一人		3	6	13	24	87	3	34	38
ふ	経	動下二	2	15	44	4	27	8	55	13
ふかし	深	形	8	52	84	21	28	7	49	9
ふく	吹	動四	5	15	27	5	25	5	98	7
ほど	程		24	54	253	80	445	12	44	200
まこと	真・誠		19	91	122	37	93	2	5	59
まさる	勝	動四	2	6	12	28	18	1	18	14
また	又	副	59	162	251	80	189	21	43	230
み	身		55	98	186	59	96	19	152	29
みち	道		16	41	79	61	64	7	38	28
みづ	水		13	42	78	17	73	6	32	5
みな	皆		5	145	245	40	97	7	6	57

第二章　天草版『エソポのハブラス』・天草版『平家物語』の語彙の豊富さ、類似度、偏り

更級	紫	源氏	枕	蜻蛉	後撰	土左	古今	伊勢	竹取	万葉	全体
17	1	142	56	48	35	7	17	12	9	69	910
6	2	79	26	8	9	6	3	3	1	79	299
1	3	42	13	7	6	2	4	6	1	64	238
5	19	146	47	22	1	2	8	13	42	68	1036
3	4	124	37	5	43	7	40	11	6	109	551
17	15	448	61	41	12	9	17	14	19	23	1253
16	2	216	32	47	77	4	99	26	9	325	1154
2	2	84	4	21	7	3	6	3	3	63	284
104	103	3346	284	332	212	31	153	75	61	516	7745
6	1	78	12	10	11	1	4	3	5	14	449
26	12	379	104	58	54	5	33	10	17	91	1188
11	10	826	148	85	24	20	13	18	14	26	1543
49	25	919	151	250	85	17	71	54	32	136	3334
4	4	132	21	9	5	6	2	4	3	13	296
17	11	277	47	23	10	2	13	11	6	78	1178
17	4	52	28	14	1	6	1	4	8	8	490
20	4	273	64	23	132	6	146	23	3	301	1314
12	1	119	19	13	72	5	71	14	2	127	679
19	16	240	84	141	18	26	27	10	6	217	1215
134	189	3732	669	438	211	80	235	173	94	455	9327
9	6	107	25	18	8	3	9	6	4	5	467
10	4	104	22	24	15	3	15	7	5	74	491
2	3	211	6	41	65	11	38	23	6	84	658
11	11	475	16	25	30	2	13	1	4	14	860
12	1	54	23	21	30	14	34	8	11	91	486
56	64	1762	253	330	32	4	6	16	18	2	3655
4	6	233	78	5	2	2	1	2	8	20	789
4	12	254	16	22	29	4	22	15	1	45	523
25	30	698	217	155	9	23	8	15	7	64	2286
12	18	685	26	77	140	2	80	25	11	50	1820
14	2	198	21	19	14	2	20	17	4	134	779
21	7	77	18	23	31	6	36	16	3	59	563
17	30	343	98	38	6	10	2	6	9	16	1177

64　第一部　天草版『エソポのハブラス』の語彙と語法

見出し	漢字	品詞	エソポ	ヘイケ	高野	徒然	宇治	方丈	新古	大鏡
みゆ	見	動下二	12	112	237	60	143	4	82	73
みる	見	動上一	62	272	422	111	548	11	218	163
むかし	昔		1	48	144	18	198	4	76	33
め	目		5	42	69	30	98	5	2	26
もと	元・本		15	54	113	16	138	5	11	32
もの	物・者		159	494	610	263	768	25	128	195
やま	山		11	53	71	12	71	6	134	18
ゆく	行	動四	24	55	95	22	189	2	80	23
よ	世		12	127	235	96	91	21	172	179
よ	夜		1	67	124	18	54	2	103	27
よし	由		12	59	187	19	89	1	2	20
よし	良	形	20	55	78	109	171	2	4	77
よす	寄	動下二	2	42	78	4	11	2	9	4
よのなか	世中		1	14	18	2	10	4	34	30
わが	我	連体	61	51	129	35	157	7	113	40
わする	忘	動下二	6	24	38	23	16	1	50	9
わたる	渡	動四	5	29	110	7	69	1	18	42
われ	我		97	95	203	19	173	2	56	49
ゐる	居	動上一	37	113	30	7	151	2	11	28
作品の共通語の度数 f			3757	12487	21386	6373	18605	864	5440	8640

第二章　天草版『エソポのハブラス』・天草版『平家物語』の語彙の豊富さ、類似度、偏り　65

更級	紫	源氏	枕	蜻蛉	後撰	土左	古今	伊勢	竹取	万葉	全体
45	56	890	181	129	71	15	53	26	13	201	2403
97	59	1839	227	246	214	39	158	74	69	805	5634
16	5	375	16	17	20	9	15	149	5	13	1162
12	19	438	37	27	15	2	20	14	5	53	919
12	11	149	94	20	4	4	5	45	13	22	763
52	80	1942	535	225	174	41	124	57	76	303	6251
36	4	141	28	28	88	9	91	17	25	372	1215
16	7	185	21	42	59	24	47	32	6	358	1287
37	34	1570	55	62	61	1	50	22	15	69	2909
53	23	262	49	64	54	10	45	28	4	173	1161
9	6	160	10	7	11	1	10	6	8	52	669
10	32	527	179	41	2	13	5	13	23	75	1436
4	4	91	7	20	6	6	3	1	3	54	351
8	3	249	9	26	22	2	32	8	4	45	521
18	19	475	37	72	145	9	140	28	12	649	2197
7	5	110	17	9	29	5	19	16	1	62	447
16	8	375	32	41	23	9	15	6	1	61	868
18	16	356	38	75	81	7	81	29	10	320	1725
8	33	153	95	13	6	2	3	8	8	52	760
2715	2436	72204	11144	9627	4592	1415	3694	2686	1900	13596	

Σf 203561

第三章　天草版『エソポのハブラス』の助動詞の語彙と語法

キーワード：エソポのハブラス　助動詞　基幹語彙　話し言葉　ごとし

1　はじめに

　本研究の目的は天草版『エソポのハブラス』の助動詞の語彙を、古活字本『伊曽保物語』・天草版『平家物語』との比較を通して計量的な観点から分析し、語法に触れつつ語彙の特色を把握することである。
　かつて天草版『平家物語』の助動詞の語彙について、『天草版平家物語語彙用例総索引』の解説で取り扱った。そのときには、まず出現した助動詞を受身・完了などの主たる意味で分類し、各助動詞の出現した活用形を整理して示した。次に助動詞の使用度数と使用率を計量し、使用率によって高位語・中位語・低位語の3段階に分類して『平家物語』〈高野本〉との比較を試みた。その結果をまとめたものが次の三項である。
　（ア）　2作品で共通に使用率の高い「らる（尊敬）」「る（尊敬）」「たり（完了）」「ず」などは中世を通じてよく用いられた語である。
　（イ）　天草版『平家物語』でのみ使用率の高い「た」「ぢや」「うず」などは音変化を経て成立した語で、室町時代の話し言葉としてよく用いられていたものである。同様のものに「なんだ」「まい」などがある。
　（ウ）　天草版『平家物語』では使用率が低いが『平家物語』〈高野本〉で高い「ん」は和歌などに限定的に用いられている。また、平安・鎌倉時代の代表的な助動詞の「べし」「き」「けり」などが後退している。

　天草版『エソポのハブラス』と天草版『平家物語』は合わせ綴じた形で残っており、1593年の総序を持っている。イエズス会の宣教師たちが日本語

を学習するためのテキストとして編集されたという共通の目的も有する。今回は天草版『エソポのハブラス』の助動詞を中心に据え、上記のまとめ三項の確認も行いながら、詳細な検討に努める。

　天草版『エソポのハブラス』及び天草版『平家物語』は「扉・序・物語の本文・目録」の四部によって構成されている。このうちの物語の本文に使われている助動詞を調査の対象とする。計量に利用した文献は次のものである。

　　a　『エソポのハブラス本文と総索引』
　　b　『仮名草子伊曽保物語用語索引』
　　c　『天草版平家物語語彙用例総索引』

　これらは共通の方針と基準の下に作成してあるわけではない。文献a[1]と文献cの基準は近いが、文献b[2]は離れている。そこで、単語の認定の基準を一致させるようにして計量した。

　天草版『エソポのハブラス』及び天草版『平家物語』の本文の引用は漢字仮名交じりに直して示す。古活字本『伊曽保物語』の本文の引用は日本古典文学大系『仮名草子集』に依拠する。

　また、次の略称を用いる。
　　〈エソポ〉〈エ〉……天草版『エソポのハブラス』
　　〈伊曽保〉〈伊〉……古活字本『伊曽保物語』
　　〈ヘイケ〉〈ヘ〉……天草版『平家物語』

2　助動詞の語彙の全体像

2.1　助動詞の異なり語数と延べ語数

　〈エソポ〉〈伊曽保〉〈ヘイケ〉の物語の本文に用いられている助動詞について、異なり語数・延べ語数を計量し、1語あたりの使用度数を計算して示すと表1のようになる。

　異なり語数・延べ語数ともに、室町時代末期の話し言葉を使用している〈ヘイケ〉が最も多く、同様の〈エソポ〉が最も少ない。話し言葉を含んだ文語文の〈伊曽保〉がその中間にある。1語あたりの使用度数でも〈ヘイケ〉

が多く、〈エソポ〉が少ないが、〈エソポ〉と〈伊曽保〉とは近い数値である。

表1 助動詞の異なり語数と延べ語数

作　　品	〈エソポ〉	〈伊曽保〉	〈ヘイケ〉
異なり語数	27	34	41
延べ語数	1957	2497	11338
1語あたりの使用度数	72.48	73.44	276.54

ここで、作品の規模と助動詞の使用との関係を考えてみよう。

〈エソポ〉の物語の本文は409ページから502ページまでの94ページである。〈ヘイケ〉の本文は3ページから408ページまでの406ページである。1ページあたり24行という同じ組み方で印刷し、合わせ綴じてあるので、物語の本文のページ数が作品の規模を表しているとみなせる。〈エソポ〉の94ページを1とすると〈ヘイケ〉の406ページは4.3になる。〈ヘイケ〉は〈エソポ〉の4.3倍の規模の作品ということになる。

表1の1語あたりの使用度数は、延べ語数を異なり語数で除した数値である。これで比較すると、〈ヘイケ〉の276.54は〈エソポ〉の72.48の3.8倍となり、作品の規模の4.3倍に近くなる。助動詞の1語あたりの使用度数は作品の規模に比例すると言える。

ところで、表1の延べ語数で比較すると、〈ヘイケ〉の11338は〈エソポ〉の1957の5.8倍になり、作品の規模の4.3倍より倍率が大きくなる。また、1ページあたりの助動詞の使用度数を計算すると、〈エソポ〉は20.82、〈ヘイケ〉は27.93となり、〈ヘイケ〉の方が多くなる。よって、〈エソポ〉は〈ヘイケ〉に比べて助動詞の使用が少ないと言える。

語彙量の判明している〈ヘイケ〉と『平家物語』〈高野本〉（略称として〈高野本〉〈高〉を用いる）[3]ではどうであろうか。

〈ヘイケ〉〈高野本〉の物語の本文の語彙について異なり語数・延べ語数を示すと表2のようになる[4]。

表2 〈ヘイケ〉〈高野本〉の語彙量

作　品		〈ヘイケ〉	〈高野本〉
異なり語数	自立語	7421	14790
	付属語（助動詞）	41	37
	付属語（助詞）	83	86
	全体	7545	14913
延べ語数	自立語	46893	99309
	付属語（助動詞）	11338	20131
	付属語（助詞）	32146	56468
	全体	90377	175908 [5]
1語あたりの使用度数	自立語	6.32	6.71
	付属語（助動詞）	276.54	544.08
	付属語（助詞）	387.30	656.60
	全体	11.98	11.80

　〈ヘイケ〉と〈高野本〉の場合、延べ語数の全体が作品の規模を表しているとみなしてよい。〈ヘイケ〉の90377を1とすると〈高野本〉の175908は1.9になる。〈高野本〉は〈ヘイケ〉の1.9倍の語彙量の作品である。

　1語あたりの使用度数で比較すると、付属語（助動詞）の場合、〈ヘイケ〉の276.54に対して〈高野本〉の544.08は2.0倍である。付属語（助詞）の場合、〈ヘイケ〉の387.30に対して〈高野本〉の656.60は1.7倍である。ともに作品の規模の1.9倍という倍率に近くなる。付属語における1語あたりの使用度数は作品の規模に比例すると言える。

　では、自立語の場合はどうであろうか。1語あたりの使用度数で見ると〈ヘイケ〉の6.32と〈高野本〉の6.71に大差はない。しかし、異なり語数で見ると〈ヘイケ〉の7421に対して〈高野本〉の14790は2.0倍となる。また、延べ語数で見ても〈ヘイケ〉の46893に対して〈高野本〉の99309は2.1倍となり、ともに作品の規模の1.9倍に近くなる。自立語の場合、異なり語数と延べ語数が作品の規模に比例すると言えよう。

　延べ語数全体における助動詞の使用率を計算すると、〈ヘイケ〉が125.45

パーミル、〈高野本〉が114.44パーミルになる。双方の助動詞の使用は同程度である。表1の検討の結果では〈エソポ〉は〈ヘイケ〉に比べて助動詞の使用が少なかった。それと照合すると、〈エソポ〉は〈高野本〉より助動詞の使用が少ないと言える。

2.2 助動詞の使用語彙

〈エソポ〉〈伊曽保〉〈ヘイケ〉〈高野本〉の物語の本文に用いられている助動詞の語彙を主たる意味によって分類し、番号を付した。

【主たる意味と番号の範囲】

　　　受身1～2　使役3～5　完了6～10　過去11～12
　　　推量13～22　過去推量23　伝聞推定24　打消25
　　　打消推量26～28　断定29～32　希望33～34
　　　比況35　打消過去36　様態的推量37　複合語38～48

それを〈エソポ〉に存するもの、〈伊曽保〉に存するもの、〈ヘイケ〉に存するもの、〈高野本〉に存するものの順に並べ替えて示すと表3のようになる。

【見出しの助動詞の有無】

　　　見出しの助動詞の存する場合……○
　　　見出しの助動詞の存しない場合……×

古語辞典（略称を〈古語〉とする）[6]の巻末付録の一覧表に掲示してある助動詞もあわせて示す。古語辞典は高等学校で教える古典文法をよく整理して反映している。古典語の学校文法は平安時代を基準にして記述してある。

表3 〈エ〉〈伊〉〈ヘ〉〈高〉の助動詞の使用語彙

主たる意味	番号	助動詞	エソポ	伊曽保	ヘイケ	高野本	古語
受身	1	る	○	○	○	○	○
受身	2	らる	○	○	○	○	○
使役	3	す	○	○	○	○	○
使役	4	さす	○	○	○	○	○
完了	6	つ	○	○	○	○	○

72　第一部　天草版『エソポのハブラス』の語彙と語法

主たる意味	番号	助動詞	エソポ	伊曾保	ヘイケ	高野本	古語
完了	9	たり	○	○	○	○	○
完了	10	た	○	○	○	○	×
過去	11	き	○	○	○	○	○
推量	14	う	○	○	○	○	×
推量	20	べし	○	○	○	○	○
打消	25	ず	○	○	○	○	○
打消推量	26	じ	○	○	○	○	○
打消推量	27	まじ	○	○	○	○	○
断定	29	たり	○	○	○	○	○
断定	30	なり	○	○	○	○	○
希望	33	たし	○	○	○	○	○
比況	35	ごとし	○	○	○	○	○
複合語	43	やうなり	○	○	○	○	○
複合語	45	さうなり	○	○	○	×	×
複合語	47	ごとくなり	○	○	○	○	○
推量	16	うず	○	×	○	○	×
推量	19	らう	○	×	○	×	×
打消推量	28	まい	○	×	○	×	×
断定	31	ぢゃ	○	×	○	×	×
打消過去	36	なんだ	○	×	○	×	×
複合語	48	ごとくぢや	○	×	○	×	×
断定	32	であ	○	×	×	×	×
使役	5	しむ	×	○	○	○	○
完了	7	ぬ	×	○	○	○	○
完了	8	り	×	○	○	○	○
過去	12	けり	×	○	○	○	○
推量	13	ん（む）	×	○	○	○	○
推量	18	らん（らむ）	×	○	○	○	○
推量	21	まし	×	○	○	○	○

第三章　天草版『エソポのハブラス』の助動詞の語彙と語法　73

主たる意味	番号	助動詞	エソポ	伊曽保	ヘイケ	高野本	古語
推量	22	めり	×	○	○	○	○
過去推量	23	けん（けむ）	×	○	○	○	○
伝聞推定	24	なり	×	○	○	○	○
希望	34	まほし	×	○	○	○	○
様態的推量	37	げな	×	○	○	×	×
推量	15	むず（んず）	×	○	×	○	○
複合語	39	てんげり	×	○	×	×	×
推量	17	ようず	×	×	○	×	×
複合語	44	やうぢや	×	×	○	×	×
複合語	46	さうぢや	×	×	○	×	×
複合語	38	てんぎ	×	×	×	○	×
複合語	40	たんなり	×	×	×	○	×
複合語	41	べかんなり	×	×	×	○	×
複合語	42	まじかんなり	×	×	×	○	×
異なり語数		48	27	34	41	37	

（注）「う」と「ん（む）」、「うず」と「むず（んず）」、「らう」と「らん（らむ）」は表記に従い別語として扱った。

〈エソポ〉〈伊曽保〉に共通に存するのは「る」「らる」から「さうなり」「ごとくなり」までの20語である。これらは〈ヘイケ〉にも存する。室町時代末期から江戸時代初期の口語的文脈でも文語的文脈でも用いられた語群である。このうち「さうなり」は〈高野本〉に存せず、さらに「た」「う」が〈古語〉に掲載されていない[7]。これらの3語は主として口語的文脈で用いられたものである。四本全部と〈古語〉に共通するのは、先に挙げた20語のうち「た」「う」「さうなり」の3語を除く17語である。使用の多少はともかく、これらの17語は平安時代から江戸時代初期まで用いられていた語群である。

〈エソポ〉にあって〈伊曽保〉に存しないのは「うず」「らう」「まい」「ぢや」「なんだ」「ごとくぢや」「であ」の7語である。これらはすべて〈古語〉

に掲載されていない。そのうち「うず」は〈ヘイケ〉〈高野本〉にもあるので〈伊曽保〉にのみ存しない。「うず」は比較的早い時期に用いられるようになったが、口語的文脈が主であったと考えられる。「であ」は〈ヘイケ〉〈高野本〉にもないので〈エソポ〉固有のものである。これは「である」の略で、「ぢや」に転じる過渡期の語形である。「らう」「まい」「ぢや」「なんだ」「ごとくぢや」の5語は〈ヘイケ〉にもある。これらの5語は室町時代末期の口語的文脈でよく用いられた語群と言えよう。

〈伊曽保〉にあって〈エソポ〉にないのは「しむ」「ぬ」から「むず（んず）」「てんげり」までの14語である。そのうち「しむ」「ぬ」「り」「けり」「ん（む）」「らん（らむ）」「まし」「めり」「けん（けむ）」「なり〈伝聞推定〉」「まほし」の11語は〈ヘイケ〉〈高野本〉にもあり、〈古語〉にも掲載されている。〈エソポ〉でのみ見られない。これらは文語的文脈での使用が主であろうと考えられる。残りの3語「げな」「むず（んず）」「てんげり」のうち、「げな」は〈ヘイケ〉にあるが、〈古語〉に掲載されていない。これは接尾語に由来する「げ」に断定の助動詞「なり」の変化したものが付いてできた語で、様態を推測する意味を表す。室町時代から見られるものである。「た」「う」「さうなり」と同様、〈伊曽保〉の文語を基調とした中の口語性を示す助動詞である。「むず（んず）」は〈高野本〉にもあり、〈古語〉に掲載されている。〈エソポ〉〈ヘイケ〉では「うず」を用いている。『ロドリゲス日本大文典』では「むず（んず）」を書き言葉の用法の助辞として扱っている[8]。「てんげり」は〈高野本〉にあるが、〈古語〉に掲載されていない。これは完了の助動詞「つ」の連用形「て」に過去の助動詞「けり」の付いた「てけり」が変化したものである。軍記物語や説話によく用いられた。しかし、室町時代には文語的文脈での使用が主になったと考えられる。

〈エソポ〉〈伊曽保〉二本に共通して存しないのは「ようず」から「まじかんなり」までの7語である。すべて音韻変化を伴う複合語である。そのうち「ようず」「やうぢや」「さうぢや」の3語は〈ヘイケ〉にのみあり、「てんぎ」「たんなり」「べかんなり」「まじかんなり」の4語は〈高野本〉にのみある。

3 〈エソポ〉〈伊曽保〉〈ヘイケ〉の助動詞の使用度数と基幹語彙

3.1 〈エソポ〉の助動詞の使用度数

〈エソポ〉の助動詞を使用度数の多いものから順に整列し、度数と使用率とを示すと表4のようになる。比較のために〈伊曽保〉〈ヘイケ〉の助動詞の度数と使用率とを付した。

表4 〈エソポ〉の助動詞の使用度数と使用率

見出し語	意味	エソポ順位	エソポ度数	エソポ使用率	伊曽保順位	伊曽保度数	伊曽保使用率	ヘイケ順位	ヘイケ度数	ヘイケ使用率
た	完了	1	526	268.78	29	1	0.40	1	2865	252.69
ぢゃ	断定	2	220	112.42		0	0	5	747	65.88
らる	受身	3	190	97.09	13	32	12.82	2	1504	132.65
ず	打消	4	177	90.44	3	253	101.32	6	703	62.00
う	推量	5	138	70.52	29	1	0.40	7	670	59.09
うず	推量	6	136	69.49		0	0	8	589	51.95
る	受身	7	129	65.92	9	78	31.24	3	1385	122.16
たり	完了	8	93	47.52	7	114	45.65	4	955	84.23
なり	断定	9	73	37.30	2	325	130.16	10	335	29.55
す	使役	10	72	36.79	10	60	24.03	9	514	45.33
まじ	打消推量	11	37	18.91	17	15	6.01	14	89	7.85
さす	使役	12	29	14.82	14	31	12.41	11	254	22.40
なんだ	打消過去	13	27	13.80		0	0	12	151	13.32
ごとし	比況	14	25	12.77	8	102	40.85	20	26	2.29
やうなり	複合語	15	21	10.73	19	13	5.21	13	129	11.38
まい	打消推量	16	18	9.20		0	0	15	84	7.41
つ	完了	17	12	6.13	15	17	6.81	18	49	4.32
ごとくなり	複合語	18	9	4.60	22	9	3.60	24	16	1.41
たし	希望	19	7	3.58	23	8	3.20	19	27	2.38
ごとくぢや	複合語	19	7	3.58		0	0	30	4	0.35
らう	推量	21	4	2.04		0	0	16	62	5.47
べし	推量	22	2	1.02	5	220	88.11	17	51	4.50

76　第一部　天草版『エソポのハブラス』の語彙と語法

見出し語	意味	エソポ順位	エソポ度数	エソポ使用率	伊曽保順位	伊曽保度数	伊曽保使用率	ヘイケ順位	ヘイケ度数	ヘイケ使用率
さうなり	複合語	23	1	0.51	29	1	0.40	22	19	1.68
じ	打消推量	23	1	0.51	20	12	4.81	25	12	1.06
たり	断定	23	1	0.51	15	17	6.81	28	6	0.53
き	過去	23	1	0.51	12	48	19.22	21	24	2.12
であ	断定	23	1	0.51		0	0		0	0
らん(らむ)	推量		0	0	29	1	0.40	28	6	0.53
げな	様態的推量		0	0	29	1	0.40	33	3	0.26
なり	伝聞推定		0	0	29	1	0.40	38	1	0.09
てんげり	複合語		0	0	28	2	0.80		0	0
まし	推量		0	0	26	3	1.20	38	1	0.09
めり	推量		0	0	26	3	1.20	38	1	0.09
まほし	希望		0	0	25	4	1.60	33	3	0.26
むず	推量		0	0	23	8	3.20		0	0
しむ	使役		0	0	20	12	4.81	33	3	0.26
けん(けむ)	過去推量		0	0	18	14	5.61	30	4	0.35
り	完了		0	0	11	49	19.62	37	2	0.18
ぬ	完了		0	0	6	126	50.46	23	17	1.50
ん(む)	推量		0	0	4	221	88.51	27	7	0.62
けり	過去		0	0	1	695	278.33	25	12	1.06
やうぢや	複合語		0	0		0	0	30	4	0.35
さうぢや	複合語		0	0		0	0	33	3	0.26
ようず	推量		0	0		0	0	38	1	0.09

3.2 〈エソポ〉の助動詞の基幹語彙

　ある言語資料を対象とした語彙調査を行った場合に得られる、骨格的部分集団を「基幹語彙」と呼ぶことにする。使用率の高い語がその資料の基幹語になる。大野晋氏は「基本語彙」という語を用いて、自立語を集計し、使用率0.1パーミル以上の語の集合とするという考えを提示された[9]。近藤政美氏は〈ヘイケ〉の助動詞の基幹語彙を考察するにあたり、以下のように基準を設定した[10]。

（ⅰ）高位語（第一）　　50.00≦ a　　　　……第一基幹語彙
（ⅱ）高位語（第二）　　 5.00≦ a <50.00……第二基幹語彙
（ⅲ）中位語　　　　　　 0.50≦ a < 5.00
（ⅳ）低位語　　　　　　 0.00< a < 0.50
（ⅴ）不使用　　　　　　　a = 0.00

a の単位はパーミル（‰）

　これをそのまま〈エソポ〉の助動詞の語彙に応用するわけにはいかない。そこで、次のような基準を設定した。

（S）ランク　　　　　50.00≦ a　　　　……第一基幹語彙
（A）ランク　　　　　10.00≦ a <50.00……第二基幹語彙
（B）ランク　　　　　 1.00≦ a <10.00
（C）ランク　　　　　 0.00< a < 1.00
（D）不使用　　　　　　a = 0.00

a の単位はパーミル（‰）

　表4において（S）ランクは、順位1の「た」から順位7の「る」までの7語である。これらの使用度数はきわめて多く、使用率も高い。累積使用度数は1516で、助動詞全体の774.66パーミルに相当する。また（A）ランクは、順位8の「たり」から順位15の「やうなり」までの8語である。（A）ランクまでの累積使用度数は1893で、助動詞全体の967.30パーミルに相当する。これを〈エソポ〉の助動詞の基幹語彙とする。

3.3 〈伊曽保〉の助動詞の使用度数と基幹語彙

　〈伊曽保〉の助動詞を使用度数の多いものから順に整列し、度数と使用率とを示すと表5のようになる。

表5 〈伊曽保〉の助動詞の使用度数と使用率

見出し語	意味	エソポ順位	エソポ度数	エソポ使用率	伊曽保順位	伊曽保度数	伊曽保使用率	ヘイケ順位	ヘイケ度数	ヘイケ使用率
けり	過去		0	0	1	695	278.33	25	12	1.06
なり	断定	9	73	37.30	2	325	130.16	10	335	29.55
ず	打消	4	177	90.44	3	253	101.32	6	703	62.00
ん（む）	推量		0	0	4	221	88.51	27	7	0.62
べし	推量	22	2	1.02	5	220	88.11	17	51	4.50
ぬ	完了		0	0	6	126	50.46	23	17	1.50
たり	完了	8	93	47.52	7	114	45.65	4	955	84.23
ごとし	比況	14	25	12.77	8	102	40.85	20	26	2.29
る	受身	7	129	65.92	9	78	31.24	3	1385	122.16
す	使役	10	72	36.79	10	60	24.03	9	514	45.33
り	完了		0	0	11	49	19.62	37	2	0.18
き	過去	23	1	0.51	12	48	19.22	21	24	2.12
らる	受身	3	190	97.09	13	32	12.82	2	1504	132.65
さす	使役	12	29	14.82	14	31	12.41	11	254	22.40
つ	完了	17	12	6.13	15	17	6.81	18	49	4.32
たり	断定	23	1	0.51	15	17	6.81	28	6	0.53
まじ	打消推量	11	37	18.91	17	15	6.01	14	89	7.85
けん（けむ）	過去推量		0	0	18	14	5.61	30	4	0.35
やうなり	複合語	15	21	10.73	19	13	5.21	13	129	11.38
じ	打消推量	23	1	0.51	20	12	4.81	25	12	1.06
しむ	使役		0	0	20	12	4.81	33	3	0.26
ごとくなり	複合語	18	9	4.60	22	9	3.60	24	16	1.41
たし	希望	19	7	3.58	23	8	3.20	19	27	2.38
むず	推量		0	0	23	8	3.20		0	0
まほし	希望		0	0	25	4	1.60	33	3	0.26
まし	推量		0	0	26	3	1.20	38	1	0.09
めり	推量		0	0	26	3	1.20	38	1	0.09
てんげり	複合語		0	0	28	2	0.80		0	0
た	完了	1	526	268.78	29	1	0.40	1	2865	252.69
う	推量	5	138	70.52	29	1	0.40	7	670	59.09
さうなり	複合語	23	1	0.51	29	1	0.40	22	19	1.68

第三章　天草版『エソポのハブラス』の助動詞の語彙と語法　79

見出し語	意　味	エソポ順位	エソポ度数	エソポ使用率	伊曽保順位	伊曽保度数	伊曽保使用率	ヘイケ順位	ヘイケ度数	ヘイケ使用率
らん(らむ)	推量		0	0	29	1	0.40	28	6	0.53
げな	様態的推量		0	0	29	1	0.40	33	3	0.26
なり	伝聞推定		0	0	29	1	0.40	38	1	0.09
ぢや	断定	2	220	112.42	0	0	0	5	747	65.88
うず	推量	6	136	69.49	0	0	0	8	589	51.95
なんだ	打消過去	13	27	13.80	0	0	0	12	151	13.32
まい	打消推量	16	18	9.20	0	0	0	15	84	7.41
ごとくぢや	複合語	19	7	3.58	0	0	0	30	4	0.35
らう	推量	21	4	2.04	0	0	0	16	62	5.47
であ	断定	23	1	0.51	0	0	0	0	0	0
やうぢや	複合語		0	0	0	0	0	30	4	0.35
さうぢや	複合語		0	0	0	0	0	33	3	0.26
ようず	推量		0	0	0	0	0	38	1	0.09

　表5において（S）ランクは、順位1の「けり」から順位6の「ぬ」までの6語である。その累積使用度数は1840で、助動詞全体の736.88パーミルに相当する。また（A）ランクは、順位7の「たり」から順位14の「さす」までの8語である。（A）ランクまでの累積使用度数は2354で、助動詞全体の942.73パーミルに相当する。これを〈伊曽保〉の助動詞の基幹語彙とする。

3.4　〈ヘイケ〉の助動詞の使用度数と基幹語彙

　〈ヘイケ〉の助動詞を使用度数の多いものから順に整列し、度数と使用率とを示すと表6のようになる。

表6　〈ヘイケ〉の助動詞の使用度数と使用率

見出し語	意　味	エソポ順位	エソポ度数	エソポ使用率	伊曽保順位	伊曽保度数	伊曽保使用率	ヘイケ順位	ヘイケ度数	ヘイケ使用率
た	完了	1	526	268.78	29	1	0.40	1	2865	252.69
らる	受身	3	190	97.09	13	32	12.82	2	1504	132.65
る	受身	7	129	65.92	9	78	31.24	3	1385	122.16
たり	完了	8	93	47.52	7	114	45.65	4	955	84.23

80　第一部　天草版『エソポのハブラス』の語彙と語法

見出し語	意味	エソポ順位	エソポ度数	エソポ使用率	伊曽保順位	伊曽保度数	伊曽保使用率	ヘイケ順位	ヘイケ度数	ヘイケ使用率
ぢや	断定	2	220	112.42		0	0	5	747	65.88
ず	打消	4	177	90.44	3	253	101.32	6	703	62.00
う	推量	5	138	70.52	29	1	0.40	7	670	59.09
うず	推量	6	136	69.49		0	0	8	589	51.95
す	使役	10	72	36.79	10	60	24.03	9	514	45.33
なり	断定	9	73	37.30	2	325	130.16	10	335	29.55
さす	使役	12	29	14.82	14	31	12.41	11	254	22.40
なんだ	打消過去	13	27	13.80		0	0	12	151	13.32
やうなり	複合語	15	21	10.73	19	13	5.21	13	129	11.38
まじ	打消推量	11	37	18.91	17	15	6.01	14	89	7.85
まい	打消推量	16	18	9.20		0	0	15	84	7.41
らう	推量	21	4	2.04		0	0	16	62	5.47
べし	推量	22	2	1.02	5	220	88.11	17	51	4.50
つ	完了	17	12	6.13	15	17	6.81	18	49	4.32
たし	希望	19	7	3.58	23	8	3.20	19	27	2.38
ごとし	比況	14	25	12.77	8	102	40.85	20	26	2.29
き	過去	23	1	0.51	12	48	19.22	21	24	2.12
さうなり	複合語	23	1	0.51	29	1	0.40	22	19	1.68
ぬ	完了		0	0	6	126	50.46	23	17	1.50
ごとくなり	複合語	18	9	4.60	22	9	3.60	24	16	1.41
じ	打消推量	23	1	0.51	20	12	4.81	25	12	1.06
けり	過去		0	0	1	695	278.33	25	12	1.06
ん（む）	推量		0	0	4	221	88.51	27	7	0.62
たり	断定	23	1	0.51	15	17	6.81	28	6	0.53
らん(らむ)	推量		0	0	29	1	0.40	28	6	0.53
ごとくぢや	複合語	19	7	3.58		0	0	30	4	0.35
けん(けむ)	過去推量		0	0	18	14	5.61	30	4	0.35
やうぢや	複合語		0	0		0	0	30	4	0.35
しむ	使役		0	0	20	12	4.81	33	3	0.26
まほし	希望		0	0	25	4	1.60	33	3	0.26
げな	様態的推量		0	0	29	1	0.40	33	3	0.26
さうぢや	複合語		0	0		0	0	33	3	0.26

第三章　天草版『エソポのハブラス』の助動詞の語彙と語法　81

見出し語	意味	エソポ順位	エソポ度数	エソポ使用率	伊曽保順位	伊曽保度数	伊曽保使用率	ヘイケ順位	ヘイケ度数	ヘイケ使用率
り	完了		0	0	11	49	19.62	37	2	0.18
まし	推量		0	0	26	3	1.20	38	1	0.09
めり	推量		0	0	26	3	1.20	38	1	0.09
なり	伝聞推定		0	0	29	1	0.40	38	1	0.09
ようず	推量		0	0		0	0	38	1	0.09
である	断定	23	1	0.51		0	0		0	0
むず	推量		0	0	23	8	3.20		0	0
てんげり	複合語		0	0	28	2	0.80		0	0

　表6において（S）ランクは、順位1の「た」から順位8の「うず」までの8語である。その累積使用度数は9418で、助動詞全体の830.66パーミルに相当する。また（A）ランクは、順位9の「す」から順位13の「やうなり」までの5語である。（A）ランクまでの累積使用度数は10801で、助動詞全体の952.64パーミルに相当する。これを〈ヘイケ〉の助動詞の基幹語彙とする。

4　基幹語彙の観点による〈伊曽保〉〈ヘイケ〉の助動詞との比較

4.1　基幹語彙による分類

　〈エソポ〉〈伊曽保〉〈ヘイケ〉の助動詞を、全部で基幹語彙のもの、2作品で基幹語彙のもの、1作品でのみ基幹語彙のものという視点で整理して示すと次のようになる。

（1）　全部で基幹語彙のもの
　　　〈エ〉（S）、〈伊〉（S）、〈ヘ〉（S）‥‥‥‥「ず」
　　　〈エ〉（S）、〈伊〉（A）、〈ヘ〉（S）‥‥‥‥「らる」「る」
　　　〈エ〉（A）、〈伊〉（S）、〈ヘ〉（A）‥‥‥‥「なり〈断定〉」
　　　〈エ〉（A）、〈伊〉（A）、〈ヘ〉（S）‥‥‥‥「たり〈完了〉」
　　　〈エ〉（A）、〈伊〉（A）、〈ヘ〉（A）‥‥‥‥「す」「さす」
（2）　〈エソポ〉〈伊曽保〉で基幹語彙であるが〈ヘイケ〉でそうでないもの
　　　〈エ〉（A）、〈伊〉（A）：〈ヘ〉（B）‥‥‥「ごとし」

82　第一部　天草版『エソポのハブラス』の語彙と語法

（3）〈エソポ〉〈ヘイケ〉で基幹語彙であるが〈伊曽保〉でそうでないもの
　　〈エ〉(S)、〈ヘ〉(S)　：〈伊〉(C)……「た」「う」
　　〈エ〉(S)、〈ヘ〉(S)　：〈伊〉(D)……「ぢや」「うず」
　　〈エ〉(A)、〈ヘ〉(A)　：〈伊〉(B)……「やうなり」
　　〈エ〉(A)、〈ヘ〉(A)　：〈伊〉(D)……「なんだ」
（4）〈伊曽保〉〈ヘイケ〉で基幹語彙であるが〈エソポ〉でそうでないもの
　　なし
（5）〈エソポ〉でのみ基幹語彙のもの
　　〈エ〉(A)　：〈伊〉(B)、〈ヘ〉(B)……「まじ」
（6）〈伊曽保〉でのみ基幹語彙のもの
　　〈伊〉(S)　：〈エ〉(B)、〈ヘ〉(B)……「べし」
　　〈伊〉(S)　：〈エ〉(D)、〈ヘ〉(B)……「けり」「ぬ」
　　〈伊〉(S)　：〈エ〉(D)、〈ヘ〉(C)……「ん（む）」
　　〈伊〉(A)　：〈エ〉(C)、〈ヘ〉(B)……「き」
　　〈伊〉(A)　：〈エ〉(D)、〈ヘ〉(C)……「り」
（7）〈ヘイケ〉でのみ基幹語彙のもの
　　なし
　　上記の分類のうち、（1）（2）（3）（6）について検討する[11]。

4.2　全部で基幹語彙のもの

　〈エソポ〉〈伊曽保〉〈ヘイケ〉に共通に存するのは20語で、そのうち、全部で基幹語彙のものは7語である。これらは平安時代から用いられているもので、室町時代末期から江戸時代初期において、書き言葉としても話し言葉としても、きわめてよく用いられたといえる。しかし、用法に相違がある。それを「す」「さす」で見ることにしよう。
　「す」「さす」は、〈エソポ〉で「らる」が続いて「せらる」「させらる」の形で尊敬の表現となる。
　　⑴　その人の言ふは、「もし飲み尽くさせられずは何と」と。
　　　　（〈エ〉417-21）

この部分に対応する〈伊曽保〉の本文は次のように「給ふ」になっている。
　(2)　かの人かさねていはく、「もし飲み給はずは、なに事をかあたへ給ふべきや」といふ。(〈伊〉369-4)

〈エソポ〉の「す」(全部で72例)の未然形61例のうち、使役の意味を表すのは1例で、「せらる」の形で尊敬の意味を表すのが60例である。また、「さす」(全部で29例)の未然形は28例で、すべて「させらる」の形で尊敬の意味を表している。

〈伊曽保〉では「す」「さす」に「給ふ」が続いて「せ給ふ」「させ給ふ」となる。
　(3)　ある時、しやんといそほを召しつれ、墓所を過ぎさせ給ふに、
　　　(〈伊〉370-12)

この部分に対応する〈エソポ〉の本文は次のように「る」になっている。
　(4)　ある時シヤントエソポを連れてはかどころへ赴かるるに、
　　　(〈エ〉419-3)

〈伊曽保〉の「す」(全部で60例)の連用形53例のうち、使役の意味を表すのは6例で、「せ給ふ」の形で尊敬の意味を表すのが47例である。また、「さす」(全部で31例)の連用形24例のうち、使役の意味を表すのは1例で、他は尊敬の意味を表す。そして、尊敬の意味を表す23例のうち21例が「させ給ふ」の形をとっている。

〈ヘイケ〉では〈エソポ〉と同様、「す」「さす」に「らる」が続いて「せらる」「させらる」の形で尊敬の表現となるものが多い。
　(5)　后に立たせられて皇子を御誕生あつて後には建礼門院と申した。
　　　(〈ヘ〉13-1)
　(6)　近衛の院のおん時、夜な夜な怯えさせらるることがあつたによつて、
　　　(〈ヘ〉140-21)

〈ヘイケ〉の「す」(全部で514例)の未然形412例のうち、使役の意味を表すのは8例で、「せらる」の形で尊敬の意味を表すのが404例である。また、「さす」(全部で254例)の未然形231例のうち、使役の意味を表すのは3例で、「させらる」の形で尊敬の意味を表すのが228例である。

(7) 雑人ばらを遣はいて、柵(さく)を切り破らせられい。(〈ヘ〉162-23)

(8) (重盛は)重の字をば松王に下さるるとあつて、重景と名のらさせられた。(〈ヘ〉313-17)

例(7)・例(8)のように、「せらる」「させらる」の形で「使役─尊敬」の意味を表すのは「す」が2例、「さす」が3例である。例(8)は四段活用に「さす」が接続しており、「せさせ」からの転化とも考えられる。

4.3 〈エソポ〉〈伊曽保〉で基幹語彙のもの

〈エソポ〉〈伊曽保〉で基幹語彙であるが〈ヘイケ〉でそうでないものは「ごとし」である。「ごとし」は体言ゴトに形容詞化する接尾辞シの付いた語で、助動詞とみなさない説もある[12]。平安時代には漢文訓読系の文脈で「ごとし」、和文系の文脈で「やうなり」を用いるという使い分けがあった。3作品の「ごとし」と「やうなり」の使用率とランクを取り出して示すと次のようになる。

表7 〈エ〉〈伊〉〈ヘ〉の「ごとし」と「やうなり」

作品	〈エソポ〉	〈伊曽保〉	〈ヘイケ〉
ごとし	12.77‰ (A)	40.85‰ (A)	2.29‰ (B)
やうなり	10.73‰ (A)	5.21‰ (B)	11.38‰ (A)

「ごとし」は〈エソポ〉〈伊曽保〉とも(A)ランクであるが、使用率に大差があり、〈伊曽保〉での使用が多い。また、〈ヘイケ〉で(B)ランクであるが、使用率は(C)ランク寄りの数値で〈エソポ〉〈伊曽保〉との差は大きい。一方、「やうなり」は〈エソポ〉〈ヘイケ〉とも(A)ランクで、互いに近い使用率を示しているが、〈伊曽保〉は(B)ランクである。これらのことから次の点が指摘できる。

(a) 室町時代末期から江戸時代初期において、口語で「やうなり」が多用され、文語で「ごとし」が用いられた。

(b) 文体が口語であるか文語であるかにかかわらず、〈エソポ〉〈伊曽保〉の二作品を特徴づける助動詞は「ごとし」である。

第三章　天草版『エソポのハブラス』の助動詞の語彙と語法　85

　以下で〈伊曽保〉と〈エソポ〉の「ごとし」の用法を見ることにする。
　「ごとし」は〈伊曽保〉で「そのごとく」という定型の語句の後に、寓話の教訓を述べるのに用いる。動物のたとえを用いて事柄を記し、それを人間の社会に置き換えて人生訓を導き出す。よく知られた短い章段を以下に引用する。

　⑼　ある犬、肉(ししむら)をくはへて河を渡る。まん中ほどにてその影水に映りて大きに見えければ、「わがくはゆる所の肉より大きなる」と心得て、これを捨ててかれを取らんとす。かるがゆゑに、二つながら是を失ふ。そのごとく、重欲心の輩(ともがら)は、他の財(たから)をうらやみ、事にふれて貪(むさぶ)る程に、たちまち天罰をかうむる。わが持つ所の財を失ふ事ありけり。
　　（〈伊〉405-11）

　〈エソポ〉では、教訓が「したごころ」という語の後に述べられる。「したごころ」は話の下に隠れている意味という意を表す。上記の章段に対応する〈エソポ〉の本文の「したごころ」以下は次のようである。

　⑽　したごころ。貪欲(とんよく)に引かれ、不定(ふぢやう)なことに頼みを掛けて我が手に持つた物を取り外すなといふことぢや。（〈エ〉445-21）

　〈伊曽保〉の「ごとし」102例のうち、連用形の「ごとく」は90例である。そのうちイソップの生涯を除いた寓話部分（中下巻、全部で64章段）で、「そのごとく」という形でその章段の教訓を導くのは59例である。
　〈エソポ〉では〈伊曽保〉のように「そのごとく」を多用することはないが、「したごころ」と「そのごとく」の両方を用いて教訓を導いている章段がある。

　⑾　したごころ。そのごとく憂き時、つれぬ友をば友とするな。
　　（〈エ〉471-9）

ただし、〈伊曽保〉に対応する章段が存在しないので、本文の比較ができない。

　続いて、このような寓話部分で教訓を導くのに用いられる「そのごとく」を除き、「ごとし」の用法を整理しよう。
　〈エソポ〉の「ごとし」は次のようである。

［ a ］　同一であることを示すのに用いる。
　　⑿　我昨日の約束の<u>ごとく</u>、海の水をことごとく飲み尽くさうず。
　　　　（〈エ〉418-17）
　［ b ］　類似であることを示すのに用いる。
　　⒀　この難をお助けあらば、水と魚の<u>ごとく</u>親しみまらせう。
　　　　（〈エ〉447-6）
　［ c ］　活用語に接続する場合、格助詞「が」をはさまずに連体形に付く。
　　⒁　エソポが仕業をもつて仲をたがはれた(0)<u>ごとく</u>、またエソポが巧
　　　　みをもつて仲直りせられた。（〈エ〉425-13）
　［ d ］　慣用句的に用いる。
　　⒂　シヤント帰宅して女中に向かうて、例の<u>ごとく</u>、言葉を掛けらるれ
　　　　ども、（〈エ〉422-5）
　［ e ］　地の文でも会話文でも用いる。
　　　上記のうち、例⑿・例⒀は会話文、例⒁・例⒂は地の文に見られる。
「ごとし」を含む複合語の「ごとくなり」9例、「ごとくぢや」7例の用法
にも［ a ］［ b ］［ c ］［ e ］があてはまる。

　〈伊曽保〉の「ごとし」を〈エソポ〉と比較すると、［ a ］［ b ］［ d ］［ e ］の
用法が一致するが、次の点が異なる。
　［ c ］′　活用語の連体形に接続する場合、格助詞「が」をはさむことが多い。
　　⒃　かれが返答は、ただ魚の島をめぐる<u>が</u>ごとし。（〈伊〉362-15）
　［ f ］　人、あるいは人に見たてた動物や物、それらを表す代名詞に付いて
　　　　軽侮する。
　　⒄　汝ら<u>がごとき</u>の物は、従へても事の数にならぬは。（〈伊〉422-11）
活用語の連体形に接続する「ごとし」は14例で、そのうち「が」をはさ
むのが10例で、はさまないのが4例である。前者は地の文に8例、会話文
に2例存する。後者はすべて地の文に存し、「動作主体＋格助詞ガまたはノ
＋連体形＋ごとし」の形式をとっている。
　　⒅　いそ保が云(0)<u>ごとく</u>よばはりけり。（〈伊〉374-14）

［ｆ］の用法の用例に対応する部分を〈エソポ〉の本文で調査した。すると、対応する章段が存しないか、章段があっても対応する語句が存しなかったり、異なる言い回しであったりした。その結果、〈エソポ〉で［ｆ］の用法を見ることはなかった。

「ごとし」を含む複合語の「ごとくなり」９例のうち、章段の教訓を導くのに用いられる「そのごとくに」は２例である。それを除いたものに［ａ］［ｂ］［ｃ］の用法があてはまる。［ｅ］については会話文の例が１例のみで、他は地の文の例であることを記し留めておく。

以上をまとめると次のようになる。

（ａ）　室町時代末期から江戸時代初期において、口語で「やうなり」が多用され、文語で「ごとし」が用いられた。

（ｂ）　文体が口語であるか文語であるかにかかわらず、〈エソポ〉〈伊曽保〉の二作品を特徴づける助動詞は「ごとし」である。

（ｃ）　〈伊曽保〉で「ごとし」がとくに多いのは、「そのごとく」という定型の語句が寓話章段の教訓を導くことによる。

（ｄ）　〈エソポ〉の「ごとし」は同一・類似であることを示すのによく用いられ、地の文にも会話文にも見られる。その点は〈伊曽保〉も同様である。

（ｅ）　活用語の連体形に接続する場合、〈エソポ〉は格助詞をとらないが、〈伊曽保〉は格助詞をはさむことが多い。

（ｆ）　〈伊曽保〉には人、あるいは人に見たてた動物や物、それらを表す代名詞に付いて軽侮する用法がある。〈エソポ〉にこの用法は見られない。対応する章段が存しないか、章段があっても対応する語句が存しなかったり、異なる言い回しであったりする。

4.4　〈エソポ〉〈ヘイケ〉で基幹語彙のもの

〈エソポ〉〈ヘイケ〉で基幹語彙のものは６語であるが、その中でも〈伊曽保〉で（Ｃ）ランクか「不使用」のものは５語である。これらを意味の上で分類すると、過去・完了「た」「なんだ」、推量「う」「うず」、断定「ぢや」

の3種になる。これらは室町時代末期の話し言葉できわめてよく用いられたと言える。このうち、「た」「う」は〈伊曽保〉に1例ずつ用例が存する。「た」は会話文、「う」は心内文で使われている。

　(19)　おのおの口をそろへて、「見た事も聞き奉る事もなし」といひければ、(〈伊〉397-4)

　(20)　蟻心に思ふやう、「ただ今の恩を送らう[13]物を」と思ひ、(〈伊〉442-6)

例(19)に対応する〈エソポ〉の本文は次のようである。「かつて」が「た」の意味を担っている。

　(21)　各々「かつて以て見、聞かぬことでござる」と申して、(〈エ〉441-5)

例(20)に対応する〈エソポ〉の本文は次のように「うず」になっている。

　(22)　かの蟻只今の恩賞を報ぜうずると思うたか、(〈エ〉469-10)

4.5　〈伊曽保〉でのみ基幹語彙のもの

〈伊曽保〉でのみ基幹語彙のものは6語であるが、その中でも〈エソポ〉で（C）ランクか「不使用」のものは5語である。これらを意味の上で分類すると、過去・完了「き」「けり」「ぬ」「り」、推量「ん（む）」の2種になる。これらは平安時代からよく用いられてきたものであるが、室町時代末期から江戸時代初期には書き言葉であった。このうち、「き」は〈エソポ〉に1例見られるが、「エソポが生涯の物語略」という章段名の直後におかれ、書物の来歴を示した部分に使われている。

　(23)　これをマシモ＝パラヌデといふ人、ゲレゴの言葉よりラチンに翻訳せられしものなり。(〈エ〉409-5)

4.4にあがった助動詞もあわせて意味の上で分類して示すと、次のようになる。

表8　〈エ〉〈ヘ〉で基幹語彙、〈伊〉のみで基幹語彙の助動詞の意味による分類

助動詞の意味	過去・完了	推量	断定
〈エ〉〈ヘ〉で基幹語彙	「た」「なんだ」	「う」「うず」	「ぢゃ」
〈伊〉のみで基幹語彙	「き」「けり」「ぬ」「り」	「ん（む）」	

新たに成立した助動詞が話し言葉として多用されるようになり、旧来の助動詞が書き言葉の世界で用いられるという使い分けがなされたことが、基幹語彙という観点から数値の上で明白になった。

ところで、日本語の学習をするためのテキストとして作成された〈エソポ〉と〈ヘイケ〉との間で、〈エソポ〉で（C）ランクの「き」が〈ヘイケ〉で（B）ランク、〈エソポ〉で「不使用」の「けり」「ぬ」「り」「ん（む）」が〈ヘイケ〉で（B）や（C）ランクというように、使用量に相違があるのはどうしてだろう。〈高野本〉の助動詞を同じ基準で分類し、これらの5語のランクを示すと次のようになる。

　　〈高野本〉（S）……「き」「けり」「ん（む）」
　　〈高野本〉（A）……「ぬ」「り」

これらは〈高野本〉で基幹語彙であり、作品の骨格をなす助動詞である。〈ヘイケ〉はイエズス会の宣教師たちが日本語と日本の歴史とを学習するために編集された。歴史を扱うからであろうか、あるいは古い雰囲気を出すためであろうか、〈ヘイケ〉には原拠にした平家物語の言葉が残っている。

5　おわりに

〈エソポ〉と〈伊曽保〉〈ヘイケ〉の助動詞とを異なり語数・延べ語数という観点から比較した結果、次の点が明らかになった。

（a）　異なり語数・延べ語数ともに、室町時代末期の話し言葉を使用している〈ヘイケ〉が最も多く、同様の〈エソポ〉が最も少ない。話し言葉を含んだ文語文の〈伊曽保〉がその中間にある。1語あたりの使用度数でも〈ヘイケ〉が多く、〈エソポ〉が少ないが、〈エソポ〉と〈伊曽保〉とは近い数値である。

（b）　〈エソポ〉〈ヘイケ〉の助動詞を、作品の規模との関係で見ると、助動詞の1語あたりの使用度数は作品の規模に比例する。

（c）　1ページあたりの助動詞の使用度数を計算すると、〈エソポ〉は20.82、〈ヘイケ〉は27.93となり、〈ヘイケ〉の方が多くなる。〈エソ

ポ〉は〈ヘイケ〉に比べて助動詞の使用が少ない。

〈エソポ〉〈伊曽保〉〈ヘイケ〉〈高野本〉の助動詞の使用語彙を比較した結果、次の点が明らかになった。

(d) 〈エソポ〉〈伊曽保〉に共通に存するのは「る」「らる」など20語である。これらは〈ヘイケ〉にも存する。室町時代末期から江戸時代初期の口語的文脈でも文語的文脈でも用いられた語群である。

(e) 〈エソポ〉にあって〈伊曽保〉に存しないのは7語で、すべて〈古語〉に掲載されていない。「うず」は比較的早い時期に用いられるようになったが、口語的文脈が主であったと考えられる。「であ」は〈エソポ〉固有のもので、「ぢや」に転じる過渡期の語形である。「らう」「まい」「ぢや」「なんだ」「ごとくぢや」の5語は室町時代末期の口語的文脈でよく用いられた語群である。

(f) 〈伊曽保〉にあって〈エソポ〉にないのは「しむ」「ぬ」など14語である。そのうちの11語は〈ヘイケ〉〈高野本〉にあり、〈古語〉にも掲載されている。これらは文語的文脈での使用が主であろうと考えられる。残りの3語のうち「げな」は〈ヘイケ〉にもあり、〈伊曽保〉の文語を基調とした中の口語性を示すものである。「むず(んず)」は〈高野本〉にもあり、〈古語〉に掲載されている。「てんげり」は〈高野本〉にあり、軍記物語や説話によく用いられたが、室町時代には文語的文脈での使用が主になったと考えられる。

(g) 〈エソポ〉〈伊曽保〉二本に共通して存しないのは「ようず」「まじかんなり」など7語で、すべて音韻変化を伴う複合語である。

ある言語資料を対象とした語彙調査を行った場合に得られる、骨格的部分集団を「基幹語彙」と呼ぶことにし、基準を設定して〈エソポ〉〈伊曽保〉〈ヘイケ〉の助動詞の基幹語彙を抽出した。それらを分類し、比較した結果、次の点が明らかになった。

(h) 全部で基幹語彙の「ず」「らる」「す」など7語は、平安時代から用いられているもので、室町時代末期から江戸時代初期において、書き言葉としても話し言葉としても、きわめてよく用いられたと言える。

第三章　天草版『エソポのハブラス』の助動詞の語彙と語法　91

しかし、用法には相違がある。
（i）　文体が口語であるか文語であるかにかかわらず、〈エソポ〉〈伊曽保〉の2作品を特徴づける助動詞は「ごとし」である。しかし、その用法には相違する部分もある。
（j）　〈エソポ〉〈ヘイケ〉で基幹語彙であるが、〈伊曽保〉で（C）ランクか「不使用」のものは、過去・完了「た」「なんだ」、推量「う」「うず」、断定「ぢや」の5語である。これらは室町時代末期の話し言葉できわめてよく用いられたと言える。
（k）　〈伊曽保〉でのみ基幹語彙であるが、〈エソポ〉で（C）ランクか「不使用」のものは、過去・完了「き」「けり」「ぬ」「り」、推量「ん（む）」の5語である。これらは平安時代からよく用いられてきたものであるが、室町時代末期から江戸時代初期には書き言葉であった。〈ヘイケ〉には原拠にした平家物語の言葉が残っている。

注
1）　助動詞「らる」に関係する例をあげよう。『エソポのハブラス本文と総索引』で自立語索引に見出し語「させら・る〔尊敬〕」がある。これは下二段動詞「さす」の未然形に助動詞「らる」が付いた形である。本研究では二語と認定した。また、付属語索引に見出し語「させらる（助動詞・尊敬）」「せらる（助動詞・尊敬）」がある。それぞれ助動詞「さす」の未然形に助動詞「らる」、助動詞「す」の未然形に助動詞「らる」が付いた形である。これらも二語と認定した。付属語索引の見出し語「らる（助動詞）」に掲げてある用例の中に、上記の「させら・る〔尊敬〕」「させらる（助動詞・尊敬）」「せらる（助動詞・尊敬）」は重複して挙げていない。そこで、これらの見出し語に含まれる「らる」も合わせて計算し直し、助動詞「らる」の使用度数を求めた。
2）　『仮名草子伊曽保物語用語索引』では助詞の中に助動詞や活用語の語尾等を入れている。そして、助詞の中に入れたものは助動詞で掲示していない。たとえば、助詞「に」の見出しで、助詞のほかに断定「なり」の連用形、完了「ぬ」の連用形、形容動詞の連用形語尾、副詞の語尾等を区別せずに掲示している。助詞「なん」の見出しで、助詞のほかに、完了「ぬ」の未然形に推量「ん」および推量「んず」の前部が付いたものを掲示している。「んず」の後部は打消「ず」に挙がっている。このほか、助詞「て」の見出しに完了「つ」の

連用形、助詞「にて」に断定「なり」の連用形等が掲示してある。本研究ではこれらを助動詞と認定し、整理し直した。
3) 『平家物語』〈高野本〉は覚一本の系統に属する。覚一本は、多数の写本・刊本が現存する『平家物語』の中で語りの正本を志向した伝本である。これは灌頂巻の奥書によって、覚一が口述し、筆記された原本は応安四年(1371)に完成したことが知られる。この系統は室町時代から江戸時代にかけて広く流布した。〈高野本〉は慶長年間書写の善本で、鎌倉時代の文語を基礎としながら室町時代の語彙も取り込んでいる。計量には『平家物語〈高野本〉語彙用例総索引』(付属語篇)を用いた。
4) 近藤政美・濱千代いづみ(2000)の調査を参照しながら、見出し項目を見直し、調整した。
5) 形式名詞「あひだ」「うへ」などについて、自立語と付属語(助詞)の双方で計量してある。『平家物語〈高野本〉語彙用例総索引』(自立語篇)で「あひだ」151、「うへ」186を載せる。(付属語篇)にも「あひだ」99、「うへ」23、「うへは」34があり、それは(自立語篇)と同じ用例にあたる。
6) 今回は『完訳用例古語辞典』『例解古語辞典』を用いた。現在の学校文法は、昭和22年に文部省により発行された『中等文法』が基準になっている。『中等文法 文語』に項を立て、太字で掲載されている助動詞を、順にあげると次のようである。「す さす しむ る らる ず む(ん) じ まほし まし き けり ぬ つ たり〈完了〉 たし けむ(けん) べし まじ らむ(らん) めり り ごとし らし なり たり〈断定〉」「ごとくなり」に関して「ごとし」の後に項を立て、「『ごとくなり』は『ごとし』に『なり』の附いたものである。」とする。結合の強さを指摘した記述である。「なり」の項では断定の意味の用法を説明し、その後に項を改めて「動詞の終止形に附いて詠嘆の意味を表わす。」とする。現在、伝聞推定の意味の「なり」としているものである。
7) 「た」「う」は〈古語〉の巻末付録の一覧表に掲載されていない。が、本文には見出し項目があり、その説明もある。
8) 土井忠生訳『ロドリゲス日本大文典』では「未来の三つの形、上げう、上げうず、上げうずるは話し言葉にだけ使はれるものである」(p.50)とし、「書きことばの活用」で「未来 上げん、ず、る」(p.158)の語形を掲示している。
9) 大野晋(1971)による。
10) 近藤政美(2001)による。
11) 分類(5)はランクの相違が1ランクであり、表6の使用率の相違が大きくないので、今回取り上げない。

12) 時枝誠記（1941）、山田孝雄（1948）など。
13) 文献の表記は「送らふ」である。江戸時代前期に「悲しふ」「憐れふ」など「ふ」と書いてムと読む習慣があった。この例に関してもその可能性が考えられる。しかし、同文献では「悲しむ」「あはれむ」のように「む」と書いてあるので、ウと読むと判断した。

〈文献〉
遠藤潤一（1987）『邦訳二種　伊曽保物語の原典的研究　総説』　風間書房
大塚光信（1983）『キリシタン版エソポのハブラス私注』　臨川書店
大塚光信・来田隆（1999）『エソポのハブラス本文と総索引』　清文堂出版
大野晋（1971）「平安時代和文脈系文学の基本語彙に関する二三の問題」『国語学』87 集
金田一春彦　監修（1999）『完訳用例古語辞典』初版　学習研究社
小松英雄ほか（1992）『例解古語辞典〔第三版〕』　三省堂
近藤政美・武山隆昭・池村奈代美・濱千代いづみ・近藤三佐子（1998）『平家物語〈高野本〉語彙用例総索引』（付属語篇）　勉誠社
近藤政美・池村奈代美・濱千代いづみ（1999）『天草版平家物語語彙用例総索引』勉誠出版
近藤政美・濱千代いづみ（2000）「天草版『平家物語』の語彙の特色―『平家物語』〈高野本〉との比較による―」愛知県立大学大学院『国際文化研究科論集』第 1 号
近藤政美（2001）「天草版『平家物語』における助動詞の基幹語彙について―『平家物語』〈高野本〉との比較を中心にして―」『岐阜聖徳学園大学　国語国文学』第 20 号
土井忠生　訳（1955）『ロドリゲス日本大文典』1974 年 5 刷　三省堂
時枝誠記（1941）『国語学原論』　岩波書店
森田武（1965）校注・解説「伊曽保物語」（日本古典文学大系『仮名草子集』）岩波書店
文部省（1947）『中等文法　文語』　中等学校教科書
山田孝雄（1948）『日本文法学概論』　宝文館
横山英　監修（1975）『仮名草子伊曽保物語用語索引』　白帝社

第四章　天草版『エソポのハブラス』の助詞の語彙と語法

キーワード：エソポのハブラス　平家物語　助詞　基幹語彙　使用率

1　はじめに

　この章の目的は天草版『エソポのハブラス』の助詞の語彙を、天草版『平家物語』・『平家物語』〈高野本〉との比較を通して計量的な観点から分析し、語法に触れつつ語彙の特色を把握することである。

　第一章で自立語の語彙について、各見出し語の使用率を計算し、段階に分けて、作品の骨格的部分をなす語集団という観点から作品の語彙の特色を探求した。第二章で統計上のいろいろな指標を利用して、自立語の語彙の豊富さ・語彙の類似度・語彙の偏りをはかり、作品の語彙の傾向を探った。第三章で助動詞の語彙を計量的な観点から分析し、特色を把握した。

　かつて天草版『平家物語』の助詞の語彙について、『天草版平家物語語彙用例総索引』の解説で取り扱った。そのときには、まず出現した助詞を主たる機能と語の成り立ちで、格助詞・接続助詞・副助詞・係助詞・終助詞・間投助詞・複合語・連語・形式名詞に分類して示した。そして、「の」や「が」などについては、それぞれ「格助詞・終助詞」「格助詞・接続助詞」に細分する旨を述べ、細分の基準を示した。次に助詞の使用度数と使用率を計量し、使用率によって高位語・中位語・低位語の三段階に分類して『平家物語』〈高野本〉との比較を試みた。その結果をまとめたものが次の四項である。

　（ア）　2作品で共通して使用率の高い「て」「の（格助詞）」「を（格助詞）」「に（格助詞）」などは中世を通じてよく用いられた語である。

　（イ）　天草版『平家物語』でのみ使用率の高い「から」「によつて」は室

町時代の話し言葉としてよく用いられていたものである。同様のものに「など」「いで」などがある。

(ウ)　天草版『平家物語』では使用率が低いが『平家物語』〈高野本〉で高い「にて」は場所を示す用法で限定的に用いられている。また、平安・鎌倉時代の代表的な助詞の「とて（格助詞）」「より」などが後退している。

(エ)　「ぞ」「か」は終助詞として機能するものが増え、係助詞が減じている。天草版『平家物語』は係り結びの崩壊を反映している。

第一章から第三章までの成果を踏まえつつ、『天草版平家物語語彙用例総索引』の解説で得たまとめ四項の確認も行いながら、天草版『エソポのハブラス』の助詞の語彙に関して、作品の語彙全部における助詞の語彙量、共時・通時的視点での助詞の存否、作品の骨格的部分をなす助詞の語彙の特色を解明する。

天草版『エソポのハブラス』及び天草版『平家物語』は「扉・序・物語の本文・目録」の四部によって構成されている。このうちの物語の本文に使用されている助詞を対象に取り上げる。計量には次の文献を利用し、単語の認定の基準を合わせた。

　a　『エソポのハブラス本文と総索引』
　b　『天草版平家物語語彙用例総索引』
　c　『平家物語〈高野本〉語彙用例総索引』（付属語篇）

天草版『エソポのハブラス』及び天草版『平家物語』からの本文の引用は漢字仮名交じりに直して示す。cは新日本古典文学大系『平家物語』をもとに作成してあるので、その本文に基づいて引用する。

また、次の略称を用いる。

〈エソポ〉〈エ〉……天草版『エソポのハブラス』
〈ヘイケ〉〈ヘ〉……天草版『平家物語』
〈高野本〉〈高〉……『平家物語』〈高野本〉

2 助詞の語彙の全体像

2.1 助詞の異なり語数と延べ語数

〈エソポ〉〈ヘイケ〉〈高野本〉の本文に用いられている助詞について、異なり語数・延べ語数を計量し、1語あたりの使用度数を計算して示すと表1のようになる。

表1 助詞の異なり語数と延べ語数

作品	〈エソポ〉	〈ヘイケ〉	〈高野本〉
異なり語数	58	83	86
延べ語数	7726	32146	56468
1語あたりの使用度数	133.21	387.30	656.60

〈エソポ〉〈ヘイケ〉〈高野本〉の物語の本文の語彙について異なり語数・延べ語数を示すと表2のようになる。

表2 〈エソポ〉〈ヘイケ〉〈高野本〉の語彙量

作品		〈エソポ〉	〈ヘイケ〉	〈高野本〉
異なり語数	自立語	2904	7421	14790
	付属語（助動詞）	27	41	37
	付属語（助詞）	58	83	86
	全体	2989	7545	14913
延べ語数	自立語	11749	46893	99309
	付属語（助動詞）	1957	11338	20131
	付属語（助詞）	7726	32146	56468
	全体	21432	90377	175908 [1]
1語あたりの使用度数	自立語	4.05	6.32	6.71
	付属語（助動詞）	72.48	276.54	544.08
	付属語（助詞）	133.21	387.30	656.60
	全体	7.17	11.98	11.80

ここで、作品の規模と助詞の使用との関係を考えてみよう。延べ語数全体が作品の規模を表すと設定する。〈エソポ〉の延べ語数全体を1とすると〈ヘイケ〉は4.2、〈高野本〉は8.2になる。〈ヘイケ〉は〈エソポ〉の4.2倍、〈高野本〉は〈エソポ〉の8.2倍の規模の作品ということになる。同様の方法で延べ語数の各項目について計算する。〈エソポ〉の自立語の延べ語数1に対して〈ヘイケ〉は4.0、〈高野本〉は8.5になる。〈エソポ〉の助動詞の延べ語数1に対して〈ヘイケ〉は5.8、〈高野本〉は10.3になる。〈エソポ〉の助詞の延べ語数1に対して〈ヘイケ〉は4.2、〈高野本〉は7.3になる。

表3　作品の規模と自立語・助動詞・助詞の使用

作　品	〈エソポ〉	〈ヘイケ〉	〈高野本〉
作品の規模（延べ語数全体）	1	4.2	8.2
自立語	1	4.0	8.5
助動詞	1	5.8	10.3
助詞	1	4.2	7.3

作品の自立語の数値は作品の規模にほぼ比例する。しかし、助動詞の数値は作品の規模に比較して〈ヘイケ〉〈高野本〉ともにはるかに大きい。それゆえ〈エソポ〉は〈ヘイケ〉〈高野本〉に比べて助動詞の使用が少ない。〈エソポ〉の助動詞の語彙を計量したときには〈エソポ〉と〈ヘイケ〉のページ数によって作品の規模を判断し、作品の規模と助動詞の使用との関係を見た。その結果と、今回の延べ語数全体の結果とは一致する。助詞の数値は〈エソポ〉と〈ヘイケ〉が作品の規模に一致するが、〈高野本〉はやや小さい。〈エソポ〉は〈ヘイケ〉と同じ程度に助詞を使用しているが、〈高野本〉に比べて助詞の使用量が増加している。この点は日本語の変遷の中で鎌倉・室町時代に助詞の使用が増えたことを数値に反映していると言える。

以上、作品の規模と助詞の使用との関係で〈エソポ〉の助詞を〈ヘイケ〉〈高野本〉と比較した。その結果をまとめると次のようである。

（a）〈エソポ〉は〈ヘイケ〉と同じ程度に助詞を使用しているが、〈高野

本〉に比べて助詞の使用量が増加している。これは日本語の変遷の中で鎌倉・室町時代に助詞の使用が増えたことを反映している。

また、次の点が確認できた。

（b）〈エソポ〉〈ヘイケ〉〈高野本〉では作品の規模と自立語の使用に相関関係がある。

（c）〈エソポ〉は〈ヘイケ〉〈高野本〉に比べて助動詞の使用が少ない。

2.2　助詞の使用語彙

　〈エソポ〉〈ヘイケ〉〈高野本〉の物語の本文に用いられている助詞の語彙を五十音順に並べて番号を付け、主たる機能と見出しの助詞の有無を表すことにする。次に〈エソポ〉に存するものを上位に取り出し、〈エソポ〉に存しないものを下位に置く。それを一覧表に整えると表4になる。なお、原則として『日本文法大辞典』の「語彙項目一覧」の助詞の部にあるものを助詞と認定し、「語彙項目一覧」で機能の別の記述がないものを複合語・形式名詞に分類する。

【主たる機能】
　　格助詞　接続助詞　副助詞　係助詞　終助詞　間投助詞　複合語
　　形式名詞

【見出しの助詞の有無】
　　見出しの助詞の存する場合……〇
　　見出しの助詞の存しない場合……×

この表には学習研究社発行『完訳用例古語辞典』（［学研古語］と略す）、三省堂発行『例解古語辞典』（［三省古語］と略す）における助詞の掲示状況もあわせて示す。古典語の学校文法は平安時代語に基づいており、これらの古語辞典は古典語の学校文法を整理して載せている。

【古語辞典の見出しの助詞の有無】
　　巻末付録の一覧表に見出しの助詞の存する場合……〇
　　巻末付録の一覧表に見出しの助詞は存しないが、本文に存する場合……△
　　巻末付録の一覧表にも、本文にも見出しの助詞の存しない場合……×

表4 〈エソポ〉〈ヘイケ〉〈高野本〉の助詞の使用語彙

番号	見出し語	主たる機能	エソポ	ヘイケ	高野本	学研古語	三省古語
3	うへ	形式名詞	○	○	○	△	△
4	か	係助詞	○	○	○	○	○
5	が	格助詞	○	○	○	○	○
6	かし	終助詞	○	○	○	○	○
8	がな	副助詞	○	○	○	○	○
9	かな（詠嘆）	終助詞	○	○	○	○	○
10	かは	係助詞	○	○	○	○	△
17	こそ	係助詞	○	○	○	○	○
19	さへ	副助詞	○	○	○	○	○
21	して	接続助詞	○	○	○	○	○
23	ずんば	複合語	○	○	○	△	△
24	ぞ	係助詞	○	○	○	○	○
25	そ（禁止）	終助詞	○	○	○	○	○
33	づつ	副助詞	○	○	○	△	△
34	て	接続助詞	○	○	○	○	○
35	で	格助詞	○	○	○	△	×
37	と	格助詞	○	○	○	○	○
39	といふとも	複合語	○	○	○	×	×
41	といへども	複合語	○	○	○	×	×
44	ところに	接続助詞	○	○	○	×	×
45	として	複合語	○	○	○	△	×
46	とて	格助詞	○	○	○	△	○
47	とも	接続助詞	○	○	○	○	○
48	ども	接続助詞	○	○	○	○	○
52	な（禁止）	終助詞	○	○	○	○	○
54	ながら	接続助詞	○	○	○	○	○
58	に	格助詞	○	○	○	○	○
59	において	複合語	○	○	○	△	×

第四章　天草版『エソポのハブラス』の助詞の語彙と語法　101

番号	見出し語	主たる機能	エソポ	ヘイケ	高野本	学研古語	三省古語
63	の	格助詞	○	○	○	○	○
64	のみ	副助詞	○	○	○	○	○
65	は	係助詞	○	○	○	○	○
66	ば	接続助詞	○	○	○	○	○
67	ばかり	副助詞	○	○	○	○	○
68	ばし	副助詞	○	○	○	△	○
69	ばや	終助詞	○	○	○	○	○
70	へ	格助詞	○	○	○	○	○
72	ほど	副助詞	○	○	○	△	×
73	ほどに	接続助詞	○	○	○	△	△
74	まで	副助詞	○	○	○	○	○
76	も	係助詞	○	○	○	○	○
78	ものか	終助詞	○	○	○	△	△
79	ものかな	終助詞	○	○	○	△	△
84	ものを	終助詞	○	○	○	○	○
85	や	係助詞	○	○	○	○	○
91	よ	間投助詞	○	○	○	○	○
94	より	格助詞	○	○	○	○	○
95	よりして	複合語	○	○	○	×	×
96	を	格助詞	○	○	○	○	○
98	をば	複合語	○	○	○	△	△
99	をもつて	複合語	○	○	○	×	×
2	いで(打消)	接続助詞	○	○	×	△	×
11	から	格助詞	○	○	×	○	○
43	ところで	接続助詞	○	○	×	×	×
55	など	副助詞	○	○	×	○	○
56	なりとも	複合語	○	○	×	×	×
62	によつて	複合語	○	○	×	×	×
88	やら	副助詞	○	○	×	△	△

102　第一部　天草版『エソポのハブラス』の語彙と語法

番号	見出し語	主たる機能	エソポ	ヘイケ	高野本	学研古語	三省古語
14	けれども	接続助詞	○	×	×	×	×
1	あひだ	形式名詞	×	○	○	△	△
20	し	副助詞	×	○	○	○	○
22	しも	副助詞	×	○	○	○	○
26	だに	副助詞	×	○	○	○	○
27	だにあるに	複合語	×	○	○	×	×
32	つつ	接続助詞	×	○	○	○	○
36	で（打消）	接続助詞	×	○	○	○	○
38	ど	接続助詞	×	○	○	○	○
42	とかや	複合語	×	○	○	△	△
49	ともがな	複合語	×	○	○	△	△
50	とよ	複合語	×	○	○	△	△
51	な	間投助詞	×	○	○	○	○
57	なんど	副助詞	×	○	○	○	△
61	にて	格助詞	×	○	○	○	○
75	まれ	複合語	×	○	○	△	△
82	ものゆゑ	接続助詞	×	○	○	○	○
83	ものゆゑに	接続助詞	×	○	○	○	○
90	やらん	副助詞	×	○	○	△	△
93	よな	間投助詞	×	○	○	△	○
12	からして	複合語	×	○	×	×	×
30	ぢやは	複合語	×	○	×	×	×
53	なう	終助詞	×	○	×	△	△
77	もがな	終助詞	×	○	×	○	○
80	ものかは	終助詞	×	○	×	△	△
86	やな	終助詞	×	○	×	△	×
100	をもて	複合語	×	○	×	△	×
7	がてら	副助詞	×	×	○	△	○
13	からに	接続助詞	×	×	○	△	○

第四章　天草版『エソポのハブラス』の助詞の語彙と語法　103

番号	見出し語	主たる機能	エソポ	ヘイケ	高野本	学研古語	三省古語
15	ごさんなれ	複合語	×	×	○	△	△
16	ごさんめれ	複合語	×	×	○	△	△
18	ごとくんば	複合語	×	×	○	×	×
28	だも	副助詞	×	×	○	△	△
29	ぢやう	形式名詞	×	×	○	△	△
31	つ	格助詞	×	×	○	△	△
40	といへど	複合語	×	×	○	△	△
60	にして	複合語	×	×	○	△	△
71	べくんば	複合語	×	×	○	×	×
81	ものの	接続助詞	×	×	○	○	○
87	やは	係助詞	×	×	○	○	△
89	やらう	終助詞	×	×	○	△	△
92	よう	間投助詞	×	×	○	×	×
97	をして	複合語	×	×	○	△	×
101	をや	終助詞	×	×	○	△	△

　〈エソポ〉に存する助詞は「うへ」から「けれども」までの58語である。このうち、〈エソポ〉にのみ存し、〈ヘイケ〉〈高野本〉と［学研古語］［三省古語］の巻末付録の一覧表および本文に存しない（×）のは「けれども」1語である。その他の助詞は〈エソポ〉〈ヘイケ〉に共通に存している。その中で〈高野本〉に存せず、［学研古語］［三省古語］の巻末付録の一覧表にも存しない（△または×）のは、「いで」「ところで」「なりとも」「によつて」「やら」の5語である。これらの助詞は、室町時代末期の口語的文脈で用いられた語群と言える。

　〈エソポ〉〈ヘイケ〉〈高野本〉に共通に存するのは「うへ」から「をもつて」までの50語である。これらは「で（格助詞）」「ところに」のように［学研古語］［三省古語］の巻末付録の一覧表に存しない場合（△または×）もあるが、鎌倉時代から室町時代末期にかけて用いられた語群と言える。そ

の中でも「て」「に」のように［学研古語］［三省古語］の巻末付録の一覧表に存する（○）のは、平安時代から用いられていた語群である。

　〈エソポ〉に存しない助詞は「あひだ」から「をや」までの43語である。このうち、〈ヘイケ〉〈高野本〉と［学研古語］［三省古語］の巻末付録の一覧表には存する（○）のに、〈エソポ〉に存しない（×）助詞は、「し」「しも」「だに」「つつ」「で（打消）」「ど」「な（間投助詞）」「にて」「ものゆゑ」「ものゆゑに」の10語である。これらは室町時代末期の口語的文脈で用いられなくなった語群である。〈ヘイケ〉の作者はその序文で『平家物語』を室町時代末期の話し言葉に書き直した旨を述べているが、実際にはかなり原拠の言葉をそのままに残している。そのため、〈ヘイケ〉の助詞には室町時代末期に口語的文脈で用いられなくなっていたものも含まれる。

　以上、〈エソポ〉に存する助詞を〈ヘイケ〉〈高野本〉［学研古語］［三省古語］と比較した。その結果をまとめると次のようである。

（a）「けれども」のように〈エソポ〉にのみ存し、〈ヘイケ〉〈高野本〉と［学研古語］［三省古語］の巻末付録の一覧表および本文に存しない助詞、「いで」のように〈エソポ〉〈ヘイケ〉には存するが、〈高野本〉と［学研古語］［三省古語］の巻末付録の一覧表に存しない助詞は、室町時代末期の口語的文脈で用いられた語群である。

（b）〈エソポ〉〈ヘイケ〉〈高野本〉に共通に存する助詞は、鎌倉時代から室町時代末期にかけて用いられた語群である。その中でも「て」「に」のように［学研古語］［三省古語］の巻末付録の一覧表に存するものは、平安時代から用いられていた語群である。

（c）「し」「で（打消）」のように、〈ヘイケ〉〈高野本〉と［学研古語］［三省古語］の巻末付録の一覧表には存するのに〈エソポ〉に存しない助詞は、室町時代末期の口語的文脈で用いられなくなった語群である。

3 〈エソポ〉〈ヘイケ〉〈高野本〉の助詞の使用度数と基幹語彙

3.1 〈エソポ〉の助詞の使用度数と基幹語彙

　前の章では〈エソポ〉の自立語と助動詞の語彙に関して、「基幹語彙」の観点から特色を把握する試みを行ってきた。この基幹語彙とは、ある言語資料を対象とした語彙調査を行った場合に得られる、骨格的部分集団を指し、使用率の高い語がその資料の基幹語になる[2]。〈エソポ〉の自立語の語彙を考察したときには、作品の異なり語数の多少にかかわらず、一定の使用率以上の語数にあまり違いがなかったので、使用度数の上位50語を第一基幹語彙、51位以下で使用率が1.00パーミル以上の語を第二基幹語彙に設定した。そして、〈エソポ〉の助動詞の語彙を考察したときには、使用率によって語を位置づけ、使用率が50.00パーミル以上の語を第一基幹語彙、10.00パーミル以上50.00パーミル未満の語を第二基幹語彙に設定した。

　今回〈エソポ〉の助詞の語彙を考察するにあたり、助動詞と同様に使用率によって語を位置づけることにし、分類の基準を見直した。10.00パーミル以上の分類は助動詞で設定した基準と同じである。それより下位の分類は10.00パーミルを基本にして、5.00、2.50、1.25、0.625のように数値を順に半分にしていく。設定した基準を示すと次のようになる。

　　（K1）ランク　　　$50.00 \leq a$
　　（K2）ランク　　　$10.00 \leq a < 50.00$
　　（K3）ランク　　　$5.00 \leq a < 10.00$
　　（A）ランク　　　$2.50 \leq a < 5.00$
　　（B）ランク　　　$1.25 \leq a < 2.50$
　　（C）ランク　　　$0.625 \leq a < 1.25$
　　（D）ランク　　　$0.00 < a < 0.625$
　　「不使用」　　　　$a = 0.00$
　　　　　　　　　　aの単位はパーミル（‰）

助動詞の場合は上記の（K1）ランクの範囲を第一基幹語彙、（K2）ランクの範囲を第二基幹語彙にした。この範囲で助動詞全体の970パーミル近くを占めたからである。しかし、助詞の場合、この範囲では900パーミルに至らない。そこで、今回の助詞では（K3）ランクまでを基幹語彙に含め、助動詞と同じ使用率の範囲を第一・第二基幹語彙とし、（K3）ランクの範囲を第三基幹語彙にする。

〈エソポ〉の助詞を使用度数の多いものから順に整列し、使用度数と使用率、累積使用度数と累積使用率、ランクを示すと表5のようになる。比較のために〈ヘイケ〉〈高野本〉の助詞の使用度数と使用率とランクを付した。

表5において（K1）ランクは、順位1の「を」から順位7の「も」までの7語である。これらの使用度数はきわめて多く、使用率も高い。累積使用度数は5907で、助詞全体の765パーミルに相当する。また（K2）ランクは、順位8の「が」から順位12の「ども」までの5語である。（K2）ランクまでの累積使用度数は6923で、助詞全体の896パーミルに相当する。そして、（K3）ランクは順位13の「へ」から順位19の「ところで」までの7語である。（K3）ランクまでの累積使用度数は7343で、助詞全体の950パーミルに相当する。これを〈エソポ〉の助詞の基幹語彙と認める。

以上、〈エソポ〉の助詞の語彙を考察するのに基幹語彙という観点を用い、基準を設定し、基幹語彙を抽出した。その結果をまとめると次のようである。

（a）〈エソポ〉の助詞の基幹語彙として使用率5.00パーミル以上の「を」「て」「の」など19語を認める。これらは助詞全体の950パーミルに相当し、〈エソポ〉という作品の骨格的部分にあたる語群である。

3.2 〈ヘイケ〉の助詞の使用度数と基幹語彙

〈ヘイケ〉の助詞を使用度数の多いものから順に整列し、使用度数と使用率、累積使用度数と累積使用率、ランクを示すと表6のようになる。

表6において（K1）ランクは、順位1の「て」から順位8の「ば」までの8語である。その累積使用度数は25443で、助詞全体の791パーミルに相当する。また（K2）ランクは、順位9の「が」から順位15の「で」までの

7語である。(K2) ランクまでの累積使用度数は29496で、助詞全体の918パーミルに相当する。そして、(K3) ランクは順位16の「をば」から順位20の「ばかり」までの5語である。(K3) ランクまでの累積使用度数は30516で、助詞全体の949パーミルに相当する。これを〈ヘイケ〉の助詞の基幹語彙と認める。

3.3 〈高野本〉の助詞の使用度数と基幹語彙

　〈高野本〉の助詞を使用度数の多いものから順に整列し、使用度数と使用率、累積使用度数と累積使用率、ランクを示すと表7のようになる。

　表7において (K1) ランクは、順位1の「の」から順位7の「も」までの7語である。その累積使用度数は41556で、助詞全体の736パーミルに相当する。また (K2) ランクは、順位8の「ば」から順位16の「や」までの9語である。(K2) ランクまでの累積使用度数は52067で、助詞全体の922パーミルに相当する。そして、(K3) ランクは順位17の「をば」から順位20の「まで」までの4語である。(K3) ランクまでの累積使用度数は53561で、助詞全体の949パーミルに相当する。これを〈高野本〉の助詞の基幹語彙と認める。

108　第一部　天草版『エソポのハブラス』の語彙と語法

表5　〈エソポ〉の助詞の使用度数と使用率

番号	見出し語	主たる機能	エ順位	エ度数	エ千分率	エ累積度数	エ累積率	エランク	く度数	く千分率	くランク	高度数	高千分率	高ランク
96	を	格助詞	1	1138	147.29	1138	147.29	K1	3656	113.73	K1	5869	103.93	K1
34	て	接続助詞	2	967	125.16	2105	272.46	K1	4427	137.72	K1	6649	117.75	K1
63	の	格助詞	3	949	122.83	3054	395.29	K1	4263	132.61	K1	9849	174.42	K1
58	に	格助詞	4	882	114.16	3936	509.45	K1	3541	110.15	K1	7282	128.96	K1
65	は	係助詞	5	815	105.49	4751	614.94	K1	2886	89.78	K1	4685	82.97	K1
37	と	格助詞	6	763	98.76	5514	713.69	K1	2830	88.04	K1	3829	67.81	K1
76	も	係助詞	7	393	50.87	5907	764.56	K1	2121	65.98	K1	3393	60.09	K1
5	が	格助詞	8	353	45.69	6260	810.25	K2	1391	43.27	K2	1291	22.86	K2
66	ば	接続助詞	9	350	45.30	6610	855.55	K2	1719	53.47	K1	2424	42.93	K2
25	で	格助詞	10	131	16.96	6741	872.51	K2	406	12.63	K2	1644	29.11	K2
62	によって	複合語	11	103	13.33	6844	885.84	K2	198	6.16	K3	0		
48	ども	接続助詞	12	79	10.23	6923	896.07	K2	411	12.79	K2	664	11.76	K2
70	へ	格助詞	13	72	9.32	6995	905.38	K3	733	22.80	K2	1211	21.45	K2
98	をば	複合語	14	69	8.93	7064	914.32	K3	251	7.81	K3	459	8.13	K3
11	から	格助詞	15	66	8.54	7130	922.86	K3	242	7.53	K3	0		
4	か	係助詞	16	59	7.64	7189	930.49	K3	377	11.73	K2	387	6.85	K3
94	より	格助詞	17	58	7.51	7247	938.00	K3	102	3.17	A	696	12.33	K2
2	いて	接続助詞	18	52	6.73	7299	944.73	K3	108	3.36	A	0		
43	ところで	接続助詞	19	44	5.70	7343	950.43	K3	61	1.90	B	0		
35	で	格助詞	20	32	4.14	7375	954.57	A	363	11.29	K2	198	3.51	A
99	をもって	複合語	20	32	4.14	7407	958.71	A	32	1.00	C	103	1.82	B

第四章　天草版『エソポのハブラス』の助詞の語彙と語法　109

#	助詞	品詞												
17	こそ	係助詞	22	22	3.49	7434	962.21	A	372	11.57	K2	1024	18.13	K2
51	な	終助詞	22	27	3.49	7461	965.70	A	34	1.06	C	43	0.76	C
67	ばかり	副助詞	24	26	3.37	7487	969.07	A	161	5.01	K3	246	4.36	A
44	ところに	接続助詞	25	25	3.24	7512	972.30	A	73	2.27	B	92	1.63	B
47	とも	接続助詞	26	21	2.72	7533	975.02	A	72	2.24	B	133	2.36	B
46	とて	格助詞	27	20	2.59	7553	977.61	A	132	4.11	A	990	17.53	K2
72	ほど	副助詞	28	19	2.46	7572	980.07	B	76	2.36	B	74	1.31	B
73	ほどに	接続助詞	29	14	1.81	7586	981.88	B	107	3.33	A	109	1.93	B
8	かな	終助詞	30	13	1.68	7599	983.56	B	35	1.09	C	74	1.31	B
74	まで	副助詞	31	12	1.55	7611	985.12	B	168	5.23	K3	292	5.17	K3
6	かし	終助詞	31	12	1.55	7623	986.67	B	29	0.90	C	70	1.24	C
55	など	副助詞	33	10	1.29	7633	987.96	B	132	4.11	A	0		
84	ものを	終助詞	34	8	1.04	7641	989.00	C	48	1.49	B	68	1.20	C
59	において	複合語	34	8	1.04	7649	990.03	C	20	0.62	D	33	0.58	D
85	や	係助詞	36	7	0.91	7656	990.94	C	120	3.73	A	567	10.04	K2
91	よ	間投助詞	36	7	0.91	7663	991.85	C	62	1.93	B	69	1.22	C
19	さく	副助詞	36	7	0.91	7670	992.75	C	54	1.68	B	21	0.37	D
39	といふとも	複合語	36	7	0.91	7677	993.66	C	4	0.12	D	16	0.28	D
64	のみ	副助詞	40	6	0.78	7683	994.43	C	30	0.93	C	48	0.85	C
45	として	複合語	40	6	0.78	7689	995.21	C	6	0.19	D	33	0.58	D
21	して	接続助詞	42	5	0.65	7694	995.86	C	37	1.15	C	191	3.38	A
41	といへども	複合語	42	5	0.65	7699	996.51	D	8	0.25	D	68	1.20	C
79	ものから	終助詞	44	4	0.52	7703	997.02	D	13	0.40	D	30	0.53	D
69	ばや	終助詞	45	3	0.39	7706	997.41	D	7	0.22	D	81	1.43	B

番号	見出し語	主たる機能	エ順位	エ度数	エ千分率	エ累積度数	エ累積率	エランク	ク度数	ク千分率	クランク	高度数	高千分率	高ランク
10	かは	係助詞	45	3	0.39	7709	997.80	D	7	0.22	D	37	0.66	C
33	づつ	副助詞	45	3	0.39	7712	998.19	D	3	0.09	D	12	0.21	D
88	やら	副助詞	48	2	0.26	7714	998.45	D	17	0.53	D	0		
24	で	終助詞	48	2	0.26	7716	998.71	D	16	0.50	D	24	0.43	D
95	よりして	複合語	48	2	0.26	7718	998.96	D	5	0.16	D	19	0.34	D
54	ながら	接続助詞	51	1	0.13	7719	999.09	D	37	1.15	C	82	1.45	B
3	うく	形式名詞	51	1	0.13	7720	999.22	D	26	0.81	C	57	1.01	C
56	なりとも	複合語	51	1	0.13	7721	999.35	D	21	0.65	C	0		
78	ものか	終助詞	51	1	0.13	7722	999.48	D	6	0.19	D	1	0.02	D
23	ずんば	複合語	51	1	0.13	7723	999.61	D	2	0.06	D	4	0.07	D
68	ばし	副助詞	51	1	0.13	7724	999.74	D	2	0.06	D	1	0.02	D
9	がな	副助詞	51	1	0.13	7725	999.87	D	1	0.03	D	1	0.02	D
14	けれども	接続助詞	51	1	0.13	7726	1000	D	0			0		
57	なんど	副助詞		0					11	0.34	D	196	3.47	A
26	だに	副助詞		0					9	0.28	D	89	1.58	B
30	ちやは	複合語		0					9	0.28	D	0		
36	で	接続助詞		0					8	0.25	D	94	1.66	B
61	にて	格助詞		0					6	0.19	D	356	6.30	K3
22	しも	副助詞		0					5	0.16	D	19	0.34	D
53	なう	終助詞		0					5	0.16	D	0		
12	からして	複合語		0					4	0.12	D	0		
1	あひだ	形式名詞		0					3	0.09	D	99	1.75	B

第四章　天草版『エソポのハブラス』の助詞の語彙と語法　111

No.	語	分類			度数	比率	等級	度数	比率	等級
52	な	間投助詞	0		3	0.09		15	0.27	D
32	つつ	接続助詞	0		2	0.06	D	96	1.70	B
42	とかや	複合語	0		2	0.06	D	36	0.64	C
50	とも	複合語	0		2	0.06	D	14	0.25	D
75	まれ	複合語	0		2	0.06	D	3	0.05	D
83	ものゆゑに	接続助詞	0		2	0.06	D	3	0.05	D
86	やな	終助詞	0		2	0.06	D	0		
90	やらん	副助詞	0		1	0.03	D	88	1.56	B
38	ど	接続助詞	0		1	0.03	D	21	0.37	D
27	だにあるに	複合語	0		1	0.03	D	4	0.07	D
20	し	副助詞	0		1	0.03	D	3	0.05	D
93	よな	間投助詞	0		1	0.03	D	3	0.05	D
49	ともがな	複合語	0		1	0.03	D	1	0.02	D
82	ものゆゑ	接続助詞	0		1	0.03	D	1	0.02	D
77	ものがな	終助詞	0		1	0.03	D	0		
80	ものかは	終助詞	0		1	0.03	D	0		
100	をもて	複合語	0		1	0.03	D	0		
60	にして	複合語	0		0			37	0.66	C
15	ごさんなれ	複合語	0		0			13	0.23	D
101	をや	終助詞	0		0			12	0.21	D
87	やは	係助詞	0		0			4	0.07	D
13	からに	接続助詞	0		0			3	0.05	D
16	ごさんめれ	複合語	0		0			2	0.04	D
29	ぢやう	形式名詞	0		0			2	0.04	D

112　第一部　天草版『エソポのハブラス』の語彙と語法

番号	見出し語	主たる機能	エ度数	エ順位	エ千分率	エランク	エ累積度数	エ累積率	ヘ度数	ヘ千分率	ヘランク	高度数	高千分率	高ランク
89	やらう	終助詞	967		125.16	K1			0			2	0.04	D
7	がでら	副助詞	949		122.83	K1			0			1	0.02	D
18	ごとくんば	複合語	1138		147.29	K1			0			1	0.02	D
28	だも	副助詞	882		114.16	K1			0			1	0.02	D
31	つ	格助詞	815		105.49	K1			0			1	0.02	D
40	といへど	複合語							0			1	0.02	D
71	べくんば	複合語							0			1	0.02	D
81	ものの	接続助詞	763		98.76	K1			0			1	0.02	D
92	よう	間投助詞							0			1	0.02	D
97	をして	複合語	393		50.87	K1			0			1	0.02	D

表6　〈ヘイケ〉の助詞の使用度数と使用率

番号	見出し語	主たる機能	エ度数	エ千分率	エランク	ヘ順位	ヘ度数	ヘ千分率	ヘ累積度数	ヘ累積率	ヘランク	高度数	高千分率	高ランク
34	て	接続助詞				1	4427	137.72	4427	137.72	K1	6649	117.75	K1
63	の	格助詞				2	4263	132.61	8690	270.33	K1	9849	174.42	K1
96	を	格助詞				3	3656	113.73	12346	384.06	K1	5869	103.93	K1
58	に	格助詞				4	3541	110.15	15887	494.21	K1	7282	128.96	K1
65	は	係助詞				5	2886	89.78	18773	583.99	K1	4685	82.97	K1
37	と	格助詞				6	2830	88.04	21603	672.03	K1	3829	67.81	K1
76	も	係助詞				7	2121	65.98	23724	738.01	K1	3393	60.09	K1

第四章　天草版『エソポのハブラス』の助詞の語彙と語法　113

順位	助詞	種類	度数	%	ランク	番号	度数	%	累積度数	累積%	ランク	度数	%	ランク
66	ば	接続助詞	350	45.30	K2	8	1719	53.47	25443	791.48	K1	2424	42.93	K2
5	が	格助詞	353	45.69	K2	9	1391	43.27	26834	834.75	K2	1291	22.86	K2
70	く	格助詞	72	9.32	K3	10	733	22.80	27567	857.56	K2	1211	21.45	K2
48	ども	接続助詞	79	10.23	K2	11	411	12.79	27978	870.34	K2	664	11.76	K2
25	で	格助詞	131	16.96	K2	12	406	12.63	28384	882.97	K2	1644	29.11	K3
4	か	係助詞	59	7.64	K3	13	377	11.73	28761	894.70	K2	387	6.85	K2
17	こそ	係助詞	27	3.49	A	14	372	11.57	29133	906.27	K2	1024	18.13	A
35	て	格助詞	32	4.14	A	15	363	11.29	29496	917.56	K3	198	3.51	K3
98	をば	複合語	69	8.93	K3	16	251	7.81	29747	925.37	K3	459	8.13	
11	から	格助詞	66	8.54	K3	17	242	7.53	29989	932.90	K3	0		
62	によって	複合語	103	13.33	K2	18	198	6.16	30187	939.06	K3	0		
74	まで	副助詞	12	1.55	B	19	168	5.23	30355	944.29	K3	292	5.17	K3
67	ばかり	副助詞	26	3.37	A	20	161	5.01	30516	949.29	A	246	4.36	A
46	とて	格助詞	20	2.59	A	21	132	4.11	30648	953.40	A	990	17.53	K2
55	など	副助詞	10	1.29	B	22	132	4.11	30780	957.51	A	0		
85	や	係助詞	7	0.91	C	23	120	3.73	30900	961.24	A	567	10.04	K2
2	いて	接続助詞	52	6.73	K3	24	108	3.36	31008	964.60	A	0		
73	ほどに	接続助詞	14	1.81	B	25	107	3.33	31115	967.93	A	109	1.93	B
94	より	格助詞	58	7.51	K3	26	102	3.17	31217	971.10	A	696	12.33	K2
72	ほど	副助詞	19	2.46	B	27	76	2.36	31293	973.46	B	74	1.31	B
44	ところに	接続助詞	25	3.24	A	28	73	2.27	31366	975.74	B	92	1.63	B
47	とも	接続助詞	21	2.72	A	29	72	2.24	31438	977.98	B	133	2.36	B
91	よ	間投助詞	7	0.91	C	30	62	1.93	31500	979.90	B	69	1.22	C
43	ところで	接続助詞	44	5.70	K3	31	61	1.90	31561	981.80	B	0		

114　第一部　天草版『エソポのハブラス』の語彙と語法

番号	見出し語	主たる機能	エ度数	エ千分率	エランク	ハ順位	ハ度数	ハ千分率	ハ累積度数	ハ累積率	ハランク	高度数	高千分率	高ランク
19	さへ	副助詞	7	0.91	C	32	54	1.68	31615	983.48	B	21	0.37	D
84	ものを	終助詞	8	1.04	C	33	48	1.49	31663	984.97	B	68	1.20	C
21	して	接続助詞	5	0.65	C	34	37	1.15	31700	986.13	C	191	3.38	A
54	ながら	接続助詞	1	0.13	D	34	37	1.15	31737	987.28	C	82	1.45	B
8	かな	終助詞	13	1.68	B	36	35	1.09	31772	988.37	C	74	1.31	B
51	な	終助詞	27	3.49	A	37	34	1.06	31806	989.42	C	43	0.76	C
99	をもつて	複合語	32	4.14	A	38	32	1.00	31838	990.42	C	103	1.82	B
64	のみ	副助詞	6	0.78	C	39	30	0.93	31868	991.35	C	48	0.85	C
6	かし	終助詞	12	1.55	B	40	29	0.90	31897	992.25	C	70	1.24	C
3	う	形式名詞	1	0.13	D	41	26	0.81	31923	993.06	C	57	1.01	C
56	なりとも	複合語	1	0.13	D	42	21	0.65	31944	993.72	C	0		D
59	において	複合語	8	1.04	C	43	20	0.62	31964	994.34	D	33	0.58	D
88	やら	副助詞	2	0.26	D	44	17	0.53	31981	994.87	D	0		D
24	ぞ	終助詞	2	0.26	D	45	16	0.50	31997	995.36	D	24	0.43	D
79	ものかな	終助詞	4	0.52	D	46	13	0.40	32010	995.77	D	30	0.53	D
57	なんど	副助詞	0			47	11	0.34	32021	996.11	D	196	3.47	A
26	だに	副助詞	0			48	9	0.28	32030	996.39	D	89	1.58	B
30	ぢやは	複合語	0			48	9	0.28	32039	996.67	D	0		
41	といへども	複合語	5	0.65	C	50	8	0.25	32047	996.92	D	68	1.20	C
36	で	接続助詞	0			50	8	0.25	32055	997.17	D	94	1.66	B
69	ばや	終助詞	3	0.39	D	52	7	0.22	32062	997.39	D	81	1.43	B
10	かは	係助詞	3	0.39	D	52	7	0.22	32069	997.60	D	37	0.66	C

第四章　天草版『エソポのハブラス』の助詞の語彙と語法　115

45	としては	複合語	6	0.78	C	54	6	0.19	32075	997.79	D	33	0.58	D
78	ものか	終助詞	1	0.13	D	54	6	0.19	32081	997.98	D	1	0.02	D
61	にて	格助詞	0			54	6	0.19	32087	998.16	D	356	6.30	K3
95	よりして	複合語	2	0.26	D	57	5	0.16	32092	998.32	D	19	0.34	D
22	しも	副助詞	0			57	5	0.16	32097	998.48	D	19	0.34	D
53	なう	終助詞	0			57	5	0.16	32102	998.63	D	0		
39	といふとも	複合語	7	0.91	C	60	4	0.12	32106	998.76	D	16	0.28	D
12	からして	複合語	0			60	4	0.12	32110	998.88	D	0		
33	づつ	副助詞	3	0.39	D	62	3	0.09	32113	998.97	D	12	0.21	D
1	あひだ	形式名詞	0			62	3	0.09	32116	999.07	D	99	1.75	B
52	な	間投助詞	0			62	3	0.09	32119	999.16	D	15	0.27	D
23	ずんば	複合語	1	0.13	D	65	2	0.06	32121	999.22	D	4	0.07	D
68	ばし	副助詞	1	0.13	D	65	2	0.06	32123	999.28	D	1	0.02	D
32	つつ	接続助詞	0			65	2	0.06	32125	999.35	D	96	1.70	B
42	とかや	複合語	0			65	2	0.06	32127	999.41	D	36	0.64	C
50	とも	複合語	0			65	2	0.06	32129	999.47	D	14	0.25	D
75	まれ	複合語	0			65	2	0.06	32131	999.53	D	3	0.05	D
83	もののゆゑに	接続助詞	0			65	2	0.06	32133	999.60	D	3	0.05	D
86	やな	終助詞	0			65	2	0.06	32135	999.66	D	0		
9	がな	副助詞	1	0.13	D	73	1	0.03	32136	999.69	D	1	0.02	D
90	やらん	副助詞	0			73	1	0.03	32137	999.72	D	88	1.56	B
38	ど	接続助詞	0			73	1	0.03	32138	999.75	D	21	0.37	D
27	だにあるに	複合語	0			73	1	0.03	32139	999.78	D	4	0.07	D
20	し	副助詞	0			73	1	0.03	32140	999.81	D	3	0.05	D

116　第一部　天草版『エソポのハブラス』の語彙と語法

番号	見出し語	主たる機能	エ度数	エ千分率	エランク	く順位	く度数	く千分率	く累積度数	く累積率	くランク	高度数	高千分率	高ランク
93	よな	間投助詞	0			73	1	0.03	32141	999.84	D	3	0.05	D
49	ともがな	複合語	0			73	1	0.03	32142	999.88	D	1	0.02	D
82	もゆゑ	接続助詞	0			73	1	0.03	32143	999.91	D	1	0.02	D
77	もがな	終助詞	0			73	1	0.03	32144	999.94	D	0		
80	ものかは	終助詞	0			73	1	0.03	32145	999.97	D	0		
100	をもて	複合語	0			73	1	0.03	32146	1000	D	0		
14	けれども	接続助詞	1	0.13	D		0					0		
60	にして	複合語	0				0					37	0.66	C
15	ごさんなれ	複合語	0				0					13	0.23	D
101	をや	終助詞	0				0					12	0.21	D
87	やは	係助詞	0				0					4	0.07	D
13	からに	接続助詞	0				0					3	0.05	D
16	ごさんぬれ	複合語	0				0					2	0.04	D
29	ぢやう	形式名詞	0				0					2	0.04	D
89	やらう	終助詞	0				0					2	0.04	D
7	がてら	副助詞	0				0					1	0.02	D
18	ごとくんば	複合語	0				0					1	0.02	D
28	だも	副助詞	0				0					1	0.02	D
31	つ	格助詞	0				0					1	0.02	D
40	といへど	複合語	0				0					1	0.02	D
71	べくんば	複合語	0				0					1	0.02	D
81	ものの	接続助詞	0				0					1	0.02	D

第四章　天草版『エソポのハブラス』の助詞の語彙と語法　117

92	よう	間投助詞	0	0								1	0.02	D
97	をして	複合語	0	0								1	0.02	D

表7　〈高野本〉の助詞の使用度数と使用率

番号	見出し語	主たる機能	エ度数	エ千分率	エランク	〈度数	〈千分率	〈ランク	高順位	高度数	高千分率	高累積度数	高累積率	高ランク
63	の	格助詞	949	122.83	K1	4263	132.61	K1	1	9849	174.42	9849	174.42	K1
58	に	格助詞	882	114.16	K1	3541	110.15	K1	2	7282	128.96	17131	303.38	K1
34	て	接続助詞	967	125.16	K1	4427	137.72	K1	3	6649	117.75	23780	421.12	K1
96	を	格助詞	1138	147.29	K1	3656	113.73	K1	4	5869	103.93	29649	525.06	K1
65	は	係助詞	815	105.49	K1	2886	89.78	K1	5	4685	82.97	34334	608.03	K1
37	と	格助詞	763	98.76	K1	2830	88.04	K1	6	3829	67.81	38163	675.83	K1
76	も	係助詞	393	50.87	K1	2121	65.98	K1	7	3393	60.09	41556	735.92	K1
66	ば	接続助詞	350	45.30	K2	1719	53.47	K2	8	2424	42.93	43980	778.85	K2
25	で	格助詞	131	16.96	K2	406	12.63	K2	9	1644	29.11	45624	807.96	K2
5	が	格助詞	353	45.69	K2	1391	43.27	K2	10	1291	22.86	46915	830.82	K2
70	く	係助詞	72	9.32	K3	733	22.80	K2	11	1211	21.45	48126	852.27	K2
17	こそ	係助詞	27	3.49	A	372	11.57	K2	12	1024	18.13	49150	870.40	K2
46	とて	格助詞	20	2.59	A	132	4.11	A	13	990	17.53	50140	887.94	K2
94	より	格助詞	58	7.51	K3	102	3.17	A	14	696	12.33	50836	900.26	K2
48	とも	接続助詞	79	10.23	K2	411	12.79	K2	15	664	11.76	51500	912.02	K2
85	や	係助詞	7	0.91	C	120	3.73	A	16	567	10.04	52067	922.06	K2
98	をば	複合語	69	8.93	K3	251	7.81	K3	17	459	8.13	52526	930.19	K3

第一部　天草版『エソポのハブラス』の語彙と語法

番号	見出し語	主たる機能	エ度数	エ千分率	エランク	く度数	く千分率	くランク	高順位	高度数	高千分率	高累積度数	高累積率	高ランク
4	か	係助詞	59	7.64	K3	377	11.73	K2	18	387	6.85	52913	937.04	K3
61	にて	格助詞	0			6	0.19	D	19	356	6.30	53269	943.35	K3
74	まで	副助詞	12	1.55	B	168	5.23	K3	20	292	5.17	53561	948.52	K3
67	ばかり	副助詞	26	3.37	A	161	5.01	K3	21	246	4.36	53807	952.88	A
35	で	格助詞	32	4.14	A	363	11.29	K2	22	198	3.51	54005	956.38	A
57	なんど	副助詞	0			11	0.34	D	23	196	3.47	54201	959.85	A
21	して	接続助詞	5	0.65	C	37	1.15	C	24	191	3.38	54392	963.24	A
47	とも	接続助詞	21	2.72	A	72	2.24	B	25	133	2.36	54525	965.59	B
73	ほどに	接続助詞	14	1.81	B	107	3.33	A	26	109	1.93	54634	967.52	B
99	をもって	複合語	32	4.14	A	32	1.00	C	27	103	1.82	54737	969.35	B
1	あひだ	形式名詞	0			3	0.09	D	28	99	1.75	54836	971.10	B
32	つつ	接続助詞	0			2	0.06	D	29	96	1.70	54932	972.80	B
36	で	接続助詞	0			8	0.25	D	30	94	1.66	55026	974.46	B
44	ところに	接続助詞	25	3.24	A	73	2.27	B	31	92	1.63	55118	976.09	B
26	だに	副助詞	0			9	0.28	D	32	89	1.58	55207	977.67	B
90	やらん	副助詞	0			1	0.03	D	33	88	1.56	55295	979.23	B
54	ながら	接続助詞	1	0.13	D	37	1.15	C	34	82	1.45	55377	980.68	B
69	ばや	終助詞	3	0.39	D	7	0.22	D	35	81	1.43	55458	982.11	B
72	ほど	副助詞	19	2.46	B	76	2.36	B	36	74	1.31	55532	983.42	B
8	かな	終助詞	13	1.68	B	35	1.09	C	36	74	1.31	55606	984.73	B
6	かし	終助詞	12	1.55	B	29	0.90	C	38	70	1.24	55676	985.97	C
91	よ	間投助詞	7	0.91	C	62	1.93	B	39	69	1.22	55745	987.20	C

第四章　天草版『エソポのハブラス』の助詞の語彙と語法　119

84	ものを	終助詞	8	1.04	C	48	1.49	B	40	68	1.20	55813	988.40	C
41	といへども	複合語	5	0.65	C	8	0.25	D	40	68	1.20	55881	989.60	C
3	うく	形式名詞	1	0.13	D	26	0.81	C	42	57	1.01	55938	990.61	C
64	のみ	副助詞	6	0.78	C	30	0.93	C	43	48	0.85	55986	991.46	C
51	な	終助詞	27	3.49	A	34	1.06	C	44	43	0.76	56029	992.23	C
10	かは	係助詞	3	0.39	D	7	0.22	D	45	37	0.66	56066	992.88	C
60	にして	複合語	0			0			45	37	0.66	56103	993.54	C
42	とかや	複合語	0			2	0.06	D	47	36	0.64	56139	994.17	C
59	において	複合語	8	1.04	C	20	0.62	D	48	33	0.58	56172	994.76	D
45	として	複合語	6	0.78	C	6	0.19	D	48	33	0.58	56205	995.34	D
79	ものかな	終助詞	4	0.52	D	13	0.40	D	50	30	0.53	56235	995.87	D
24	そ	終助詞	2	0.26	D	16	0.50	D	51	24	0.43	56259	996.30	D
19	さく	副助詞	7	0.91	C	54	1.68	B	53	21	0.37	56280	996.67	D
38	ど	接続助詞	0			1	0.03	D	53	21	0.37	56301	997.04	D
95	よりして	複合語	2	0.26	D	5	0.16	D	55	19	0.34	56320	997.38	D
22	しも	副助詞	0			5	0.16	D	55	19	0.34	56339	997.72	D
39	といふとも	複合語	7	0.91	C	4	0.12	D	57	16	0.28	56355	998.00	D
52	な	間投助詞	0			3	0.09	D	58	15	0.27	56370	998.26	D
50	とよ	複合語	0			2	0.06	D	59	14	0.25	56384	998.51	D
15	ごさんなれ	複合語	0			0			60	13	0.23	56397	998.74	D
33	づつ	副助詞	3	0.39	D	3	0.09	D	61	12	0.21	56409	998.96	D
101	をや	終助詞	0			0			61	12	0.21	56421	999.17	D
23	ずんば	複合語	1	0.13	D	2	0.06	D	63	4	0.07	56425	999.24	D
27	だにあるに	複合語	0			1	0.03	D	63	4	0.07	56429	999.31	D

第一部　天草版『エソポのハブラス』の語彙と語法

番号	見出し語	主たる機能	エ度数	エ千分率	エランク	ヘ度数	ヘ千分率	ヘランク	高順位	高度数	高千分率	高累積度数	高累積率	高ランク
87	やは	係助詞	0			0			63	4	0.07	56433	999.38	D
75	まれ	複合語	0			2	0.06	D	66	3	0.05	56436	999.43	D
83	ものゆゑに	接続助詞	0			2	0.06	D	66	3	0.05	56439	999.49	D
20	し	副助詞	0			1	0.03		66	3	0.05	56442	999.54	D
93	よな	間投助詞	0			1	0.03	D	66	3	0.05	56445	999.59	D
13	からに	接続助詞	0			0			66	3	0.05	56448	999.65	D
16	ごさんめれ	複合語	0			0			71	2	0.04	56450	999.68	D
29	ぢやう	形式名詞	0			0			71	2	0.04	56452	999.72	D
89	やらう	終助詞	0			0			71	2	0.04	56454	999.75	D
78	ものか	終助詞	1	0.13	D	6	0.19	D	74	1	0.02	56455	999.77	D
68	ばし	副助詞	1	0.13	D	2	0.06	D	74	1	0.02	56456	999.79	D
9	がな	副助詞	1	0.13	D	1	0.03	D	74	1	0.02	56457	999.81	D
49	ともがな	複合語	0			1	0.03	D	74	1	0.02	56458	999.82	D
82	ものゆゑ	接続助詞	0			1	0.03	D	74	1	0.02	56459	999.84	D
7	がてら	副助詞	0			0			74	1	0.02	56460	999.86	D
18	ごとくんば	複合語	0			0			74	1	0.02	56461	999.88	D
28	だも	副助詞	0			0			74	1	0.02	56462	999.89	D
31	つ	格助詞	0			0			74	1	0.02	56463	999.91	D
40	といへど	複合語	0			0			74	1	0.02	56464	999.93	D
71	べくんば	複合語	0			0			74	1	0.02	56465	999.95	D
81	ものの	接続助詞	0			0			74	1	0.02	56466	999.96	D
92	よう	間投助詞	0			0			74	1	0.02	56467	999.98	D

第四章　天草版『エソポのハブラス』の助詞の語彙と語法　　121

No.	語	分類	数	％	記号	数	％	記号	数	％	記号
97	をして	複合語	0	0		0	0		74	1	0.02
62	によって	複合語	103	13.33	K2	198	6.16	K3			
11	から	格助詞	66	8.54	K3	242	7.53	K3	56468	1000	
2	いて	接続助詞	52	6.73	K3	108	3.36	A			
43	ところで	接続助詞	44	5.70	K3	61	1.90	B			
55	など	副助詞	10	1.29	B	132	4.11	A			
88	やら	副助詞	2	0.26	D	17	0.53	D			
56	なりとも	複合語	1	0.13	D	21	0.65	C			
14	けれども	接続助詞	1	0.13	D	0	0				
30	ぢゃは	複合語	0			9	0.28	D			
53	なう	終助詞	0			5	0.16	D			
12	からして	複合語	0			4	0.12	D			
86	やな	終助詞	0			2	0.06	D			
77	もがな	終助詞	0			1	0.03	D			
80	ものかは	終助詞	0			1	0.03	D			
100	をもて	複合語	0			1	0.03	D			D

4 〈エソポ〉で基幹語彙の助詞

3.1では〈エソポ〉の助詞の基幹語彙として19語を認定した。ここではそれらの語を概観し、いくつかについて語法を交えて考察する。

〈エソポ〉〈ヘイケ〉〈高野本〉で共通に基幹語彙に入る助詞は、〈エソポ〉で（K1）ランクの「を」「て」「の」「に」「は」「と」「も」、（K2）ランクの「が」「ば」「ぞ」「ども」、（K3）ランクの「へ」「をば」「か」の14語である。中でも〈エソポ〉で（K1）ランクの7語は〈ヘイケ〉〈高野本〉でも同じランクに入り、きわめて使用率の高い語群である。これらの語は鎌倉・室町時代を通して書き言葉としても話し言葉としても頻繁に用いられたと言える。このうち「をば」は現代の共通語であまり見られない。現代語で対象を強調する場合には一般に「は」を用いる。しかし、他の13語は現代語でもよく用いる語群である。

〈エソポ〉〈ヘイケ〉で基幹語彙に入るが、〈高野本〉で基幹語彙に入らず2ランク以上離れているのは、「によつて」「から」の2語である。

「によつて」複合語

各作品の使用度数、使用率、ランク

〈エ〉 103 13.33‰ （K2）

〈ヘ〉 198 6.16‰ （K3）

〈高〉 0 不使用

まず、〈高野本〉の使用度数0について触れておく。『平家物語〈高野本〉語彙用例総索引』（付属語篇）には「によつて」が見出し項目として存在しない。先に作成された（自立語篇）で助詞「に」・動詞「よる」・助詞「て」に分割され、「によつて」を一単位として捉えなかったからである。そこで、（自立語篇）の見出し項目「よる」を利用して「によつて」を計量した。すると、〈高野本〉の「によつて」の使用度数が123になり、（B）ランクに入った。この結果は〈エソポ〉〈ヘイケ〉と2ランク以上離れている。室町時

代末期に接続助詞的用法の「によつて」が増加していることが判明した。

「から」格助詞
　　各作品の使用度数、使用率、ランク
　　〈エ〉　66　8.54‰（K3）
　　〈ヘ〉　242　7.53‰（K3）
　　〈高〉　0　不使用
　「から」に関して、近藤（2002）で〈ヘイケ〉の「から」が多くは〈高野本〉の「より」と対応しており、『平家物語』に起点・経由点などを示す「より」が多く、その大部分が〈ヘイケ〉で「から」と訳されたという指摘がなされている。〈エソポ〉の「から」も起点・経由点を示すものが多い。しかし、〈ヘイケ〉の「から」はすべて格助詞と認められるが、〈エソポ〉の「から」には接続助詞と認められるものがある。
　（1）　したごころ。あまたの人は、わが身に応ぜぬ楽しみを巧むから、一旦その楽しみをも遂ぐれども、その道から落ちて、身をあやまつものぢや。（〈エ〉488-9）

　〈エソポ〉で基幹語彙に入るが、〈ヘイケ〉〈高野本〉で基幹語彙に入らず2ランク以上離れているのは、「ところで」である。

「ところで」接続助詞
　　各作品の使用度数、使用率、ランク
　　〈エ〉　44　5.70‰（K3）
　　〈ヘ〉　61　1.90‰（B）
　　〈高〉　0　不使用
　「ところで」も『平家物語〈高野本〉語彙用例総索引』（付属語篇）には見出し項目が存在しない。そこで、「によつて」と同様に計量したところ、〈高野本〉の「ところで」の使用度数が1になり、（D）ランクに入った。「ところで」の場合、〈エソポ〉と〈ヘイケ〉の間だけでなく、〈ヘイケ〉と〈高野

本〉の間にも隔たりがある。「ところで」は「によつて」に比べて後発で、室町時代末期には話し言葉でよく用いられていた。〈ヘイケ〉は口語訳に際して原拠の『平家物語』の文脈の影響を受けているが、〈エソポ〉は〈ヘイケ〉よりも室町時代末期の話し言葉を取り入れやすかったと言えよう。

以上をまとめると次のようになる。
（a）〈エソポ〉〈ヘイケ〉〈高野本〉で基幹語彙に入る「を」「て」「も」などは鎌倉・室町時代を通して書き言葉としても話し言葉としても頻繁に用いられたものである。
（b）接続助詞的用法の「によつて」が室町時代末期に増加し、〈エソポ〉〈ヘイケ〉で基幹語彙に入った。
（c）起点・経由点を示すのに「から」が「より」と交替して増加し、〈エソポ〉〈ヘイケ〉で基幹語彙に入ったが、さらに〈エソポ〉には接続助詞の用法も見られる。
（d）「ところで」は「によつて」に比べて後発で、室町時代末期には話し言葉でよく用いられ、〈エソポ〉で基幹語彙に入った。

5 〈エソポ〉で基幹語彙でない助詞

5.1 使用率に2ランク以上の隔たりのある助詞

　〈エソポ〉で基幹語彙に入らない助詞について、〈エソポ〉のランクと〈ヘイケ〉〈高野本〉のランクとの間に2ランク以上の隔たりがあるかどうかを目安にして整理し、隔たりのあるものを取り出すことにする。なお、「など」と「なんど」は双方の使用度数を合計すると、〈エソポ〉10、〈ヘイケ〉143、〈高野本〉196になり、順に（B）（A）（A）ランクに入るので取り出さない。
　［1］〈エソポ〉で（A）ランク〜（C）ランク、〈ヘイケ〉〈高野本〉で上位「こそ」「まで」「や」
　［2］〈エソポ〉で（A）ランク〜（C）ランク、〈ヘイケ〉〈高野本〉で下位

「な（禁止）」
[3]〈エソポ〉〈ヘイケ〉で（A）ランク～（C）ランク、〈高野本〉で上位
「とて」「して」
[4]〈エソポ〉〈高野本〉で（A）ランク～（C）ランク、〈ヘイケ〉で上位
「で（格助詞）」
[5]〈エソポ〉〈ヘイケ〉で（D）ランクか「不使用」、〈高野本〉で上位
「ばや」「あひだ」「だに」「つつ」「で（打消）」
「にして」「にて」「やらん」

　〈エソポ〉が下位で〈ヘイケ〉〈高野本〉が上位にある［1］には、『平家物語』を話し言葉に翻訳するときに引き継いだ語群があがっている。このうちの「こそ」「まで」には、3作品で用法上の大きな相違が見られない。「こそ」は係り結びの崩壊した室町末期には話し言葉での使用が減少したが[3]、〈ヘイケ〉は原拠の『平家物語』の語法をかなり引き継いでいる。また、「まで」は範囲や到達点を具体的に記述することの多い『平家物語』で、欠かせない助詞であり、使用を減らすことがなかった。しかし、「や」には3作品で用法上の相違が見られるので後に述べる。

　〈エソポ〉〈ヘイケ〉が下位で〈高野本〉が上位にある［3］［5］には時代の変遷を反映する語群があがっている。鎌倉時代に比べて室町時代末期の話し言葉で減少したり、ほとんど用いられなくなったりしたものである。

　ところで、〈エソポ〉が上位で〈ヘイケ〉〈高野本〉が下位にある［2］、また、〈エソポ〉〈高野本〉が上位で〈ヘイケ〉が下位にある［4］はどのように考えたらよいのだろうか。［1］の「や」、［4］の「で（格助詞）」についてはこの項で、［2］の「な（禁止）」については次の項で考察する。

「や」係助詞

　助詞「や」を機能によって分類し、使用度数・使用率を示すと次のようである。

表8 助詞「や」の機能による分類

作品 ランク	係助詞 使用度数 使用率 ‰	終助詞 使用度数 使用率 ‰	間投助詞 使用度数 使用率 ‰	並立助詞 使用度数 使用率 ‰	計 使用度数 使用率 ‰
〈エソポ〉（C）	1 0.13	1 0.13	3 0.39	2 0.26	7 0.91
〈ヘイケ〉（A）	41 1.27	3 0.09	48 1.49	28 0.87	120 3.73
〈高野本〉（K2）	343 6.07	42 0.74	165 2.92	17 0.30	567 10.04

　助詞「や」の〈エソポ〉の使用率は同じ時期に成立した〈ヘイケ〉と比べてきわめて少ない。係助詞の用法は1例のみである。

　(1)　ここを通るは、いつぞや対面した乗り馬ではないか？（〈エ〉460-8）

この例は「馬とロバの事」の段で、ロバから馬への会話文に見られる。「いつ」「ぞ」との結び付きが強く、「いつぞや」を一語の副詞として見出し項目を立てている国語辞典もある[4]が、3作品とも「や」を助詞として処置した。助詞「や」が〈高野本〉で（K2）ランクの基幹語彙になっているのに〈ヘイケ〉で使用率が（A）ランクと低くなっていることに関して、近藤（2002）では〈ヘイケ〉の終助詞「か」が〈高野本〉の係助詞「や」と対応する例が目立つことと関連していると指摘する。室町時代末期の話し言葉では「や」は係助詞の用法が衰退し、間投助詞の用法よりも少なくなった。それでも〈ヘイケ〉は原拠の『平家物語』をかなり引き継ぎ、係助詞の用法を残している。

「で」格助詞

　格助詞「で」を「にて」と比べて捉えてみよう。各作品の使用度数、使用率、ランクを示すと次のようである。

　　　　「で」格助詞
　　　　　　〈エ〉　32　4.14‰（A）

〈ヘ〉　363　11.29‰（K2）
　　〈高〉　198　 3.51‰（A）
「にて」格助詞
　　〈エ〉　 0　不使用
　　〈ヘ〉　 6　 0.19‰（D）
　　〈高〉　356　 6.30‰（K3）

　格助詞「で」に関して、近藤（2002）で〈ヘイケ〉の「で」が〈高野本〉の「で」「にて」に対応することが多く、そのことが〈ヘイケ〉〈高野本〉の「で」の使用率に大差をつけたと指摘している。『平家物語』は場所・時、手段・方法などを記述することが多い。その場合に〈高野本〉では「で」を用いることもあったが、主として「にて」を用い、〈ヘイケ〉では「で」を用いたと考えられる。〈エソポ〉は『平家物語』ほどに場所・時、手段・方法などを記述しない。「で」が［4］（〈エ〉〈高〉で（A）～（C）ランク、〈ヘ〉で上位）にあがったのは、「にて」との関係では「にて」の音韻変化形の「で」の使用が室町時代末期に増加したことと、作品が場所・時、手段・方法などをよく記述するものであるかどうかということとに起因する。

　〈エソポ〉で基幹語彙に入らない助詞について、〈エソポ〉のランクと〈ヘイケ〉〈高野本〉のランクとの間に2ランク以上の隔たりがあるものを取り出し、その隔たりの原因を推察して述べてきたが、個別に取り上げた助詞についてまとめると次のようになる。

（a）　助詞「や」の〈エソポ〉の使用率は同じ時期に成立した〈ヘイケ〉と比べてきわめて少ない。室町時代末期の話し言葉では「や」は係助詞の用法が衰退し、間投助詞の用法よりも少なくなった。それでも〈ヘイケ〉は原拠の『平家物語』をかなり引き継ぎ、係助詞の用法を残している。

（b）　格助詞「で」の〈エソポ〉の使用率は同じ時期に成立した〈ヘイケ〉と比べてはるかに少ないが、〈高野本〉と近い数値になった。これは「にて」との関係では「にて」の音韻変化形の「で」の使用が室町時代末期に増加したことと、作品が場所・時、手段・方法などをよ

〈記述するものであるかどうかということとに起因する。

5.2 〈エソポ〉で（A）ランク〜（C）ランク、〈ヘイケ〉〈高野本〉で下位の助詞

「な（禁止）」終助詞
　　各作品の使用度数、使用率、ランク
　　　〈エ〉27　3.49‰（A）
　　　〈ヘ〉34　1.06‰（C）
　　　〈高〉43　0.76‰（C）

〈エソポ〉には禁止の意味を表す文末表現として、終助詞「な」のほかに終助詞「そ」、副詞「な」と終助詞「そ」が呼応する「な…そ」、形容詞の命令形「なかれ」が見られる。終助詞「な」は「な…そ」とともに訓点資料には見られず、「な…そ」よりも直接的できびしい表現と言われる。平安時代には男性が目下の者に対して用い、女性は「な…そ」を用いた。以下、これらの禁止表現も範囲に入れて終助詞「な」について考察していく。〈エソポ〉〈ヘイケ〉〈高野本〉におけるこれらの表現の使用度数は次のようである。

表9　〈エソポ〉〈ヘイケ〉〈高野本〉の禁止の文末表現

表現	な	そ	な…そ	なかれ	計
〈エソポ〉	27（3.49‰　A）	1	1	1	30
〈ヘイケ〉	34（1.06‰　C）	0	16	0	50
〈高野本〉	43（0.76‰　C）	0	24	7	74

　上記の表の使用度数1を助詞の場合の使用率と同等に仮定すると、〈エソポ〉の使用度数30の使用率は約3.9パーミル、〈ヘイケ〉の50は約1.6パーミル、〈高野本〉の74は約1.3パーミルになる。終助詞「な」とは異なる文末表現「そ」「な…そ」「なかれ」をあわせても〈ヘイケ〉〈高野本〉と比較して〈エソポ〉の禁止表現は多いと言える。

　〈エソポ〉の終助詞「な」は「エソポ養子に教訓の条々」の段に8例、「し

第四章　天草版『エソポのハブラス』の助詞の語彙と語法　129

たごころ」に 8 例、会話の中に 11 例ある。「エソポ養子に教訓の条々」の段では、エソポが終助詞「な」と命令形を駆使して、養子に教訓を述べていく。「したごころ」ではその寓話の内容から導き出される教訓が簡潔にまとめてある。「エソポ養子に教訓の条々」の段、および「したごころ」の終助詞「な」は行為を禁じる形で教訓を表すために用いられている。以下に少し長くなるが、「エソポ養子に教訓の条々」の段から引用する。〈エソポ〉に 1 例のみの「なかれ」もこの教訓の中に現れる。

　(2)　慳貪放逸な者を友にす<u>な</u>。悪人の威勢富貴を羨む<u>な</u>。道理の上からでない時は、富貴はかへつて成りさがる基ぞ。わが言はうずる言葉を押しとどめて、他人の言ふことを聞け。言語によこしま<u>なかれ</u>といふ轡を常に含め。(〈エ〉438-7・8・11)

次に「したごころ」の中の例をあげる。

　(3)　平生不和な者の、難儀を救はうといふことはあるまじい。いささかもその言葉を信ずる<u>な</u>。(〈エ〉456-20)

会話の中に現れる終助詞「な」11 例のうち 6 例は尊敬語とともに用いられている。

　(4)　所詮この黄金をばシヤントも取らせられ<u>な</u>。(〈エ〉420-4)
　(5)　また妻とも思はせらるる<u>な</u>。(〈エ〉422-10)

前者はイソップ（エソポ）から主人のシヤントへの会話に現れたものである。活用語の未然形（または連用形）に「な」が付いており、このような接続のものが〈エソポ〉に 2 例見られる[5]。後者は女性の会話に現れたもので、妻が夫のシヤントに対して憤慨している場面での使用である。

会話の中に現れる終助詞「な」のうち尊敬語を伴わないものに、行為を禁じる形で教訓を表すものがある。

　(6)　かの獣の、我に教訓をないた。それを何ぞといふに、『汝 向後(きやうこう) 御身のやうに、大事に臨うで見放さうずる者と、知音す<u>な</u>』と。
　　　(〈エ〉471-7)

二人連れの一人からもう一人への会話に現れたものである。
〈エソポ〉に 1 例のみ見られる終助詞「そ」は、イソップからシヤントへ

の会話の中で尊敬語とともに用いられている。

　(7)　少しもご気遣ひあられそ。(〈エ〉424-10)

〈エソポ〉に1例のみ見られる「な…そ」は「したごころ」に現れる。

　(8)　人は威勢の盛んなとて、他をばな卑しめそ。(〈エ〉460-14)

このように〈エソポ〉の禁止表現は行為を禁じる形で教訓を表す場合が多い。終助詞「な」は教訓性の高い〈エソポ〉という作品の内容を反映する助詞である。

以上をまとめると次のようになる。

（a）〈エソポ〉の禁止表現は〈ヘイケ〉〈高野本〉と比較して高率である。〈エソポ〉の終助詞「な」の多くは行為を禁じる形で教訓を表すために用いられる。終助詞「な」は教訓性の高い〈エソポ〉という作品の内容を反映する助詞である。

6　おわりに

　天草版『エソポのハブラス』の助詞の語彙に関して、作品の語彙全部における助詞の語彙量、共時・通時的視点での助詞の存否、基幹語彙となる助詞の特色を考察してきた。それを振り返って以下にまとめて記述する。

（a）　作品の規模と助詞の使用との関係で〈エソポ〉の助詞を〈ヘイケ〉〈高野本〉と比較した。使用率の面で〈エソポ〉は〈ヘイケ〉と同じ程度に助詞を使用しているが、〈高野本〉に比べて助詞の使用量が増加している。これは日本語の変遷の中で鎌倉・室町時代に助詞の使用が増えたことを反映している。また、〈エソポ〉〈ヘイケ〉〈高野本〉では作品の規模と自立語の使用に相関関係があり、〈エソポ〉は〈ヘイケ〉〈高野本〉に比べて助動詞の使用が少ないことが確認できた。

（b）〈エソポ〉に存する助詞を〈ヘイケ〉〈高野本〉［学研古語］［三省古語］と比較した。「けれども」のように〈エソポ〉にのみ存し、〈ヘイケ〉〈高野本〉と［学研古語］［三省古語］の巻末付録の一覧表および本文に存しない助詞、「いで」のように〈エソポ〉〈ヘイケ〉には存す

るが、〈高野本〉と［学研古語］［三省古語］の巻末付録の一覧表に存しない助詞は、室町時代末期の口語的文脈で用いられた語群である。〈エソポ〉〈ヘイケ〉〈高野本〉に共通に存する助詞は、鎌倉時代から室町時代末期にかけて用いられた語群である。その中でも「て」「に」のように［学研古語］［三省古語］の巻末付録の一覧表に存するものは、平安時代から用いられていた語群である。「し」「で（打消）」のように、〈ヘイケ〉〈高野本〉と［学研古語］［三省古語］の巻末付録の一覧表には存するのに〈エソポ〉に存しない助詞は、室町時代末期の口語的文脈で用いられなくなった語群である。

（c） 助詞の使用率の高低によって基準を設定し、基幹語彙を抽出した。〈エソポ〉の助詞の基幹語彙として使用率5.00パーミル以上の「を」「て」「の」など19語を認定した。これらは助詞全体の950パーミルに相当し、〈エソポ〉という作品の骨格的部分にあたる語群である。〈エソポ〉〈ヘイケ〉〈高野本〉で基幹語彙に入る「を」「て」「も」などは、鎌倉・室町時代を通して書き言葉としても話し言葉としても頻繁に用いられたものである。〈エソポ〉〈ヘイケ〉で基幹語彙に入る接続助詞的用法の「によつて」は、室町時代末期に増加したものである。〈エソポ〉〈ヘイケ〉で基幹語彙に入る「から」は「より」と交替して増加し、起点・経由点を示すが、〈エソポ〉には接続助詞の用法も見られる。〈エソポ〉でのみ基幹語彙に入る「ところで」は「によつて」に比べて後発で、室町時代末期には話し言葉でよく用いられたものである。

（d） 〈エソポ〉で基幹語彙に入らない助詞の中から、〈エソポ〉のランクと〈ヘイケ〉〈高野本〉のランクとの間に2ランク以上の隔たりがあるものを取り出した。その中でも「や」「で（格助詞）」「な（禁止）」には際立つ特徴が見られる。

　「や」の〈エソポ〉の使用率は同じ時期に成立した〈ヘイケ〉と比べてきわめて少ない。室町時代末期の話し言葉では「や」は係助詞の用法が衰退し、間投助詞の用法よりも少なくなった。それでも〈ヘイ

ケ〉は原拠の『平家物語』をかなり引き継ぎ、係助詞の用法を残している。

　格助詞「で」の〈エソポ〉の使用率は同じ時期に成立した〈ヘイケ〉と比べてはるかに少ないが、〈高野本〉と近い数値になった。これは「にて」との関係では「にて」の音韻変化形の「で」の使用が室町時代末期に増加したことと、作品が場所・時・手段・方法などをよく記述するものであるかどうかということとに起因する。

　〈エソポ〉の禁止表現は〈ヘイケ〉〈高野本〉と比較して高率である。〈エソポ〉の終助詞「な」の多くは行為を禁じる形で教訓を表すために用いられる。終助詞「な」は教訓性の高い〈エソポ〉という作品の内容を反映する助詞である。

注

1) 形式名詞「あひだ」「うへ」は自立語と付属語（助詞）と二重に計量している。
2) 林四郎（1971）は基本語彙をめぐって五つの概念を立て、その一つとして基幹語彙（ある語集団の基幹部として存在する語彙）という概念を提案した。真田信治（1977）は基本語彙および基礎語彙に関しての概念を整理して基本語彙・基幹語彙・基礎語彙の三つの概念をまとめ、基幹語彙の定義を、ある特定語集団を対象としての語彙調査から直接に得られる、その語集団の骨格的部分集団とした。
3) 近藤政美（2002）では〈ヘイケ〉と〈高野本〉を対応させ、〈高野本〉に「こそ」が存するのに、〈ヘイケ〉で他の語句が対応したり、〈ヘイケ〉で対応する語句が存しなかったりする現象から、室町時代末期の話し言葉から係助詞「こそ」の使用が衰退したことを指摘している。
4) 『日本国語大辞典　第二版』1（小学館　2000）『広辞苑　第五版』（岩波書店　1998）などは「いつぞや」の見出し項目を立てて副詞とし、［学研古語］は「いつぞや」を連語としている。『日本古典対照分類語彙表』（笠間書院　2014）には項目がない。
5) 「な」の接続に二形が見られることに関して、大塚光信（1983）の補注23に「口語の下二段語にあっては（イ）（著者注、未然形＋ナの型を指す）のものが早くあらわれ、やがて（ロ）（著者注、連体形＋ナの型を指す）の混在、そし

て（ロ）の優勢へと変化したものと推定される。」「（イ）は（ロ）とくらべ、極端に使用がすくなかったのではない。」「エソポのも当時の実情を反映しているもの」という判断が示してある。

〈文献〉
大塚光信（1983）『キリシタン版エソポのハブラス私注』　臨川書店
大塚光信・来田隆（1999）『エソポのハブラス本文と総索引』　清文堂出版
梶原正昭・山下宏明　校注（上—1991、下—1993）新日本古典文学大系『平家物語』上下　岩波書店
金田一春彦　監修（1999）『完訳用例古語辞典〔初版〕』　学習研究社
小松英雄ほか（1992）『例解古語辞典〔第三版〕』　三省堂
近藤政美・武山隆昭・近藤三佐子（1996）『平家物語〈高野本〉語彙用例総索引』（自立語篇）　勉誠社
近藤政美・武山隆昭・池村奈代美・濱千代いづみ・近藤三佐子（1998）『平家物語〈高野本〉語彙用例総索引』（付属語篇）　勉誠社
近藤政美・池村奈代美・濱千代いづみ（1999）『天草版平家物語語彙用例総索引』　勉誠出版
近藤政美（2002）「天草版『平家物語』における助詞の基幹語彙について—『平家物語』〈高野本〉との比較を中心にして—」『岐阜聖徳学園大学紀要〈教育学部編〉』第41集
真田信治（1977）「基本語彙・基礎語彙」岩波講座『日本語』9（語彙と意味）岩波書店
林四郎（1971）「語彙調査と基本語彙」『電子計算機による国語研究　Ⅲ』国研報告39　秀英出版
松村明　編（1971）『日本文法大辞典』　明治書院

おわりに

　天草版『エソポのハブラス』（以下、〈エソポ〉）の語彙を、自立語・付属語（助動詞・助詞）に分けて、作品の骨格部分をなす「基幹語彙」の観点で計量的に分析し、語彙と語法の特色を把握するように努めてきた。また、統計上のいろいろな指標を利用して、作品の語彙の傾向を追究した。その結果、次の三領域の角度から作品の語彙と語法を明らかにすることができた。
　1　日本語の変遷を反映するもの
　2　作品の内容を反映するもの
　3　作品の編集態度を反映するもの

1 に関して
　当時の話し言葉で用いられたもの、平安時代から鎌倉時代にはよく用いられたが用いられなくなったもの、その逆で平安時代から鎌倉時代には用いられなかったが新たに用いられるようになったもの等が明白になった。また、〈エソポ〉の自立語の語彙は、奈良時代からの古典 19 作品の中できわめて平均像に近い姿を示すことも判明した。

2 に関して
　〈エソポ〉はイソップの生涯と数々の寓話で構成され、動物がよく登場する。寓話は布教や説教を行うときに話され教訓性が高い。作品の内容によって使用語彙や語法に影響が出ることは想定されるのだが、この作品の内容が語彙や語法に反映していることが数値によって可視的に明らかになった。

3 に関して
　〈エソポ〉は、イエズス会宣教師が日本語を学習するための教科書として翻訳、編集されたものである。同じ目的で編集された天草版『平家物語』（以下、〈ヘイケ〉）と比較すると、助動詞の使用が少ない。また、〈ヘイケ〉が原拠の書き言葉を残しているのに対し、〈エソポ〉は話し言葉で翻訳して

いる。文末が簡略な形で終わっているということは、翻訳以前の姿を継承していることも推測されるが、日本語学習者には負担が少ない。1において、〈エソポ〉の自立語の語彙は日本の古典作品の中できわめて平均像に近いことを指摘したが、そのことは学習のための語彙を選んでいるということの裏返しでもあろう。〈ヘイケ〉の語彙との関係では、互いの不足する部分を補完する形をとっていることも判明した。
　〈エソポ〉の語彙と語法を考察すると、よりよい学習教材を作成しようとした編集姿勢が明瞭になってくる。

第二部

古活字本『伊曽保物語』・
『教訓近道』の疑問表現

はじめに

　第二部においては、まず古活字本『伊曽保物語』の疑問表現を疑問詞疑問文と肯否疑問文に分けて整理し、用法を分析して考察する。次に『教訓近道』の疑問表現を整理し、古活字本『伊曽保物語』との比較を通して用法を考察する。
　我々は子どものころよりイソップ寓話集に親しんできたが、日本に初めて紹介されたのは1593年刊記のローマ字綴りの天草版『エソポのハブラス』である。以来、江戸時代初期には古活字による漢字仮名交じりの『伊曽保物語』が刊行され、よく読まれたと推せる。現在伝わっているものには無刊記の版本が多いが、寛永十六年（1639）の刊記のものが存在するので、成立時期はそれを下らない。
　古活字本『伊曽保物語』と天草版『エソポのハブラス』とには共通の文語祖本が存したであろうと推察されるが、天草版『エソポのハブラス』の下巻に相当する部分は、双方の収録寓話に大きな相違がある。疑問表現を考察するのに、室町時代末期の話し言葉を反映している文献として、天草版『エソポのハブラス』は早くから取り上げられている[1]が、古活字本『伊曽保物語』は文語文体が基調であるためか取り上げられない。しかし、古活字本『伊曽保物語』には寓話集という性格から会話文が多数見られ、疑問文も多く拾える。また、江戸時代を通じてよく読まれたので、当時の人々の感覚に沿った文体である。古活字本『伊曽保物語』の疑問表現の分析には意義があると考える。
　次に『教訓近道』についてであるが、これは天保15年（1844）に刊行された教訓話の合巻である。その作者は初代の為永春水、画工は歌川貞重である。為永春水は万治二年（1659）整版本『伊曽保物語』を所持していたと見られる。イソップ寓話16話を取り上げ、さらに中国古典から3話を採集して一書にまとめている。イソップ寓話の持つ面白さと教訓性に着目して刊行

したのであろう。中国古典からも採集し、キリシタン文学との関わりを知られないように心配りしている。『教訓近道』と『伊曽保物語』の共通の話材を調査することで、対応部分の疑問表現の形式と用法を比較できるので、『教訓近道』の疑問表現の分析には意義があると考える。

調査に主として用いるのは次の文献である。
　a　「伊曽保物語」（日本古典文学大系『仮名草子集』所収）
　b　「翻刻『絵入教訓近道』―イソップの合巻本」
　c　「伊曽保物語（万治二年板）」（『仮名草子集成』所収）

ここで疑問表現というのは、疑いや問いを表す文のことで、三種類の形式に分けられる。第一に、わからない部分の内容を疑問詞によって表す文で、これを疑問詞疑問文（WH疑問文、補充疑問文ともいう）と呼ぶことにする。第二に、述べられた内容が成立するかどうかわからないことを表す文で、これを肯否疑問文（YES/NO疑問文、真偽疑問文ともいう）と呼ぶことにする。第三に、わからない部分を選択肢で示す文で、選択疑問文と呼ぶ。それぞれ例をあげると次のようである。括弧の中に日本古典文学大系『仮名草子集』の頁・行を示す。

　(1)　「その徳いかほどあるぞ。」と問ふ。(398-6)
　(2)　「我汝を買ひとるべし。そのとき逃げ去るべきや。」と仰せければ、(363-7)
　(3)　母上のあるかせ給ふは縦ありきか、そばありきか。」と笑ひければ、(453-13, 14)

疑問表現は疑いや問いの意味を表すばかりでなく、その延長線上にある反語や詠嘆、勧誘等の意味を表すことがある。ここでは用例を広く集めるため、上記のような三種類の疑問文の形式をとる文を疑問表現として取り上げる。また、次のような名詞句化している例や従属節の例も含める。

　(4)　しやんといそほに仰けるは、「風呂は広きや、見て参れ。」とありければ、かしこまつてまかり出で、(367-14)

風呂の混雑状態を尋ねる内容で、疑問文が名詞句化している。現代語では

カドウカを付けて「風呂がすいているかどうか」という意味になる。
　(5)「さればとや、ただ今御辺の物語し給ふ事を告げ知らせんとや思は
　　　れけん、犬二疋馳せきたられ候。」と申ければ、(426-10)
「犬二疋馳せきたられ候」の主節に対して疑問文「ただ今御辺の物語し給ふ事を告げ知らせんとや思はれけん」が従属節になる。
　しかし、明らかに感動表現と判断できるものは省く。例(5)の「さればとや」は「だからこそ」という意味で、相手のことばを受けて発する語である。助詞「や」を含んでいるが[2]、このような感動詞的用法のものは除く。
　以下、第一章で古活字本『伊曽保物語』の疑問詞疑問文、第二章で古活字本『伊曽保物語』の肯否疑問文、第三章で『教訓近道』の疑問表現を取り上げて考察し、江戸時代初期と江戸時代末期の疑問表現について、形式と用法の観点から特色を把握するように努める。

注
1)　柳田征司（1985）は『天草版伊曽保物語』（天草版『エソポのハブラス』）を取り上げ、『竹取物語』との比較を通して、文中に助詞カ、ヤを置く表現が反語の固定的表現の場合を除いて行われなくなる様子を記している。
2)　古活字本の書陵部蔵本や万治二年製版本ではこの部分に「とや」がなく、「されば」になっている。

〈文献〉
朝倉治彦　編（1982）「伊曽保物語（万治二年板）」『仮名草子集成』第3巻　東京堂出版
武藤禎夫（1995）「翻刻『絵入教訓近道』―イソップの合巻本」『共立女子短期大学文科紀要』38
森田武（1965）校注・解説「伊曽保物語」（日本古典文学大系『仮名草子集』）岩波書店
柳田征司（1985）『室町時代の国語』　東京堂出版

第一章　古活字本『伊曽保物語』の疑問詞疑問文

キーワード：伊曽保物語　疑問詞疑問文　表現の固定化　文末助詞「や」
　　　　　　文末助詞「ぞ」

1　はじめに

　本研究の目的は古活字本『伊曽保物語』の疑問表現のうち、疑問詞を持つものを取り上げてその形式を整理し、形式と用法の観点で特色を把握することである。古活字本『伊曽保物語』の疑問詞疑問文の諸形式は『平家物語』にひととおり存在している[1]。その点では鎌倉時代前期の形式を継承しているといえるが、古活字本『伊曽保物語』には文末を「や」で結ぶ例が多く、表現の固定化も見られる。疑問詞疑問文の形式と文脈の中で表す意味との関わりを中心に分析し、前時代・同時代の他作品との比較を行い、古活字本『伊曽保物語』の疑問詞疑問文の傾向を考察する。

　調査に用いるのは日本古典文学大系『仮名草子集』に収録されている「伊曽保物語」である。これは無刊記第一種に分類される国立国会図書館蔵本を底本にしている。無刊記第一種本は『伊曽保物語』諸本の中で最も古いと推定されるものである[2]。これを〈伊曽保〉〈伊〉と略して呼ぶ。また、調査の過程で影印、宮内庁書陵部蔵本、寛永十六年刊記本、万治二年整版本[3]も参考にし、それぞれ〈エソポ〉〈エ〉、書陵部本、寛永本、万治本と略して呼ぶ。書陵部本は無刊記第五種に属し、第一種の本文をうけたもののようである。第一種がもとの本文を誤ってうけつぎ、第五種が正しくうけついだと見られる部分が存在することから、第五種が拠ったのは第一種のもとになった本とも考えられている。万治本は文意が通るように手を加えた跡があるが、大部分が寛永本の本文に合致し、寛永本は第五種の本文にほとんど合致す

る[4]。なお、読みやすくするために、歴史的仮名遣いに直し、適宜送り仮名や句読点を付し、踊り字を仮名に直すなどの手を加えて引用する。また章末に疑問詞疑問文の一覧を付表として掲載する。

2 疑問詞疑問文の形式

　疑問詞疑問文はわからない部分の内容を疑問詞によって表す文である。小田（2007）は岡崎（1996）を整理して、古代語の疑問詞疑問文の基本形式をまとめている。その記述に基づいて三形式を示す。
　　Ⅰ　疑問詞を用いる。（文末は連体形で結ぶ）
　　Ⅱ　「疑問詞（を含む成分）＋か」を用いる。（文末は連体形で結ぶ）
　　Ⅲ　疑問詞を用い、文末を「ぞ」で結ぶ。
〈伊曽保〉には上記の三形式のほかにさまざまな形式が存在する。そこで、実態に合わせて整理し、文中の助詞の有無・文末の形式に従い、次のように分類する。
　（A）　疑問詞（を含む成分）を用い、文末を連体形で結ぶ。（上記Ⅰ）
　（B）　「疑問詞（を含む成分）＋か」を用い、文末を連体形で結ぶ。
　　　（上記Ⅱ）
　（C）　疑問詞（を含む成分）を用い、文末を「ぞ」で結ぶ。（上記Ⅲ）
　（D）　「疑問詞（を含む成分）＋か」を用い、文末を「ぞ」で結ぶ。
　（E）　疑問詞（を含む成分）を用い、文末を「や」で結ぶ。
　（F）　「疑問詞（を含む成分）＋か」を用い、文末を「や」で結ぶ。
　（G）　疑問詞（を含む成分）を用い、文末を「ぞや」で結ぶ。
　（H）　疑問詞（を含む成分）を用い、文末を「とや」で結ぶ。
　（I）　文末を疑問詞で結ぶ。
　（J）　文末を「疑問詞（を含む成分）＋ぞ」で結ぶ。
　（K）　文末を「疑問詞（を含む成分）＋ぞや」で結ぶ。
　（L）　疑問詞のみ。
　（M）　「疑問詞（を含む成分）＋ぞ」のみ。

これらの形式が会話文・地の文・心内文（独言を含む）のどの文体に現れ、問い・疑い・反語のどれを表すかに分けて計量する。ここで扱う「問い」とは、ある一つの懸案を相手目当てに表明して、その解答を求めようとする表現である。そして「疑い」とは、ある一つの懸案について結論を出しかねて、内心で思い迷うという形の表現である[5]。諸形式の計量結果を示すと表1のようになる。この表では、疑問詞（を含む成分）を符号WH、助詞を片仮名で示す。

表1 〈伊曽保〉の疑問詞疑問文の形式

分類	形式	会話文 問い	会話文 反語	地の文 疑い	地の文 反語	心内文 疑い	心内文 反語	計
(A)	WH—	3	3	0	1	0	0	7
(B)	WH＋カ—	6	10	5	7	1	3	32
(C)	WH—ゾ	22	1	0	0	0	0	23
(D)	WH＋カ—ゾ	14	0	0	0	0	0	14
(E)	WH—ヤ	4	3	0	0	0	1	8
(F)	WH＋カ—ヤ	6	8	0	1	0	0	15
(G)	WH—ゾヤ	2	0	0	0	0	0	2
(H)	WH—トヤ	1	0	0	0	0	0	1
(I)	—WH	10	0	0	0	0	0	10
(J)	—WH＋ゾ	12	0	0	0	0	0	12
(K)	—WH＋ゾヤ	2	1	0	0	0	0	3
(L)	WH	4	0	0	0	0	0	4
(M)	WH＋ゾ	1	0	0	0	0	0	1
計		87	26	5	9	1	4	132
		113		14		5		

この表から次の点が指摘できる。

a 「疑問詞（を含む成分）＋か」を用い、文末を連体形で結ぶ形式が最も多く、会話文・地の文・心内文のどれにも現れる。反語が多いが、会話文では問い、地の文・心内文では疑いに用いられる。

b　文末を「ぞ」で結ぶ形式は会話文にのみ現れ、主として問いに用いられる。
　c　文末を「や」で結ぶ形式は主として会話文に現れ、問いにも反語にも同じ程度に用いられる。
　d　文末を疑問詞（を含む成分）で結ぶ形式は会話文にのみ現れ、主として問いに用いられる。
　e　会話文にはさまざまな形式が現れるが、地の文には主として文末を連体形で結ぶ形式が現れる。心内文には主として「疑問詞（を含む成分）＋か」を用い、文末を連体形で結ぶ形式が現れる。

　（A）から（M）までの形式は、文頭・文中に疑問詞（を含む成分）を用いる形式（（A）〜（H））、文末に疑問詞（を含む成分）を用いる形式（（I）〜（K））、文が疑問詞（を含む成分）で成立する形式（（L）(M)）に分けられる。以下、まず、文頭・文中に疑問詞（を含む成分）を用いる形式、次に残りの形式の用例を検討する。

3　文頭・文中に疑問詞（を含む成分）を用いる形式

3.1　文末を連体形で結ぶ形式
　文末を連体形で結ぶ形式は先の分類のうちの（A）(B)である。

（A）の形式
　例①②は問い、例③④は反語を表している。
　　①　（鼠が）僉議しけるは、「…かの猫、…ひそかに近づきたる程に、油断して取らるるのみなり。いかがはせん。」といひければ、故老の鼠進み出でて申けるは、(451-11)
　　②　（盗人が）さし寄りて、「いかなる事を悲しむ。」といへば、わらんべ云やう、(457-10)
　　③　しやんとおどろきさわぎ、「こは誠に侍るや。なにとしてあの潮を二

第一章　古活字本『伊曽保物語』の疑問詞疑問文　147

口とも飲み候べき。いかにいかに。」とばかりなり。(369-13)
④　(狐が)笑つて云はく、「さてもさても御辺はおろかなる人かな。その
　　髭ほど智恵を持ち給はば、われいかがせん。…」とて帰りぬ。(449-5)
　会話文には問いを表すものが３例あり、すべて他問である。例①のように
「いかがはせん。」と問いかけるものが２例ある。また、反語を表すものが３
例あり、推量の助動詞と共起している。例③のように文末を推量の助動詞
「べき」で結ぶものが１例、例④のように疑問詞「いかが」を用い、文末を
推量の助動詞「ん」で結ぶものが２例ある。会話文の６例のうち４例が疑問
詞「いかが」を用いている。「いかが」はイカニカの変化した語形と考えら
れ、既に助詞「か」を含んでいるが（Ａ）に分類した。４例のうちの３例が
「いかが（は）せん」という慣用句になっており、表現の固定化が見られる。
　地の文には反語を表すものが１例あり、疑問詞「なんぞ」[6]を用い、文末
を打消の助動詞「ざる」で結んでいる。寓話に続く教訓部分に見られ、漢文
訓読文体の語法が硬さを感じさせ、有効に利用されている。

(Ｂ) の形式

　例⑤⑥は問い、例⑦⑧は反語、例⑨⑩⑪は疑いを表している。
　⑤　いそ保あざ笑つていはく、「此文字の心を申あらはすにおいては、
　　いかばかりの御褒美にかあづからん。」と申ければ、しやんと答へて
　　云はく、(371-4)
　⑥　鼠さしつどいて申けるは、「何とやらん、この程は、我親類一族も
　　行きがた知らずなり侍るぞ。たれかその行衛を知り給ふ。」といふ。
　　ここに年たけたる鼠進み出て申けるは、(450-9)
　⑦　農人かのいそほが姿を見て、「仰にては候へども、かかるあやしの
　　者の、いかほどの事をか答候べき。」と申ければ、(366-7)
　⑧　わらんべ云やう、「誠には、なにをか秘し申さん、心に憂き事あり。
　　(457-11)
　⑨　其後、何とかしたりけん、かの馬二つの足を踏み折つて、(422-13)
　⑩　何とかしたりける、犬の皮をいばらに引かけて、もとの野牛にぞあ

らはれける。(446-10)
⑪　心に思ふやう、「此事いそ保知らるるならば、たちまち国王へ奏聞して、いかなる流罪にかおこなはれん。」(386-4)

　会話文には問いを表すものが6例あり、すべて他問である。例⑤のように文末を推量の助動詞「ん」で結ぶものが3例、例⑥のように文末に敬語を含むものが3例ある。また、反語を表すものが10例と多く見られる。例⑦のように文末を推量の助動詞「べき」で結ぶものが9例、例⑧のように「ん」で結ぶものが1例ある。

　地の文には疑いを表すものが5例あり、例⑨のように「何とかしたりけん」の形が3例、「何とか思ひけん」の形が1例で、「疑問詞なにと＋か」を用い、文末を推量の助動詞「けん」で結ぶ形式に固定している。しかし、例⑩のように文末を「ける」で結ぶものがあり、この部分は書陵部本・寛永本・万治本も「ける」である。地の文には会話文と同様に反語を表すものが7例と多く見られる。文末を推量の助動詞「べき」で結ぶものが6例、「ん」で結ぶものが1例ある。

　心内文には疑いを表すものが1例ある。例⑪はイソップ（イソホ）の養子の狼狽する心中を描き、文末が推量の助動詞「ん」で結ばれている。心内文には反語が3例あり、すべて「疑問詞なに（し）＋かは」を用い、文末を推量の助動詞「ん」「べき」で結んでいる。そのうちの1例は「なにかはせん」という慣用句になっており、表現の固定化が見られる。

　会話文・地の文・心内文を通して、反語を表すものに推量の助動詞「べき」との共起が見られる。この傾向は『平家物語』にもあり[7]、〈伊曽保〉は固定化した形式を継承している。

　以上をまとめると、次の事が指摘できる。

（a）　文末を連体形で結ぶ形式には、「いかが（は）せん」という慣用句、「疑問詞なにと＋か」を用いて文末を推量の助動詞「けん」で結ぶ形式の多用、文末を推量の助動詞「べき」で結ぶ反語表現の多用など、表現の固定化が見られる。

3.2 文末を「ぞ」で結ぶ形式

文末を「ぞ」で結ぶ形式として取り上げるのは先の分類のうちの（C）（D）である。

（C）の形式

例⑫から例⑮までは問い、例⑯は反語を表す。

⑫　かのしやんと、すぐに二人の者に問ひ給はく、「面々は<u>何事</u>をし侍る<u>ぞ</u>。」と仰ければ、二人もろともに答へて云はく、(362-8)

⑬　(住人が)「その徳<u>いかほど</u>ある<u>ぞ</u>。」と問ふ。侍答へて云はく、(398-6)

⑭　はすとる怒つて云はく、「<u>何とて</u>羊を取られける<u>ぞ</u>。」といひければ、犬答へて云はく、(443-5)

⑮　狐申けるは、「…その異見をば、<u>いづれの人</u>より受けさせ給ふ<u>ぞ</u>。」と申ければ、鳩つたなうして、しかじかの鳥と答ふ。(463-11)

⑯　鴛申けるは、「<u>なに事</u>を歎く<u>ぞ</u>。われこの陣にあらんほどは頼もしく思へ。」と諫めて、(424-2)

この形式はすべて会話文に現れ、例⑯の他はすべて問いを表している。問いを表すもののうち、例⑫のように疑問詞に「何事」を用いるのが6例、例⑭のように「何とて」を用いるものが4例と多い。「なんぞ」「など」各1例も合わせると疑問詞に「なに・なん」を含むものが15例、「いづ」を含むものが3例、「いか」を含むものが3例、「たれ人」が1例である。疑問詞に「なに・なん」を含むものが圧倒的に多い。文末の助詞「ぞ」が推量の助動詞に接続する例はなく、すべて非推量の表現に接続する。23例中16例に敬語が用いられ、相手への配慮が見られる。この形式は相手に事柄を問う代表的な形式である。

なお、例⑫は書陵部本・寛永本も「何事を」であるが、万治本では「何事をか」と「か」が付いている。

150　第二部　古活字本『伊曽保物語』・『教訓近道』の疑問表現

(D) の形式

例⑰から例⑳までは問いを表している。

⑰　いそほ答へて云はく、「ただ其事は其身の心にあるべし。<u>いかでか</u>それがしにたづね給ふ<u>ぞ</u>。」と申す。(363-6)

⑱　狼申けるは、「<u>汝何のゆゑにか</u>悪口しける<u>ぞ</u>。」と怒りければ、羊かさねて申けるは、(404-5)

⑲　(蟬が)「…われにすこしの餌食をたび給へ。」と申ければ、蟻答へて云はく、「御辺は、春秋の営みには<u>なに事をか</u>し給ひける<u>ぞ</u>。」といへば、蟬答へて云はく、(432-7)

⑳　師子王懇ろのあまりに、その身をあそこここを撫で廻して、「<u>いづくか</u>痛き<u>ぞ</u>。」と問へば、驢馬謹しんで云はく、(448-4)

　この形式はすべて会話文に現れ、問いを表している。例⑰はシャントの問いに対するイソップの答えである。「いかでか」以下は問い返しで、シャントの答えを期待しているわけではない。決めるのは主人のシャントだと自覚をうながしている。例⑱は狼の羊に対する理不尽な問いである。狼は何度も言いがかりをつけ、羊は「かさねて」答えている。例⑲は蟬の依頼に対する蟻の問い返しである。例⑱のように疑問詞に「何のゆゑ」を用いるものが4例、例⑲のように疑問詞に「何事」を用いるものが3例など、疑問詞に「なに・なん」を含むものが10例と多い。この形式も（C）と同じく、文末の助詞「ぞ」が推量の助動詞に接続することはなく、全14例中8例に敬語が用いられている。

　ところで、例⑰の「いかでか」は書陵部本・寛永本・万治本に「いかで」とあり、「か」が落ちている。また、例⑱の「何のゆゑにか」は書陵部本・寛永本・万治本に「何（の）故に」とあり、「か」が落ち、文末の「ぞ」も付いていない。このような「か」の現象は、（C）の例⑫「何事を」にもある。伝本により、「疑問詞（を含む成分）＋か」の「か」に出入りがある。

　以上をまとめると、次の事が指摘できる。

（b）　文末を「ぞ」で結ぶ形式は、「ぞ」が非推量の表現に接続し、相手への配慮が見られ、事柄を問う代表的な形式である。

3.3 文末を「や」で結ぶ形式

文末を「や」で結ぶ形式として取り上げるのは先の分類のうちの（E）（F）である。

（E）の形式

例㉑から例㉔までは問い、例㉕は反語を表している。

㉑ いそほ申けるは、「今まではこの家の御主にてわたらせ給ひけれど、あすからは<u>いかがならせ給ふべくや</u>。…」と申ければ、(369-10)

㉒ 男あまりの悲しさに、伊曽保を請じてありのままを語り、「<u>いかにとしてよび返さんや</u>。」と問ひければ、いそ保、「是いとやすき事なり。…」といふ。(400-5)

㉓ （狐が）鳩に申けるは、「御辺は<u>何とてあぶなき所に子を育て給ふや</u>。この所におかせ給へかし。…」と云ければ、おろかなる者にて、誠かと心得て、その子を陸地に産みけり。(463-3)

㉔ 狐近づきて云はく、「…ねぐらに宿り給ふ前後左右より烈しき風吹く時は、<u>いづくにおもてを隠させ給ふや</u>。」と申ければ、烏答へて云はく、(463-15)

㉕ 獅子王心に思やう、「これほどの者共を失ひければとて、<u>いかほどの事あるべきや</u>。」といひて、助け侍りき。(413-8)

この形式は主として会話文に現れ、問い・反語を表している。例㉑㉓は答えを期待しているわけではない。ともに相手の思慮のなさを指摘している。例㉒㉔は他問である。問いの場合の文末は、助詞「や」が例㉑㉒のように推量の助動詞に接続するか、例㉓㉔のように敬語に接続している。反語の場合は助詞「や」が推量の助動詞に接続し、「なんぞ―んや」の句形が２例、「いかが―べきや」の句形が１例ある。例㉕は「思やう」と「といひて」が対応しないが、相手目当てに答えを要求していないので心内文として扱う。会話文の反語と同じく、助詞「や」が推量の助動詞「べき」に接続している。なお、例㉑の文末は書陵部本でも「べくや」とあるが、寛永本・万治本では「べきや」と変更されている。

152　第二部　古活字本『伊曽保物語』・『教訓近道』の疑問表現

（F）の形式

例㉖㉗㉘は問い、例㉙㉚㉛㉜は反語を表している。

㉖　（帝王が）「汝なににようてか猫を打つや。」との給へば、いそほ答へて云はく、（394-8）

㉗　（古老の鼠が）「然らば、このうちより誰出てか、猫の首に鈴を付け給はんや。」といふに、上﨟鼠より下鼠に至るまで、「我付けん。」と云者なし。（451-14）

㉘　かの鳥又申けるは、「いかに御辺、御身にまさりたるつたなき人は候まじ。そのゆゑは、只今御辺に教へける事をば、何とか聞き給ふや。…」とぞ恥ぢしめにける。（468-8）

㉙　伊曽保答へて云はく、「…しからば相手なにとか答候べきや。その時、御あらがひも理運を開かせ給ふべけれ。」と申ければ、「げにも。」とよろこび給へり。（370-4）

㉚　（イソップが）「いかに人々聞給へ。…しかるを、不慮の災禍によって、りいひやの国王よりみつきものをゆるし給ふこと、これわが才智のなす所なり。これにあらずんば、いかでか御恩を報ずべけんや。…」と語ければ、（378-12）

㉛　羊答へて云はく、「われ此河裾にあつて濁しける程に、いかでか河の上の障りとならんや。」と申ければ、（403-13）

㉜　ひとりなにものか世に誇るべきや。（439-15）

この形式も主として会話文に現れ、問い・反語を表している。会話文の問いの場合、例㉖のように助詞「や」が非推量の表現に接続するものが3例、例㉗のように推量の助動詞「ん」「べき」に接続するものが3例あり、非推量の表現にも推量表現にも接続する。また、3例は会話の方向が主人から使用人へ、帝王からイソップへ（例㉖）、古老から大勢へ（例㉗）というように、高位の話し手から低位の聞き手に向いている。例㉖㉗は他問であるが、例㉘は相手の未熟さ・思慮のなさを指摘する表現で、答えを期待していない。

反語の場合、「や」がすべて推量の助動詞に接続している。例㉚はイソップがリジヤの国からサンに帰り、サンの人々に威儀を正して語る場面で、

「べけんや」は漢文訓読文体である。例㉛の「いかでか」は書陵部本・寛永本・万治本に「いかで」とあり、「か」が落ちている。

　文末を「や」で結ぶ形式の中で、例㉜のみが地の文に現れる。この例は寓話に続く教訓部分の最後に見られる。読者へ訓蒙を語りかけようとする意識が働いている。

　船城（1968）は『今昔物語集』を中心に用いて調査し、文末を「や」で結ぶ形式が漢文訓読文体特有の語法で、漢文の文末助辞を「や」と訓読したことで起きたと指摘している。〈伊曽保〉では会話文に多く現れるが、上位者から下位者への会話や威儀を正して語る場面、相手の思慮のなさや未熟さを指摘する表現として用いられている。漢文訓読文体の語法であることが硬い印象を与えるのに効果をあげている。

　その他に少数の（G）（H）の形式がある。「ぞや」は『平家物語』によく見られる。

㉝　（シャントが）「…汝いづくにて生れけるぞや。」と仰ければ、いそほ答へていはく、(362-11)

㉞　（男の妻が）「なんぞ御辺はことなる妻をよぶとや。ゆめゆめその儀かなはじ。」などと怒りければ、男笑つていはく、(400-10)

以上をまとめると次の事が指摘できる。

（ｃ）　文末を「や」で結ぶ形式では、問いを表す場合、「や」が推量表現にも非推量の表現にも接続するが、反語を表す場合は推量表現に接続して形式が固定している。

（ｄ）　文末を「や」で結ぶ形式は漢文訓読文体特有の語法に由来するが、上位者から下位者への会話や威儀を正して語る場面、相手の思慮のなさや未熟さを指摘する表現に用いられ、硬い印象を与えるのに効果をあげている。

4 文末に疑問詞（を含む成分）を用いる形式、文が疑問詞（を含む成分）で成立する形式

文末に疑問詞（を含む成分）を用いる形式は先の分類のうちの（Ⅰ）〜（K）である。

（Ⅰ）の形式

述語が疑問詞（を含む成分）である場合、平安時代には「主語＋や＋疑問詞」という形式になっている。〈伊曽保〉では「名詞句＋疑問詞」の形式になっており、名詞句と疑問詞の間に「は」「において」の入る形式も見られるが、「や」の入る形式は見られない。

① しやんといそほに問ひ給はく、「我汝を買ひ取るべし。汝においていかん。」と仰ければ、(363-5)

② 守護識よりしやんとのもとに使者を立てて、法事の庭に召し請じ、「此事いかに。」と問ひ給へば、(373-2)

例①は「において」の入ったものである。例②は何も入らないもので、「此事」は守護の指輪を鷲がつかんで飛び去ったことを受けている。この形式は短文が多い。全10例のうち、文末の疑問詞は「いかん」5例、「いかに」4例、「いかが」1例で、固定化が見られる。

（J）の形式

この形式は文末が疑問詞を含む名詞句に「ぞ」がついた形になっている。

③ 「汝に母の胎内問はず。汝が生れたる所はいづくの国ぞ。」と仰ければ、(362-13)

④ 「手に据ゑさせ給ふはなに物ぞ。」と問ふ。(398-3)

全12例のうち、11例は助詞「は」を伴い、「名詞句＋は＋疑問詞を含む名詞句＋ぞ」の形式になっている。「なにごとぞ」が3例、「なにものぞ」が4例見られ、固定化が進んでいる。

第一章　古活字本『伊曽保物語』の疑問詞疑問文　155

　その他に少数の（K）の形式がある。助詞「や」により、語調がやわらげられる。

　⑤　住人案じて云はく、「其費えいくばくぞや。」(398-6)

　文が疑問詞（を含む成分）で成立する形式は先の分類のうちの（L）（M）である。

（L）の形式

　⑥　その後、御門いそ保を召して、かの不審を「いかに。」と仰ければ、「いとやすき不審にてこそ候へ。…」と奏しける。(388-12)
　⑦　ねたなを帝王、いそ保に問給はく、「けれしやの国の駒いな鳴時は、当国の驛駅はらむ事あり。いかん。」との給へば、いそ保申けるは、「たやすく答がたう候。いかさまにも明日こそ奏すべけれ。」とて、御前をまかり立つ。(394-4)
　⑧　農人かのいそほが姿を見て、「仰にては候へども、かかるあやしの者の、いかほどの事をか答候べき。」と申ければ、いそほ聞きて、「いかが、汝が云所道理に漏れたり。答ふる所外れずは、なんぞ姿の見にくきによらんや。…」(366-8)

　例⑥・例⑦は疑問詞１語の文より前にある難題の解答を尋ねている。例⑥の難題を指す「かの不審」は、前章でエジプト王からかけられた問いのことである。例⑦の難題は直前の文に示されている。同様の例として「いかに」(406-13)がある。

　例⑧の疑問詞「いかが」は農人の言に対してイソップが根拠をあげて反論する冒頭のことばである。日本古典文学大系『仮名草子集』では「いかが」の注に「『いかが答へざらん』の意。」とあり、反語で解釈している。これに従うと、外見で能力を低く判断されたことに反感を持ち、知恵者であることを主張したことになる。そうであるなら、「いかが」の直後にイソップの知恵が紹介されなければならない。しかし、「いかが」の直後には「汝が云所道理に漏れたり。…」（あなたの言い分は道理が通らない。正しく答えが出てくるなら、

答える人の姿が醜いかどうかなど関係ない。）とイソップの考えが続く。「いかが」を反語で解釈すると、その直後の文脈との間に齟齬がある。冒頭にある「いかが」という一言は、イソップを外見で判断し、イソップには答えられないと決めつける農人の論理に対し、同意できない心理を表していると判断する。〈エソポ〉では反語の言葉はなく、イソップの考えがまず述べられる。このことは〈伊曽保〉の「いかが」が農人の論理への疑念を表すもので、「答えないことがあろうか」などという反語を表すものではないことの傍証になる。

「いかにいかに」が２例（369-13）（387-12）見られるが、感動詞として処理した。

　（M）の形式（「疑問詞（を含む成分）＋ぞ」のみ。）は１例である。
　⑨　野牛、「…久しくあらそふことの侍れば、御裁判をもつて後何共計らはせ給へかし。」と申ければ、狼、「なに事ぞ。」と問ふ。野牛答へて云はく、(441-3)

この例は「久しくあらそふこと」の内容を尋ねている。
　（L）の形式で使われる疑問詞は「いかん」「いかに」「いかが」で、（Ｉ）の形式で使われた疑問詞と同じである。また、（M）の形式も（Ｊ）に多い「なにごとぞ」である。

以上をまとめると、次の事が指摘できる。
　（ａ）　文末に疑問詞（を含む成分）を用いる形式と、文が疑問詞（を含む成分）で成立する形式は、表現に固定化が見られる。

5　おわりに

〈伊曽保〉の疑問詞疑問文の諸形式は『平家物語』にひととおり存在している。〈伊曽保〉では古代語の基本形式Ⅰ［疑問詞（を含む成分）を用い、文末を連体形で結ぶ。］は少なく約５％、基本形式Ⅱ［「疑問詞（を含む成分）＋か」を用い、文末を連体形で結ぶ。］は最も多く約24％、基本形式Ⅲ［疑問詞

第一章　古活字本『伊曽保物語』の疑問詞疑問文　157

（を含む成分）を用い、文末を「ぞ」で結ぶ。〕は約17％で、合計すると五割弱にあたる。ところで、鎌倉時代末期の女房の回想録『とはずがたり』を見ると、基本形式Ⅰは一割弱、基本形式Ⅱは述語が省略されて文末を「か（は）」で結ぶ形も含めると五割強、基本形式Ⅲは二割弱存在する[8]。基本形式ⅠⅡⅢで疑問詞疑問文の八割を占めるのである。三百年の時間と文体の相違があるが、〈伊曽保〉の疑問詞疑問文の形式がバラエティに富むことが知られる。

　〈伊曽保〉とほぼ同時期に成立した作品では基本形式Ⅲが多く現れる。話し言葉を反映する〈エソポ〉・天草版『平家物語』（以下、〈ヘイケ〉）ではとくに多く、笑話を収集した『醒睡笑』でもやや多い[9]。室町時代末期から江戸時代初期の話し言葉によく用いられていたと考えてよい。これらの同時期の作品に比べて〈伊曽保〉は基本形式Ⅲが少ない。しかし、〈伊曽保〉では相手へ配慮しつつ、事柄を問う代表的な形式として用いられている。

　山口（1990）は中世の特徴に、疑問詞疑問文にも文末を「か」で結ぶ形式が現れること、「疑問詞（を含む成分）＋や」を文中に持つ形式が一般化することを挙げている。中世の疑問詞疑問文の「か・や・ぞ」の現れ方について、文末を「か」で結ぶ形式は「や」で結ぶ形式より勢いが劣り、「ぞ」で結ぶ形式にはさらに劣っていると指摘している。そして、近世の「や」は文語的な文体に残る程度になり、そのような文体には肯否疑問文・疑問詞疑問文ともに、係り結び形式、文末助詞形式が見られると指摘している。

　文末を「か」で結ぶ形式は院政期に見られ、〈ヘイケ〉に一割程現れる。しかし、〈エソポ〉・『醒睡笑』では用例が少ない[10]。この形式は室町時代末期から江戸時代初期において話し言葉で用いられていたが、話し言葉を映した作品への取り入れ方も少なく、〈伊曽保〉には現れない。また、「疑問詞（を含む成分）＋や」を文中に持つ形式も〈伊曽保〉には現れない。

　〈伊曽保〉では前時代・同時代の他作品と比べて、文末を「や」で結ぶ形式が多用されている。この漢文訓読文体特有の形式は『今昔物語集』では数の上で少量である。『平家物語』に少々見られるが、『とはずがたり』には見られない。〈エソポ〉になく、〈ヘイケ〉にわずかにあるが、『醒睡笑』によく見られる[11]。文末を「や」で結ぶ形式は室町時代末期から江戸時代初期

の、文語文体を基調とし、話し言葉を含んでいる作品に用いられている。この形式が時を経て文語文体になじんだ様子がうかがえる。〈伊曽保〉では上位者から下位者への会話や威儀を正して語る場面、相手の思慮のなさや未熟さを指摘する表現に用い、硬い印象を与えるのに効果をあげている。

注

1) 『平家物語〈高野本〉語彙用例総索引』（自立語篇）、（付属語篇）を用いて確認した。
2) 柊源一（1960）は中川芳雄氏の版本調査に基づき、無刊記第一種本を「慶長元和頃と認めて慶元本といはれてゐる」と解説している。
3) 次の文献を用いて調査した。〈伊曽保〉…日本古典文学大系『仮名草子集』所収「伊曽保物語」、影印…『古活字本伊曽保物語』、書陵部本…『仮名草子集成』第3巻所収「伊曽保物語（寛永古活字版）」、寛永本…同「伊曽保物語（寛永十六年古活字版）」、万治本…同「伊曽保物語（万治二年板）」
4) 書陵部本・寛永本・万治本の関係は、森田武（1965）の解説に基づく。
5) 阪倉篤義（1993）に拠る。
　　「疑いの表現」というのは、ある一つの懸案について結論を出しかねて、内心であれかこれかと思い迷うというかたちの表現である。いわば自分に答えを求めているものである。これに対して「問いの表現」は、そういう内容を相手目当てに表明して、その解答を求めようとする表現である。
　　（141頁）
6) 「なんぞ」を「なん」と「ぞ」に分けて文中に「ぞ」を持つ形式とする捉え方もできるが、「なん」と「ぞ」の結びつきが強いこと、「ぞ」の付く語が他にないことから、「なんぞ」で一語の疑問詞とした。
7) 磯部佳宏（1992）によると、反語を表す場合、『源氏物語』では文末「む」が圧倒的多数であったが、『平家物語』では文末「べき」が標準形となっている。
8) 磯部佳宏（1997）によると、374例中35例が基本形式Ⅰに、205例が基本形式Ⅱに、64例が基本形式Ⅲに分類される。
9) 河周姈（2010）によると、文中に「か」を持つ形式は少ないようであるが、それも含めて、〈エソポ〉の疑問詞疑問文110例中74例、〈ヘイケ〉の360例中234例、『醒睡笑』の482例中149例が文末を「ぞ」で結ぶ。
10) 河周姈（2010）によると、〈ヘイケ〉の疑問詞疑問文360例中36例、〈エソポ〉の110例中5例、『醒睡笑』の482例中18例が文末を「か」で結ぶ。
11) 河周姈（2010）によると、〈ヘイケ〉の疑問詞疑問文360例中3例、『醒睡

笑』の482例中114例が文末を「や」で結ぶ。

〈文献〉
朝倉治彦　編（1982）『仮名草子集成』第3巻　東京堂出版
磯部佳宏（1992）「『平家物語』の要説明疑問表現」『辻村敏樹教授古稀記念日本語史の諸問題』　明治書院
磯部佳宏（1997）「『とはずがたり』の疑問表現（上）―要説明疑問表現の場合―」『日本文学研究』32
岡崎正継（1996）『国語助詞論攷』　おうふう
小田勝（2007）『古代日本語文法』　おうふう
近藤政美・武山隆昭・近藤三佐子（1996）『平家物語〈高野本〉語彙用例総索引』（自立語篇）　勉誠社
近藤政美・武山隆昭・池村奈代美・濱千代いづみ・近藤三佐子（1998）『平家物語〈高野本〉語彙用例総索引』（付属語篇）　勉誠社
阪倉篤義（1993）『日本語表現の流れ』　岩波書店
中川芳雄　解説（1994）『古活字本伊勢保物語』国立国会図書館所蔵本影印　勉誠社再版
柊源一（1960）「イソポのハブラス　解説」『吉利支丹文学集』下　朝日新聞社
船城俊太郎（1968）「平安時代漢文訓読疑問詞疑問文の一文型―今昔物語集を中心にして―」『国文学　言語と文芸』10巻3号　大修館書店
森田武（1965）校注・解説「伊曽保物語」（日本古典文学大系『仮名草子集』）岩波書店
山口堯二（1990）『日本語疑問表現通史』　明治書院
河周姈（2010）『中近世日本語の終助詞』　専修大学出版局

付表の見方
○巻　〈伊曽保〉の巻
○頁行　『古活字本伊曽保物語』国立国会図書館所蔵本影印（勉誠社1994再版）の物語部分の丁・表裏・行
○大系頁・大系行・伊曽保古活字本　日本古典文学大系『仮名草子集』（岩波書店　1965）の頁・行・本文　大系本文の漢字表記に対し、底本の仮名表記を優先した部分もある。
○文体　会＝会話文、地＝地の文、心＝心内文
○分類・形式　表1の分類と形式
○表現　問い・疑い・反語

付表　疑問詞疑問文

巻	頁行	大系頁	大系行	伊曽保古活字本
上	2オ 4	362	6	御辺の召し具しける者どもは、なに事をかはし侍るぞ。
上	2オ 7	362	8	面々は何事をし侍るぞ。
上	2オ 9	362	10	汝はいかなる物ぞ。
上	2オ11	362	11	汝いづくにて生れけるぞや。
上	2ウ 3	362	13	汝が生れたる所はいづくの国ぞ。
上	2ウ 7	362	15	さて、汝はなに事をかしり侍。」と問はせ給へば、いそほ答へて云はく、
上	2ウ10	363	1	汝なにのゆゑにかしわざなきや。
上	3オ 1	363	2	われなにをかなすと申べき。
上	3オ 2	363	4	その故は、件の両人、あらゆるほどの事をば知るといへり。是に漏れて、われなにをか知り候べきや。
上	3オ 4	363	5	我汝を買ひ取るべし。汝においていかん。
上	3オ 6	363	6	ただ其事は其身の心にあるべし。いかでかそれがしにたづね給ふぞ。
上	3ウ 3	363	12	これはたれの召し具し給ふ物ぞ。
上	5ウ 5	366	2	それ天地の間に生ずる所の草木を見るに、ただ雨露（うろ）のめぐみをもつて生長（せいぢやう）する事なし。此いはれいかに。
上	6オ 2	366	7	仰にては候へども、かかるあやしの者の、いかほどの事をか答候べき。
上	6オ 3	366	8	いそほ聞きて、「いかが、汝が云所道理に漏れたり。
上	6オ 4	366	8	答ふる所外れずは、なんぞ姿のみにくきによらんや。
上	6ウ 6	367	3	世間の珍しき物にけだものの舌をもとむる事なに事ぞ。
上	7オ 3	367	9	これは世間第一珍しき物にてこそあれ、悪しき物とはなに事ぞ。
上	7ウ 1	368	1	汝いづくよりいづかたへゆくぞ。
上	8オ 3	368	11	汝なにのゆゑをもつてか風呂には人一人といひけるぞ。
上	8ウ 3	369	4	もし飲み給はずは、なに事をかあたへ給ふべきや。
上	8ウ10	369	10	今まではこの家の御主（おぬし）にてわたらせ給ひけれど、あすからはいかがならせ給ふべくや。
上	9オ 3	369	13	こは誠に侍るや。なにとしてあの潮を二口とも飲み候べき。

第一章　古活字本『伊曽保物語』の疑問詞疑問文　　161

文体	話　手	聞　手	分類	形　式	表現
会	しやんと	商人	(D)	WH＋カ－ゾ	問い
会	しやんと	二人の者	(C)	WH－ゾ	問い
会	しやんと	いそほ	(J)	－WH＋ゾ	問い
会	しやんと	いそほ	(G)	WH－ゾヤ	問い
会	しやんと	いそほ	(J)	－WH＋ゾ	問い
会	しやんと	いそほ	(B)	WH＋カ－	問い
会	しやんと	いそほ	(F)	WH＋カ－ヤ	問い
会	いそほ	しやんと	(B)	WH＋カ－	反語
会	いそほ	しやんと	(F)	WH＋カ－ヤ	反語
会	しやんと	いそほ	(I)	－WH	問い
会	いそほ	しやんと	(D)	WH＋カ－ゾ	問い
会	関の者	しやんと、商人	(J)	－WH＋ゾ	問い
会	農人	しやんと	(I)	－WH	問い
会	農人	しやんと	(B)	WH＋カ－	反語
会	いそほ	農人	(L)	WH	問い
会	いそほ	農人	(E)	WH－ヤ	反語
会	しやんと	いそほ	(J)	－WH＋ゾ	問い
会	しやんと	いそほ	(J)	－WH＋ゾ	問い
会	ある人	いそほ	(C)	WH－ゾ	問い
会	しやんと	いそほ	(D)	WH＋カ－ゾ	問い
会	ある人	しやんと	(F)	WH＋カ－ヤ	問い
会	いそほ	しやんと	(E)	WH－ヤ	問い
会	しやんと	いそほ	(A)	WH－	反語

162　第二部　古活字本『伊曽保物語』・『教訓近道』の疑問表現

巻	頁行	大系頁	大系行	伊曽保古活字本
上	9ウ2	370	4	しからば相手なにとか答候べきや。
上	10オ10	371	4	此文字の心を申あらはすにおいては、いかばかりの御褒美にかあづからん。
上	12オ6	373	2	此事（守護の指輪を鷲がつかんで飛び去ったこと）いかに。
上	12ウ4	373	8	殿は何事を御案（おんあん）じ給ふぞ。
上	13オ8	374	2	それ君子は、いやしきにをれども、いやしからず。縕袍を着ても恥ぢず。なんぞ姿のよしあしによらんや。道理こそ聞かまほしけれ。
上	13ウ8	374	9	惜しみ給ふ所もことわりなれども、この子細を聞かんにおいては、なに事をか報ずべきや。
上	18オ1	378	12	しかるを、不慮の災禍によつて、りいひやの国王よりみつきものをゆるし給ふこと、これわが才智のなす所なり。これにあらずんば、いかでか御恩を報ずべけんや。
上	19ウ3	380	5	今はなにをかつつむべき。
上	22オ10	383	3	いかなれば御辺はかねを取り給はぬぞ。
上	23ウ3	384	7	御辺たちは、いかにしてか此所にきたり給ふぞ。
上	23ウ5	384	8	いそ保は何事をの給ふぞ。
上	23ウ7	384	10	御邊の夢はいかに。
上	23ウ10	384	12	然ば、肴をおきてはなにかはせんと思ひて、それがしことごとく給はりぬと夢に見侍る。
上	25オ8	386	4	此事いそ保知らるるならば、たちまち国王へ奏聞して、いかなる流罪にかおこなはれん。
上	26ウ5	387	8	この事（エジプトのねたなを王の難問）いかが。
上	27オ6	388	2	今はなにをかつつみ申べき。
上	27ウ11	388	12	その後、御門いそ保を召して、かの不審を「いかに。」と仰ければ、
中	4オ1	393	7	(国王が)「はひらうにやの御使は、御辺にて侍るか。虚空に殿閣立つべきとの不審はいかに。」とのたまへば、
中	4オ4	393	10	「所はいづくぞ。」と申ければ、
中	4ウ6	394	4	ねたなを帝王、いそ保に問給はく、「けれしやの国の駒いな鳴時は、当国の驊駅はらむ事あり。いかん。」との給へば、いそ保申けるは、

第一章　古活字本『伊曽保物語』の疑問詞疑問文　163

文体	話　手	聞　手	分類	形　式	表現
会	いそほ	しやんと	(F)	WH＋カーヤ	反語
会	いそほ	しやんと	(B)	WH＋カー	問い
会	守護職	しやんと	(I)	―WH	問い
会	いそほ	しやんと	(C)	WH－ゾ	問い
会	いそほ	人々	(E)	WH－ヤ	反語
会	守護職	しやんと	(F)	WH＋カーヤ	反語
会	いそほ	さんの人々	(F)	WH＋カーヤ	反語
会	本主の商人	いそほ	(B)	WH＋カー	反語
会	長者	片田舎の商人	(C)	WH－ゾ	問い
会	いそほ	二人の侍	(D)	WH＋カーゾ	問い
会	二人の侍	いそほ	(C)	WH－ゾ	問い
会	二人の侍	いそほ	(I)	―WH	問い
心	いそほ		(B)	WH＋カー	反語
心	養子えうぬす		(B)	WH＋カー	疑い
会	ばびろうにやのりくるす王	高位高官の者	(I)	―WH	問い
会	臣下のゑりみほ	ばびろうにやのりくるす王	(B)	WH＋カー	反語
会	ばびろうにやのりくるす王	いそほ	(L)	WH	問い
会	ゑしつとの帝王	いそほ	(I)	―WH	問い
会	いそほ	ゑしつとの帝王	(J)	―WH＋ゾ	問い
会	ゑしつとの帝王	いそほ	(L)	WH	問い

164　第二部　古活字本『伊曽保物語』・『教訓近道』の疑問表現

巻	頁行	大系頁	大系行	伊曽保古活字本
中	5オ2	394	8	(帝王が)「汝なにによつてか猫を打つや。」との給へば、
中	5オ5	394	10	(帝王が)「いかでかさる事のあるべき。当国とその国とは、はるかにほど遠き所なれば、……」との給へば、
中	5オ7	394	11	(帝王が)「……当国とその国とは、はるかにほど遠き所なれば、一夜がうちにゆかん事いかに。」との給へば、
中	6オ2	395	9	……残りの羊、数多ければ、そのひまいくばくの費へぞや。」といひて、
中	6オ7	395	11	いそほおそれおそれ申けるは、「千五百疋の羊を小舟にて一疋づつ渡せば、その時刻いくばくかあらん。その間に眠り候。」
中	6ウ6	396	5	(ある人が)「……かの一つの柱、騨駅二疋つねにのぼり下る事いかん。」
中	7オ5	396	11	御門仰けるは、「あめつち開け始めてよりこのかた、見もせず聞きもせぬ物いかん。」とのたまへば、
中	8ウ1	398	2	かの住人走り出で、馬のみづつきに取り付き、支へて申けるやうは、「此乗り給ふ物はなに物ぞ。」
中	8ウ2	398	3	「手に据ゑさせ給ふはなに物ぞ。」と問ふ。
中	8ウ4	398	4	「跡にひかせ給ふはなにものぞ。」
中	8ウ7	398	6	「その徳いかほどあるぞ。」と問ふ。
中	8ウ6	398	6	住人案じて云はく、「其費えいくばくぞや。」
中	9ウ5	399	7	伊曽保……とほめて、なにとか思ひけん、かの主のそばへつつと寄り、
中	9ウ7	399	8	主怒つて云はく、「こはいかなる事ぞ。」と咎めければ、
中	10ウ2	400	5	「いかにとしてよび返さんや。」と問ひければ、
中	10ウ11	400	10	「なんぞ御辺はことなる妻をよぶとや。
中	14オ3	403	11	羊に申けるは、「汝なにの故にか我が飲む水を濁しけるぞ。」と云ふ。
中	14オ5	403	13	羊答へて云はく、「われ此河裾にあつて濁しける程に、いかでか河の上の障りとならんや。」と申ければ、

第一章　古活字本『伊曽保物語』の疑問詞疑問文　　165

文体	話　手	聞　手	分類	形　式	表現
会	ゑしつとの帝王	いそほ	（F）	WH＋カーヤ	問い
会	ゑしつとの帝王	いそほ	（B）	WH＋カー	反語
会	ゑしつとの帝王	いそほ	（I）	ーWH	問い
会	いそほ	ゑしつとの帝王	（K）	ーWH＋ゾヤ	問い
会	いそほ	ゑしつとの帝王	（B）	WH＋カー	問い
会	ある人	いそほ	（I）	ーWH	問い
会	ゑしつとの帝王	いそほ	（I）	ーWH	問い
会	会話文中かの住人	あるさぶらひ	（J）	ーWH＋ゾ	問い
会	会話文中かの住人	あるさぶらひ	（J）	ーWH＋ゾ	問い
会	会話文中かの住人	あるさぶらひ	（J）	ーWH＋ゾ	問い
会	会話文中かの住人	あるさぶらひ	（C）	WHーゾ	問い
会	会話文中かの住人	あるさぶらひ	（K）	ーWH＋ゾヤ	問い
地			（B）	WH＋カー	疑い
会	主	いそほ	（J）	ーWH＋ゾ	問い
会	のと（夫）	いそほ	（E）	WHーヤ	問い
会	のとの妻	夫	（H）	WHートヤ	問い
会	狼	羊	（D）	WH＋カーゾ	問い
会	羊	狼	（F）	WH＋カーヤ	反語

166　第二部　古活字本『伊曽保物語』・『教訓近道』の疑問表現

巻	頁行	大系頁	大系行	伊曽保古活字本
中	14ウ3	404	5	狼申けるは、「汝何のゆゑにか悪口しけるぞ。」と怒りければ、
中	16ウ8	406	13	天道、「いかに。」と問ひ給へば、
中	17オ1	407	1	若し此日輪、妻子眷属繁昌せば、いかがし奉らん。」と申
中	17オ3	407	2	そのごとく、盗人一人あるだに物さわがしくかまびすしきに、妻をあたへて子孫繁昌せん事いかん。」との給へば、
中	17オ10	407	9	鶴此由を見て、「御辺はなに事を悲しみ給ふぞ。」といふ。
中	17ウ7	407	14	狼怒っていふやうは、「なん条。汝がなにほどの恩を見せけるぞや。
中	19オ1	409	6	いやしきゐ中に住み習ひてなににかはし給ふべき。」など語慰む所に、
中	20オ6	410	10	人の思ひの積りぬれば、つひにはいづくにか遁るべき。
中	22ウ8	413	8	獅子王心に思やう、「これほどの者共を失ひければとて、いかほどの事あるべきや。」といひて、
中	23オ7	414	2	そのごとく、あやしの物なりとて、したしくなつけ侍らんに、いかでかその徳を得ざらん。
中	23ウ4	414	7	燕申やう、「御辺たちなに事を笑給ふぞ。
中	24オ3	414	14	智者のいふこと、などかは悪かるべき。
中	26ウ4	417	11	孔雀此由見て、「汝はいやしき鳥の身となり。なんぞわれらが振舞なしけるぞ。」とて、
中	28オ10	419	10	主答へて云はく、「なにをもつてか助くべき道理とせんや。
中	28ウ10	420	4	馬の前にかしこまつて申けるは、「御辺は此程何事をかは習ひ給ふぞ。
中	30ウ4	422	1	主此事を聞きて、「汝なにのゆゑにかかくけだものにあはれまれけるぞ。」といひければ、
中	31オ5	422	10	かの馬怒つて云はく、「驢馬、なにとて礼拝せぬぞ。
中	31オ8	422	13	其後、何とかしたりけん、かの馬二つの足を踏み折つて、
中	31ウ6	423	5	なにとしてかはかかるあさましき姿となつて、かほどいやしき糞土をば負い給ふぞ。
中	31ウ9	423	7	いつぞやのよき皆具共は、いづくにおかせ給ふぞ。」と恥ぢしめければ、

第一章　古活字本『伊曽保物語』の疑問詞疑問文　167

文体	話　手	聞　手	分類	形　式	表現
会	狼	羊	(D)	WH＋カ－ゾ	問い
会	会話文中 天道	人間	(L)	WH	問い
会	会話文中 人間	天道	(A)	WH－	反語
会	学者	人々	(I)	－WH	問い
会	鶴	狼	(C)	WH－ゾ	問い
会	狼	鶴	(G)	WH－ゾヤ	問い
会	都の鼠	田舎の鼠	(B)	WH＋カ－	反語
地			(B)	WH＋カ－	反語
心	獅子王		(E)	WH－ヤ	反語
地			(B)	WH＋カ－	反語
会	燕	諸鳥	(C)	WH－ゾ	問い
地			(B)	WH＋カ－	反語
会	孔雀	鳥	(C)	WH－ゾ	問い
会	主	いたち	(F)	WH＋カ－ヤ	反語
会	獅子王	馬	(D)	WH＋カ－ゾ	問い
会	主	ぱすとる	(D)	WH＋カ－ゾ	問い
会	馬	驢馬	(C)	WH－ゾ	問い
地			(B)	WH＋カ－	疑い
会	驢馬	馬	(D)	WH＋カ－ゾ	問い
会	驢馬	馬	(C)	WH－ゾ	問い

168　第二部　古活字本『伊曽保物語』・『教訓近道』の疑問表現

巻	頁行	大系頁	大系行	伊曽保古活字本
中	32オ10	424	2	鷲申けるは、「なに事を歎くぞ。
中	32ウ4	424	4	その時、鳥ども申けるは、「さてもかうもりは二心ありける事、いかなる罪科をかあたへん。」といふ。
中	34ウ8	426	9	狐下より見あげて、「御辺は何事を見給ふぞ。」と申ければ、
中	35オ2	426	13	庭鳥申けるは、「いかに狐、鳥けだものの中なほりしける折節、なに事かは候べき。
中	35ウ9	427	8	かくて日数経にけるほどに、なじかはよかるべき。
中	38オ5	430	4	かの正直なる者思ふやう、「これはうそをいふにだに引出物出したりければ、真をいはんになにしかは得ざらん。」とて、
下	1オ9	432	7	蟻答へて云はく、「御辺は、春秋の営みにはなに事をかし給ひけるぞ。」といへば、
下	1ウ2	432	9	蟻申けるは、「今とてもなど歌ひ給はぬぞ。
下	1ウ4	432	10	いやしき餌食をもとめて、何にかはし給ふべき。」とて、
下	4オ8	435	11	龍怒つて云はく、「なんの金銭をか参らすべき。
下	4オ10	435	12	我を馬に括り付けて痛め給ふだにあるに、金銭とは何事ぞ。」といどみあらそふ所に、
下	4ウ1	435	12	狐馳せ来つて、「さても龍殿は、なに事をあらそひ玉ふぞ。」といふに、
下	4ウ4	435	14	狐申けるは、「われこの公事を決すべし。さきに括り付けたるやうは、なにとかしつるぞ。」といふに、
下	4ウ6	436	2	狐人に申けるは、「いか程か締め付らるぞ。」といふ程に、
下	7オ2	438	9	なにとかしたりけん、尾をふつとうち切つて、
下	8オ5	439	9	狐申けるは、「これを通らせ給ふは、たれ人にてわたらせ給ふぞ。
下	8ウ3	439	15	ひとりなにものか世に誇るべきや。
下	9ウ7	441	3	狼、「なに事ぞ。」と問ふ。
下	11オ11	443	1	狼この由を見て、「御辺はなにとて痩せ給ふぞ。
下	11ウ6	443	5	はすとる怒つて云はく、「何とて羊を取られけるぞ。」といひければ、
下	13ウ6	445	6	母狐これを見て、「なにとて早く帰るぞ。」と云ければ、
下	14ウ2	446	3	はすとる愁へて云はく、「この犬死して後は、羊さだめて狼に取られなんず。いかがはせん。」と歎きければ、

第一章　古活字本『伊曽保物語』の疑問詞疑問文　169

文体	話　手	聞　手	分類	形　式	表現
会	鷲	鳥ども	(C)	WH－ゾ	反語
会	鳥ども	鳥ども	(B)	WH＋カ－	問い
会	狐	鶏	(C)	WH－ゾ	問い
会	鶏	狐	(B)	WH＋カ－	反語
地			(B)	WH＋カ－	反語
心			(B)	WH＋カ－	反語
会	蟻	蟬	(D)	WH＋カ－ゾ	問い
会	蟻	蟬	(C)	WH－ゾ	問い
会	蟻	蟬	(B)	WH＋カ－	反語
会	龍	人	(B)	WH＋カ－	反語
会	龍	人	(J)	一WH＋ゾ	問い
会	狐	龍	(C)	WH－ゾ	問い
会	狐	龍	(D)	WH＋カ－ゾ	問い
会	狐	人	(D)	WH＋カ－ゾ	問い
地			(B)	WH＋カ－	疑い
会	狐	狼	(C)	WH－ゾ	問い
地			(F)	WH＋カ－ヤ	反語
会	狼	野牛	(M)	WH＋ゾ	問い
会	狼	犬	(C)	WH－ゾ	問い
会	はすとる	犬	(C)	WH－ゾ	問い
会	母狐	子狐	(C)	WH－ゾ	問い
会	はすとる	野牛	(A)	WH－	問い

170　第二部　古活字本『伊曽保物語』・『教訓近道』の疑問表現

巻	頁行	大系頁	大系行	伊曽保古活字本
下	15オ 2	446	10	何とかしたりける、犬の皮をいばらに引かけて、
下	15オ 6	446	13	野牛を召し籠め、「汝なにのゆゑにわれを追ふぞ。」といひければ、
下	15オ11	446	16	狼怒つて申やう、「たはぶれも事にこそよれ、いばらの中へおつこうで、手足をかやうにそこなふ事、なにのたはぶれぞや。
下	15ウ 9	447	7	いづれも鳥の身として、なにかはかやうにせざるべき。」と我慢おこし、
下	16オ 5	447	11	ある人、かの鳥にむかつて、「汝は何者ぞ。」と問へば、
下	16ウ 2	448	4	（獅子王が）「いづくか痛きぞ。」と問へば、
下	17オ10	449	5	（狐が）笑つて云はく、「さてもさても御辺はおろかなる人かな。その髭ほど智恵を持ち給はば、われいかがせん。
下	17オ10	449	5	なにとしてかは御辺を引き上げ奉らんや。さらば。」とて帰りぬ。
下	18ウ 1	450	9	この程は、我親類一族も行がた知らずなり侍るぞ。たれかその行衛を知り給ふ。」といふ、
下	19ウ 3	451	11	（鼠が）僉議しけるは、「…かの猫、…ひそかに近づきたる程に、油断して取らるるのみなり。いかがはせん。」といひければ、
下	19ウ 7	451	14	「然らば、このうちより誰出てか、猫の首に鈴を付け給はんや。」といふに、
下	20オ 2	452	3	しからずは、なんぞすみやかに敵国をほろぼさざる。
下	21オ 8	453	9	母これを見て、諫めて云はく、「汝ら何によりてか横さまには歩みけるぞ。」と申ければ、
下	25オ 4	457	10	（盗人が）さし寄りて、「いかなる事を悲しむ。」といへば、
下	25オ 5	457	11	わらんべ云やう、「誠には、なにをか秘し申さん、心に憂き事あり。
下	25オ 9	457	13	いかにしてか主人の前にて申べきや。」と云ければ、
下	29オ 8	462	3	夕立、かの土器のそばにきたつて申けるは、「御辺は何人にておはせしぞ。」と問ひければ、
下	30オ 6	463	3	狐その下にあつて、鳩に申けるは、「御辺は何とてあぶなき所に子を育て給ふや。
下	30ウ 8	463	11	狐申けるは、「…その異見をば、いづれの人より受けさせ給ふぞ。」と申ければ、

第一章　古活字本『伊曽保物語』の疑問詞疑問文　171

文体	話　手	聞　手	分類	形　式	表現
地			（B）	WH＋カ—	疑い
会	狼	野牛	（C）	WH—ゾ	問い
会	狼	野牛	（K）	—WH＋ゾヤ	反語
心	烏 独り言		（B）	WH＋カ—	反語
会	ある人	烏	（J）	—WH＋ゾ	問い
会	獅子王	驢馬	（D）	WH＋カ—ゾ	問い
会	狐	野牛	（A）	WH—	反語
会	狐	野牛	（F）	WH＋カ—ヤ	反語
会	鼠	鼠たち	（B）	WH＋カ—	問い
会	鼠	鼠	（A）	WH—	問い
会	鼠	鼠	（F）	WH＋カ—ヤ	問い
地			（A）	WH—	反語
会	母がざみ	子がざみ	（D）	WH＋カ—ゾ	問い
会	盗人	わらんべ	（A）	WH—	問い
会	わらんべ	盗人	（B）	WH＋カ—	反語
会	わらんべ	盗人	（F）	WH＋カ—ヤ	問い
会	夕立	土器	（C）	WH—ゾ	問い
会	狐	鳩	（E）	WH—ヤ	問い
会	狐	鳩	（C）	WH—ゾ	問い

巻	頁行	大系頁	大系行	伊曽保古活字本
下	31オ 3	463	15	狐近づきて云はく、「…ねぐらに宿り給ふ前後左右より烈しき風吹く時は、いづくにおもてを隠させ給ふや。」と申ければ、
下	31ウ 7	464	10	年比ありて、なにとかしたりけん、かのゑのこ俄に死する事ありけり。
下	34ウ 9	467	13	かの鳥支へて申けるは、「いかに御辺、我程の小鳥を殺させ給へばとて、いかばかりの事か候べきや。
下	35ウ 1	468	8	かの鳥又申けるは、「…只今御辺に教へける事をば、何とか聞き給ふや。
下	36オ 6	469	3	（古老の狐が）そばに近付て云はく、「いかに鶴殿、御辺は何事をか尋給へる。
下	37オ 6	470	3	（鶴が）申けるは、「さても御辺はおろかなる人かな。只今飯の時分なるに、いかで舞ひ踊られけるぞ。
下	38ウ 6	471	12	命終らん時、わが財宝に助けんといはば、いかでかは助くべき。
下	38ウ 8	471	13	妻子眷属を頼めばとて、いかでかは助かるべき。
下	40オ 6	473	4	さしうつぶして見れば、何しかはあがるべき、かの僧、そばなる石にしがみつきてをる程に、
下	40オ 9	473	6	盗人怒つて申けるは、「…その儀にては、いかが祈禱も験有べきや。

第一章　古活字本『伊曽保物語』の疑問詞疑問文　173

文体	話　手	聞　手	分類	形　式	表現
会	狐	鳩に教えた鳩	(E)	WH－ヤ	問い
地			(B)	WH＋カ－	疑い
会	鳥	ある人	(F)	WH＋カ－ヤ	反語
会	鳥	ある人	(F)	WH＋カ－ヤ	問い
会	狐	鶴	(B)	WH＋カ－	問い
会	鶴	狐	(C)	WH－ゾ	問い
地			(B)	WH＋カ－	反語
地			(B)	WH＋カ－	反語
地			(B)	WH＋カ－	反語
会	盗人	僧	(E)	WH－ヤ	反語

第二章　古活字本『伊曽保物語』の肯否疑問文

キーワード：肯否疑問文　伊曽保物語　文末助詞形式「─や」
　　　　　　係り結び形式　判定

1　はじめに

　本研究の目的は古活字本『伊曽保物語』の疑問表現のうち、述べられた内容が成立するかどうかわからないことを表すものを取り上げて形式によって整理し、その形式を文脈の中で表す意味との関わりを中心に分析して特色を把握することである。

　調査に用いるのは日本古典文学大系『仮名草子集』に収録されている「伊曽保物語」で、これを〈伊曽保〉〈伊〉と略して呼ぶ。また、調査の過程で影印、天草版『エソポのハブラス』、宮内庁書陵部蔵本、寛永十六年刊記本、万治二年整版本[1]も参考にし、それぞれ〈エソポ〉〈エ〉、書陵部本、寛永本、万治本と略して呼ぶ。なお、読みやすくするために、歴史的仮名遣いに直し、適宜送り仮名や句読点を付し、踊り字を仮名に直すなどの手を加えて引用する。また、章末に肯否疑問文の一覧を付表として掲載する。

2　肯否疑問文の形式

　肯否疑問文は述べられた内容が成立するかどうかわからないことを表す文である。小田（2007）は岡崎（1996）を整理して、古代語の肯否疑問文の基本形式をまとめている。その記述に基づいて三形式を示す。

　　Ⅰ　助詞「や」を文中に用いる。（─や─連体形）
　　　　文全体の判定を求める場合に用いられる。文の表す事態が存在するか

否かを問う。
　Ⅱ　助詞「や」を文末に用いる。(―終止形＋や)
　　主として二人称主語に用いて直上の語句の真偽を問う場合に用いられる。
　Ⅲ　助詞「か」を文末に用いる。(―連体形／名詞句＋か)
　　文全体の判定を求める場合に用いられる。断定文（「～なり」の文）の真偽を問う。

Ⅰを係り結び形式、ⅡⅢを文末助詞形式と呼ぶことにする。〈伊曽保〉の肯否疑問文の形式はすべて上記の基本形式に相当する。その形式を助詞の上接語や下接語、結びの有無でさらに分類し、会話文・地の文・心内文のどの文体に現れるかで分けて件数を示すと表1のようになる。

表1　〈伊曽保〉の肯否疑問文の形式

	形式	会話文	地の文	心内文	小計	計
Ⅰ	―や―連体形	1	2	2	5	
	―や	1	0	0	1	
	―とや―連体形	2	7	0	9	18
	―にや―連体形	1	0	0	1	
	―にや	0	2	0	2	
Ⅱ	―終止形（連体形）＋や	19	1	2	22	
	―名詞句＋や	1	0	0	1	26
	―やいなや	3	0	0	3	
Ⅲ	―連体形／名詞句＋か	12	0	1	13	13
	計	40	12	5	57	

以下、「―終止形（連体形）＋や」を「―終止形＋や」、「―連体形／名詞句＋か」形式を「―か」と略すこともある。

この表より次のことが指摘できる。

（a）　Ⅰの係り結び形式は地の文に、ⅡⅢの文末助詞形式は会話文によく現れる。

（b）　Ⅱの文末助詞形式が最も多く、全体の半分に近い件数である。

3 係り結び形式

　係り結び形式は中下巻によく見られ、上巻には1例しかない。助詞「と」や断定の助動詞の連用形「に」を受けない「―や―連体形」は全部で5例である。

①　狐申けるは、「…か程暑き炎天に、頭巾を被き単皮をはき、ゆがけをさいて見え給ふは、もし僻目にても<u>や</u>候らん。(439-10)

②　翁、げにもとや思ひけん、「若き者なれば、くたびれ<u>や</u>する。」とて、わが子を乗せて、(466-6)

③　主心に思ひけるやうは、「いかさまにも此鳥の腹には、大なるこがね<u>や</u>侍るべき。」とて、(460-5)

　例①は狐から狼への揶揄を「もしかすると見間違いででもあろうか」と疑いによって表している。例②は翁から子への問いかけではなく、翁の心内文で自問を表すと判断される。例③は主の心内文であるが、副詞「いかさまにも」は確信を持った推測を表し、「きっと」と現代語訳できる。助詞「や」は疑いを明示せず、副助詞的に機能している。5例のうちの残り2例は地の文での使用で、反語(442-8)、疑い(412-12)を表す。「―や―連体形」に問いを表すものは存しない。

　上巻に見られる係り結び形式は「―や」の1例のみである。

④　かの人怒つていはく、「奇怪なり、いそ保。人の問ふに、さる返事する物<u>や</u>。召しいましめん。」と議せられければ、(368-3)

　モノが形式名詞であれば、モノカのように助詞「か」をとる方が自然である。モノが人の意味であれば助詞「や」の後の結びが省略されている。その場合は、文末助詞形式ではなく、係り結び形式のうちの「―や」に分類されるものである。日本古典文学大系『仮名草子集』の頭注に「そのような（無礼な）返事をすべきものか。」とあり、モノを形式名詞と捉えて解釈している。書陵部本では「さる返事する者や。」とあり、モノを人の意味で捉えたと考えうる。万治本では「さる返事する者やある。」とあり、モノが形式名

詞ではなく人を意味し、係り結び形式で結びをとっている。書陵部本・万治本には曖昧さを排していった跡がうかがえる。例④は直上の「返事する」の真偽を問うのではなく、「人の問いかけにそのような返事はしない」という内容を疑問文で表現する反語である。係り結び形式のうちの結びが省略された形「―や」と判断する。

係り結び形式では助詞「と」を受ける「―とや―連体形」が9例と多くを占め、この形は「思ふ」と共起している。

⑤　やうやく命もあやふく見えしかば、「終り近づきぬ。」とや思ひけん、末期に云おく事有けり。(401-13)

⑥　これほどの事をだにわきまへぬやからは、能き事を見てはかへつて悪ししとや思ふべき。(459-10)

例⑤のように推量の助動詞「けん」と共起するのが8例で、疑いを表している。そのうち、例⑤を含めて6例は地の文で使用されている。例⑥は地の文での使用で、教訓を述べる部分に見られる。助詞「や」ははっきりしないことを示し、副助詞的である。

断定の助動詞の連用形「に」を受けるものは全部で3例である[2]。

⑦　此出家の重欲心をさとつて申けるは、「…然ども、御存知なきにや侍らん。此ゑのこの臨終、さも有難くいみじき心ざしあり。(465-5)

⑧　その所の人あまりに誇りけるにや、「主人を定めばや。」なんどと議定して、(415-3)

例⑦は結びが存在するもので、ある人から出家への会話文に現れ、疑いを表している。他の2例は例⑧のように結びが存在せず、地の文に現れ、疑いを表している。

以上、係り結び形式についてまとめると次のようになる。

（a）　肯否疑問文のうち、三割強は係り結び形式であるので、形式としては係り結び形式が残っている。しかし、助詞「と」を受けて結びに「思ふ」をとる形が多く現れ、ほとんどが疑いを表しており、問いを表すものは存しない。係り結び形式は用法に偏りがあり、会話文での問いかけの用法からは後退している。

4 文末助詞形式「―終止形＋や」

　〈伊曽保〉の肯否疑問文で用例が最も多いのは文末助詞形式「―終止形＋や」である。この形式は主として二人称主語に用いて直上の語句の真偽を問う場合に用いられる。しかし、〈伊曽保〉には、そうとはいえない用例が多数存在する。

　第一に、二人称主語に用いて直上の語句の真偽を問うものを取り上げる。「―終止形＋や」の形が7例、「―やいなや」の形が2例見られる。まず、「―終止形＋や」の例をあげる。

① 　しやむと、かさねての給ふは、「我汝を買ひ取るべし。その時逃げ去るべきや。」と仰ければ、伊曽保答へて云はく、「われこの所を逃げ去らん時、御辺の異見を受くべからず。」と申す。(363-7)

② 　いそほしやんとに申けるは、「殿は智者にてわたらせ給へば、この文字の心を知らせ給ふや。」といふ。しやむと、「是は古の字なり。世隔たり時移つて、今の人たやすく知る事なし。」と仰ければ、(371-1)

③ 　御門大きにおどろかせ給ひ、「われ此事を知らず。汝は知るや。」と仰ければ、おのおの口をそろへて、「見た事も聞き奉る事もなし。」といひければ、(397-4)

④ 　かの驢馬つくづくと此馬を見て、「さてもさても御辺は、いつぞやわれらをののしり給ふ広言の馬にてわたらせ給はずや。…」と恥ぢしめければ、返事もなうて逃げ去りぬ。(423-5)

　これらは順に「逃げ去る」「知る」「知る」「馬にてある」ことの真偽を問うている。例①の文末「べきや」は書陵部本・寛永本・万治本も同形である。このように「べき」「ける」「ある」などの連体形に「や」の続く形は〈伊曽保〉にしばしば見られる。岡崎正継(1996)によると、古代語における二人称主語に用いる「―終止形＋や」の形は、勧誘・依頼・受益の意志を持って相手の意志を問う意志質問で、ムヤ・テムヤ・ナムヤを文末に置く。〈伊曽保〉では例①が意志質問であるが、それを除けば相手の意志を問うものはな

く、ムヤ・テムヤ・ナムヤを文末に置くものもない。

〈エソポ〉で例①から例④に対応する部分は次のようである。例①に対して例(1)のように用例番号を対応させることにする。また、括弧の中に〈エソポ〉の頁・行を示す。

(1) シヤントの言はるるは、「買うてから後に、逃げうと思ふか？ なんと」と。エソポが言ふは、「我逃げうと思はうずる時は、御辺へその御意をば得まじい」。(〈エ〉414-11)

(2) エソポシヤントに言ふは、「殿は学者でござれば、この文字をば何と弁へさせらるるぞ」と。シヤント…さらに弁へられいで、「この棺は上古に作つたれば、文字今は弁へがたい。汝知らば言へ」と言はれた。(〈エ〉419-6)

(3) 帝王…大きに驚かせらるる体で、諸臣下に「汝らはこの儀を見、聞いたことがあるか」と問はせらるれば、各々「かつてもつて見、聞かぬことでござる」と申せば、(〈エ〉441-4)

(4) 驢馬が立ちとどまつて言ふは、「ここを通るは、いつぞや対面した乗り馬ではないか？…」と恥しめて過ぎた。(〈エ〉460-9)

〈エソポ〉の例(1)・例(3)・例(4)は文末助詞形式の「―か」、例(2)は疑問詞疑問文になっている。

続いて、二人称主語に用いて直上の語句の真偽を問う「―やいなや」の例をあげる。

⑤ いそほ聞きて、「…されば、さきに問ふ所ははなはだもつてわきまへやすし。汝継子と実子を知るやいなや。…」。(366-10)

⑥ ある人しやんとを支へていはく、「御辺は大海の潮を飲みつくし給はんやいなや。」と問へば、やすく領掌す。(369-3)

これらは順に「知る」「飲みつくす」ことの真偽を問うている。が、例⑤は問いに対する答えを期待しておらず、「さきに問ふ所」に対する答えを述べるための論法として疑問表現を用いたのであり、この問いの後には説明が続く。例⑥は相手の意志を問う意志質問で、ンヤを文末に置いている。「―やいなや」の形は漢文訓読の語法として発生したものである。改まった物言

第二章　古活字本『伊曽保物語』の肯否疑問文　181

いをする場面で用いられているので、漢文訓読の語法の硬さが効果を上げている。

〈エソポ〉でこれらの例に対応する部分は次のようである。

(5)　その時エソポが言ふは、「…まづ只今の不審は、いとやすい義ぢや。譬へをもつて、その方に示さうず。…」と、いかにもありありと答へた。(〈エ〉415-14)

(6)　ある時、シヤント沈酔してゐらるる所へ人が来て、「大海の潮を一口に飲み尽くさるる道があらう<u>か</u>」と問ふに、シヤント、「たやすう飲まうずる」と領掌をせられた時、(〈エ〉417-19)

〈エソポ〉の例(5)は疑問表現ではない。例(6)は二人称主語に用いておらず、文末助詞形式の「―か」になっている。

　第二に、主語が二人称でなくて直上の語句の真偽を問うものを取り上げる。「―終止形＋や」の形が10例、「―名詞句＋や」の形が1例、「―やいなや」の形が1例見られる。

⑦　しやんといそほに仰けるは、「風呂は広き<u>や</u>、見て参れ。」とありければ、かしこまつてまかり出で、…しやんとに申ける。「風呂には人一人にて候と見え侍る。」と申ければ、(367-14)

⑧　長者あらがひて云はく、「我汝が銀を預かる事なし。証跡ある<u>や</u>。」と問ふ。商人、いかんと申事なくして、(382-8)

⑨　主じ此由を見て、「…いかさまにもただ人のしわざとも見えず。天魔の現じきたれる<u>や</u>。」とおろかにおそれて、(459-7)

⑩　かの鳥又申けるは、「…第一、あるまじき事をあるべしと思ふ事なかれとは、まづわが腹に玉ありといふは、あるべき事<u>やいなや</u>。第二には、…」とぞ恥ぢしめにける。(468-10)

これらは順に「広き」「ある」「現じきたれる」「あるべき事」の真偽を確認している。例⑦・例⑧の問いかけには相手の答えや反応が記してある。例⑨は心内文に現れ、疑いを表している。例⑩は「―やいなや」の形をとり、「第一の教え」の説明をしている部分に使われ、相手に答えを要求していな

い。〈エソポ〉に例⑧・例⑨・例⑩に対応する寓話が存在しない。例⑦に対応する部分は次のようで、疑問表現になっていない。

　(7)　ある時、またシヤントエソポに、「風呂に行いて人の多少を見て来い」と遣らるれば、…たち帰つて、「風呂にはただ一人居まらする」と言うたれば、(〈エ〉416-17)

例⑦や例⑧のように、〈伊曽保〉で問いを表すものに（456-11）（464-5）がある。

次のように推量の助動詞を伴い、反語を表すものが３例ある。

　⑪　狐申けるは、「あなおそれ多し。わがわけを奉るべしや。籠を一つ持ちきたらせ給へ。魚を取りて参らせん。」と云ふ。狼かしこに駆け廻つて、籠を取りてぞ来りける。(437-13)

「わがわけ」は狐の食べ残しのことである。「奉る」の真偽を問う形で、反語を表している。同様に反語を表すものは（444-3）（449-10）である。

次のように感動詞「こはまことや」に似た形のものが２例ある。

　⑫　しやんとおどろきさわぎ、「こは誠に侍るや。なにとしてあの潮を二口とも飲み候べき。いかにいかに。」とばかりなり。かくて有べきにもあらざれば、(369-12)

例⑫は「誠にあり」の真偽を問う形で、「大海の水を飲み干す」と、シヤントがある人に約束したことを、イソップに確認している。同様のものに（388-6）がある。

次の例は不定語を持ち、確信をもって推測し、判断を述べているものである。

　⑬　いそほ高座の上より云けるは、「…いか様にも他国の王よりこの国の守護を進退せさせ給ふべきや。」と云ける。(375-2)

鷲が守護の指輪を奪って飛び去るという事件が起きたが、それの意味するところをイソップが判じて述べる部分に見られる。「進退す」の真偽を問う形であるが、答えを要求していない。〈エソポ〉では平叙文になっている。

　⒀　「…他の国の帝王からこの里を押領せられ、その勅命の下にならうずるといふ義ぢや。」と言うて去つた。(〈エ〉427-18)

第三に、直上の語句の真偽を問うのではなく、内容の判定を求めるものを取り上げる。〈伊曽保〉に5例見られる。

⑭　御門、この由叡覧あつて、「…かかるみにくき物の下知によつて、さんの者ども我が命を背きける<u>や</u>。」と、逆鱗あること軽からず。(376-12)

例⑭はイソップの計略でサンの人々がリジヤの御門の命令に背いたことを確認している。〈エソポ〉では文末助詞形式「―か」になっている。

⑭　国王エソポを叡覧あつて、「さてもかかる見苦しいやつが所為をもつて、サモの者ども、わが命を背いた<u>か</u>。」と、大きに怒らせられたれば、(〈エ〉429-19)

⑮　ある者是を拾ふ。我家に帰り、妻子に語つていはく、「われ貧苦の身として、汝等を養ふべきたからなし。天道これを照覧あつて、給はる<u>や</u>。」とよろこぶ事かぎりなし。(379-5)

例⑮はある者が拾った銀子は神の恵みであると妻子に確認していると捉えておく。日本古典文学大系『仮名草子集』の頭注に「神が御覧になって、（お恵みとして）この銀子をくださるのでもあろう。」とあり、推量の意味を補って解釈している。〈エソポ〉に対応する寓話が存在しない。

　次の2例はともに主人シャントの質問に答える会話文に現れる。話し手の認識が確認の対象になり、聞き手を誘導するデハナイカ文である。

⑯　いそほ答へて云はく、「…されば、諸肉の中において、舌は一の珍しき物にあらず<u>や</u>。」と申す。(367-6)

⑰　伊曽保答へて云はく、「…三寸の舌のさへづりをもつて、五尺の身を損じ候も、みな舌ゆゑのしわざにて候はず<u>や</u>。」と申すに、しやんとこの事領掌して、(367-11)

〈エソポ〉では前者が疑問詞疑問文の形式で反語を表し、後者が平叙文になっている。

⑯　エソポ答へて言ふは、「…しかれば、天下・国家の安否も舌に任することなれば、<u>何か</u>はこれにまさらうずる<u>ぞ</u>。」と申した。(〈エ〉416-9)

(17)「舌はこれ禍の門なりと申す諺がござれば、これに過ぎた悪しい物はござるまじい。」と答へたと申す。(〈エ〉416-15)

〈伊曽保〉で同様のものに(468-13)がある。

以上、文末助詞形式「―終止形＋や」についてまとめると次のようになる。
（a）　文末助詞形式「―終止形＋や」で二人称主語に用いて直上の語句の真偽を問うている場合でも、相手の意志を問うものは少なく、ムヤ・テムヤ・ナムヤを文末に置くものもほとんどない。
（b）　文末助詞形式「―終止形＋や」の中では、主語が二人称でなくて直上の語句の真偽を問うものが多い。問いかけに対する答えや反応が記してある場合もあるが、相手に答えを要求していなかったり、反語を表したりする場合もある。
（c）　文末助詞形式「―終止形＋や」の中に、直上の語句の真偽を問うのではなく、内容の判定を求めるものがある。

5　文末助詞形式「―か」

文末助詞形式「―か」は11例である。
①　いそ保答へて云はく、「さればこそ、さやうに人にいましめられんことを知らざる事にて侍か。」と申ければ、(ある人は)「こさんなれ。」とてゆるされける。(368-5)
②　はすとり申けるは、「わごぜはいつぞや助けける狼か。」といへば、狼答へて云はく、「さればとよ、御辺のことはよかんなれど、御辺のまなこは抜き捨てたく侍る。」とぞ申ける。(429-4)

例①・例②は質問に対して相手の答えが記されている。助詞「か」が受ける文全体の内容に対する判定が「こさんなれ」「さればとよ」によって示される。例①はある人の問いかけに「知らない」と答えてその人を立腹させたが、そのように答えた理由を述べるのに「人に叱られるなどと知らないことではないですか。」と反問する形をとっている。〈エソポ〉では疑問文でなく

平叙文である。

(1) エソポが言ふは、「私がただ今知らぬと申したことは、かやうに籠者せられうことを弁へなんだによつて、知らぬとは答へてござる。」と言うたれば、(〈エ〉416-23)

例②の「はすとり」は牧人の意で、「ぱすとる」の語形も現れる。〈エソポ〉の対応部分は異文になっている。

③ かのうそ人、猿のそばに近づきて、例のうそを申けるは、「是に気高く見えさせ給ふは、ましら王にて渡せ給ふ<u>か</u>。その外面々見えさせ給ふは、月卿雲客にわたらせ給ふ<u>か</u>。あないみじきありさま。」とぞ讃めける。ましらこの由を聞きて、「憎き人の讃めやうかな。是こそ真の帝王にておはしませ。」とて、引出物などしける。(429-13, 14)

例③は疑問文の形式のほめ言葉を肯定し、気分を良くした猿の反応が描かれる。「憎き」を「感心だ」の意味で解釈しておく[3]。〈エソポ〉に対応する段が存在しない。

以上、文末助詞形式「―か」についてまとめると次のようになる。

（a） 文末助詞形式「―か」は文全体の判定を求める場合に用いられる。

6 おわりに

〈伊曽保〉の肯否疑問文の形式を文脈の中で表す意味との関わりを中心に整理分析してきた。その結果を改めて以下に示す。

（a） Ⅰの係り結び形式は地の文に、ⅡⅢの文末助詞形式は会話文によく現れる。

（b） Ⅱの文末助詞形式「―終止形＋や」が最も多く、全体の半分に近い件数である。

（c） 肯否疑問文のうち、三割強は係り結び形式であるので、形式としては係り結び形式が残っている。しかし、助詞「と」を受けて結びに「思ふ」をとる形が多く現れ、ほとんどが疑いを表しており、問いを表すものは存しない。係り結び形式は用法に偏りがあり、会話文での

問いかけの用法からは後退している。
（d）　文末助詞形式「―終止形＋や」で二人称主語に用いて直上の語句の真偽を問っている場合でも、相手の意志を問うものは少なく、ムヤ・テムヤ・ナムヤを文末に置くものもほとんどない。
（e）　文末助詞形式「―終止形＋や」の中では、主語が二人称でなくて直上の語句の真偽を問うものが多い。問いかけに対する答えや反応が記してある場合もあるが、相手に答えを要求していなかったり、反語を表したりする場合もある。
（f）　文末助詞形式「―終止形＋や」の中に、直上の語句の真偽を問うのではなく、内容の判定を求めるものがある。
（g）　文末助詞形式「―か」は文全体の判定を求める場合に用いられる。

〈伊曽保〉は肯否疑問文の基本形式のうち、係り結び形式を地の文で疑いを表す用法に偏在させることで残した。そして、文末助詞形式「―終止形＋や」を頻繁に使用したが、その用法に変化が見られ、相手の意志を問うたり、答えを要求したりというものからずれていて、内容の判定を求めるものが存在する。文末助詞形式「―か」の使用がもっとも少ないが、その用法に変化はない。

ここで〈伊曽保〉と〈エソポ〉の肯否疑問文の代表的な形式を整理してみよう。

表2　〈伊曽保〉〈エソポ〉の肯否疑問文の代表的な形式

表　現	〈エソポ〉	〈伊曽保〉
問　い	―か	―終止形＋や ―か
疑　い	―か	―や―連体形
反　語	―か	―終止形＋や

この表で、〈エソポ〉の肯否疑問文の代表的な形式は「問い」「疑い」「反語」の別に関係なく文末助詞形式「―か」である[4]。これが室町時代末期の話し言葉に用いられていたと考えてよい。〈伊曽保〉の場合、「問い」「疑い」

「反語」の別によって形式に使い分けがあり、文末助詞形式「─終止形＋や」を多用する。

　会話文で肯否疑問文の「問い」を表現する形式として、平安時代に文末助詞形式「─終止形＋や」をよく用いたが、次第に文末助詞形式「─か」を用いるように変化していった[5]。その変化に表2の〈エソポ〉の形式は合致する。しかし、〈伊曽保〉の形式は当時の話し言葉とも異なり、また、日本語における肯否疑問文の変遷に逆行している。

　この現象がなぜ起きたかという理由として、私は翻訳時の擬古的態度を推定している。〈伊曽保〉と〈エソポ〉には文語によって翻訳された共通の祖本が存在したと考えられる。この文語への翻訳の姿勢に擬古文への志向があったと推定する。〈伊曽保〉では会話文の中にも補助動詞「侍り」がよく出現する。この点も文末助詞形式「─終止形＋や」の多用と軌を一にする。森田（1965）の解説には助動詞「た」「まじい」、ヤ行の「教ゆる」「添ゆる」、連体形終止、「こそ」による係り結びの破格などの現象から「国字本は、文語のいわゆる俗文体で書かれ、当時の口語の影響が著しい」とある。〈伊曽保〉にはこれらの現象も確実に見られる。〈伊曽保〉の翻訳は室町時代末期の話し言葉の語彙語法を取り込みつつ、室町時代前期までの文体を範として擬古的態度でなされたと推定する。

注
1)　次の文献を用いて調査した。〈伊曽保〉…日本古典文学大系『仮名草子集』所収「伊曽保物語」、影印…『古活字本伊曽保物語』、〈エソポ〉…『エソポのハブラス本文と総索引』、書陵部本…『仮名草子集成』第3巻所収「伊曽保物語（寛永古活字版）」、寛永本…同「伊曽保物語（寛永十六年古活字版）」、万治本…同「伊曽保物語（万治二年板）」
2)　断定の助動詞の連用形「に」を受けて文末を「や」で結ぶ形式のものの中には問いや疑いから大きく離れ、はっきり断定せず、やわらげて述べるものもある。
　　　若しさやうに人の笑はん時は、退いて人の是非を見るべきにや。(454-2)
　　このような例は疑問文に含まなかった。
3)　日本古典文学大系『仮名草子集』430頁の注一に「『真の帝王』なのに『ま

しら王』と言ったというので憎んだのである。」とある。文意が通りにくい。
4) 柳田征司（1985）の（表11）『竹取物語』と『天草版伊曽保物語』の疑問表現形式による。
5) 磯部佳宏（2000）は文末助詞形式「―終止形＋や」に関して次のように記述している。

　　g形式（文末助詞形式「―終止形＋や」、著者注）は、『源氏物語』においては用例数も多く、会話文において「問い」の表現として主用されているが、時代が下ると共に用例数自体が少なくなり、その用法も「反語」や「依頼」表現に偏り、純粋な「問い」の表現としての用例はむしろ稀となってくる。

　また、文末助詞形式「―か」に関して次のように記述している。

　　このj形式（文末助詞形式「―か」、著者注）は時代とともに使用率が高くなっており、特に会話文における「問い」の表現としての使用が一般化してきていると考えられるが、これは前述のg形式の使用率の減少、特に純粋な「問い」の表現としての用法の激減という現象と対応していると考えられる。

〈文献〉
朝倉治彦　編（1982）『仮名草子集成』第3巻　東京堂出版
磯部佳宏（2000）「古代日本語の疑問表現（下）―要判定疑問表現の場合―」『山口大学文学会誌』50
大塚光信・米田隆（1999）『エソポのハブラス本文と総索引』　清文堂出版
岡崎正継（1996）『国語助詞論攷』　おうふう
小田勝（2007）『古代日本語文法』　おうふう
中川芳雄　解説（1994）『古活字本伊曽保物語』国立国会図書館所蔵本影印　勉誠社再版
柊源一（1960）「イソポのハブラス　解説」『吉利支丹文学集』下　朝日新聞社
森田武（1965）校注・解説「伊曽保物語」（日本古典文学大系『仮名草子集』）岩波書店
柳田征司（1985）『室町時代の国語』　東京堂出版

第二章　古活字本『伊曽保物語』の肯否疑問文　189

付表の見方
○巻　〈伊曽保〉の巻
○頁行　『古活字本伊曽保物語』国立国会図書館所蔵本影印（勉誠社1994再版）の物語部分の丁・表裏・行
○大系頁・大系行・伊曽保古活字本　日本古典文学大系『仮名草子集』（岩波書店　1965）の頁・行・本文　大系本文の漢字表記に対し、底本の仮名表記を優先した部分もある。
○文体　会＝会話文、地＝地の文、心＝心内文
○形式1・形式2　表1の形式
○表現　問い・疑い・反語

190　第二部　古活字本『伊曽保物語』・『教訓近道』の疑問表現

付表　肯否疑問文

巻	頁行	大系頁	大系行	伊曽保古活字本
上	3オ 8	363	7	我汝を買ひ取るべし。その時逃げ去るべきや。
上	6オ 6	366	10	されば、さきに問ふ所はなはだもつてわきまへやすし。汝継子と実子を知るやいなや。
上	6ウ11	367	6	されば、諸肉の中において、舌は一の珍しき物にあらずや。
上	7オ 7	367	11	三寸の舌のさへづりをもつて、五尺の身を損じ候も、みな舌ゆゑのしわざにて候はずや。
上	7オ11	367	14	風呂は広きや、見て参れ。
上	7ウ 4	368	3	奇怪なり、いそ保。人の問ふに、さる返事する物や。召しいましめん。
上	7ウ 6	368	5	さればこそ、さやうに人にいましめられんことを知らざる事にて侍か。
上	8ウ 1	369	3	御辺は大海の潮を飲みつくし給はんやいなや。
上	9オ 3	369	12	こは誠に侍るや。なにとしてあの潮を二口とも飲み候べき。いかにいかに。
上	10オ 6	371	1	殿は智者にてわたらせ給へば、この文字の心を知らせ給ふや。
上	13オ 6	374	1	我が姿のをかしげなるをあやしめ給ふや。
上	14オ 8	375	2	いか様にも他国の王よりこの国の守護を進退せさせ給ふべきや。
上	16オ 1	376	12	かかるみにくき物の下知によつて、さんの者ども我が命を背きけるや。
上	18ウ 4	379	5	妻子に語つていはく、「われ貧苦の身として、汝等を養ふべきたからなし。天道これを照覧あつて、給はるや。」とよろこぶ事かぎりなし。
上	21ウ 6	382	8	我汝が銀を預かる事なし。証跡あるや。
上	27ウ 2	388	6	こは誠にて侍るや。とくとくかれを参らせよ。
中	3ウ11	393	7	(国王が)「はひらうにやの御使は、御辺にて侍るか。虚空に殿閣立つべきとの不審はいかに。」とのたまへば、
中	7ウ 4	397	4	御門大きにおどろかせ給ひ、「われ此事を知らず。汝は知るや。」と仰ければ、
中	9オ 3	398	11	さぶらひげにもとや思ひけん、それよりして鵜鷹の逍遥をやめ侍りける。
中	9オ 5	398	12	此物語を聞きける人々、げにもとや思はれけん、鵜鷹の芸をやめけるとぞ。

第二章　古活字本『伊曽保物語』の肯否疑問文　191

文体	話　手	聞　手	形式1	形式2	表現
会	しやんと	いそほ	II	―終止形+や	問い
会	いそほ	農人	II	―やいなや	問い
会	いそほ	しやんと	II	―終止形+や	問い
会	いそほ	しやんと	II	―終止形+や	問い
会	しやんと	いそほ	II	―終止形+や	問い
会	ある人	いそほ	I	―や	反語
会	いそほ	ある人	III	―か	問い
会	ある人	しやんと	II	―やいなや	問い
会	しやんと	いそほ	II	―終止形+や	問い
会	いそほ	しやんと	II	―終止形+や	問い
会	いそほ	人々	II	―終止形+や	問い
会	いそほ	人々	II	―終止形+や	問い
会	りいひやの御門	周りの臣下	II	―終止形+や	問い
会	ある者	妻子	II	―終止形+や	問い
会	長者	片田舎の商人	II	―終止形+や	問い
会	ばびろうにやのりくるす王	臣下のゑりみほ	II	―終止形+や	問い
会	ゑしつとの帝王	いそほ	III	―か	問い
会	ゑしつとの帝王	人々	II	―終止形+や	問い
会	いそほ	ゑしつとの官人	I	―とや―連体形	疑い
地			I	―とや―連体形	疑い

巻	頁行	大系頁	大系行	伊曽保古活字本
中	10ウ 8	400	9	「我が頼みたる人けふ女房を迎へられけるが、砂糖なし。もし此家にあるか。」と問へば、
中	12オ 5	401	13	やうやく命もあやふく見えしかば、「終り近づきぬ。」とや思ひけん、末期に云おく事有けり。
中	12ウ 7	402	7	「情なし。御辺をばさまざまにもてなし侍けるに、われをばかかる憂き目にあはせ給ふや。」とつぶやきける所に、
中	21ウ10	412	10	ある人、ゑのこをいといたはりけるにや、その主人外より帰りける時、かのゑのこその膝にのぼり、
中	22オ 2	412	12	うらやましくや思ひけん、「あつぱれ我もかやうにこそし侍らめ。」と思ひさだめて、
中	24オ 7	415	3	その所の人あまりに誇りけるにや、「主人を定めばや。」なんどと議定して、
中	31ウ 4	423	5	かの驢馬つくづくと此馬を見て、「さてもさても御辺は、いつぞやわれらをののしり給ふ広言の馬にてわたらせ給はずや。
中	34オ10	426	4	御辺は知らせ給はぬか。
中	34ウ10	426	10	ただ今御辺の物語し給ふ事を告げ知らせんとや思はれけん、犬二疋馳せきたられ候。」と申ければ、
中	37オ 8	429	4	はすとり申けるは、「わごぜはいつぞや助けける狼か。」といへば、
中	37ウ 9	429	13	かのうそ人、猿のそばに近づきて、例のうそを申けるは、「是に気高く見えさせ給ふは、ましら王にて渡せ給ふか。
中	37ウ11	429	14	その外面々見えさせ給ふは、月卿雲客にわたらせ給ふか。
下	3ウ 4	434	14	狐げにもとや思ひけん、その庭鳥をさし放し、
下	4ウ 8	436	3	「これ程か。」とて、いやましに締め付けて、
下	5ウ 4	437	2	狼、たばかられんとや思ひけん、うしろへえいやつとしさりければ、
下	6オ 8	437	13	狐申けるは、「あなおそれ多し。わがわけを奉るべしや。
下	6ウ 5	438	4	狼狐に申けるは、「魚の入たるか、ことの外に重くなりて、一足も引かれず。」といふ。
下	8オ 7	439	10	か程暑き炎天に、頭巾を被き単皮をはき、ゆがけをさいて見え給ふは、もし僻目にてもや候らん。
下	8オ10	439	12	ただし、着る物のかたにてばし侍るか。
下	11オ 4	442	8	其ものの色や知る。
下	12ウ 4	444	3	はすとりの歌ふを聞きて、「かれきたなげなる者さへ歌ふに、我又歌はであらんや。」とて、大声あげてをめくほどに、

第二章　古活字本『伊曽保物語』の肯否疑問文　193

文体	話　手	聞　手	形式1	形式2	表現
会	いそほ	のとの妻	Ⅲ	―か	問い
地			Ⅰ	―とや―連体形	疑い
会	会話文中 鼠	蛙	Ⅱ	―終止形+や	問い
地			Ⅰ	―にや	疑い
地			Ⅰ	―や―連体形	疑い
地			Ⅰ	―にや	疑い
会	驢馬	馬	Ⅱ	―終止形+や	問い
会	狐	鶏	Ⅲ	―か	問い
会	鶏	狐	Ⅰ	―とや―連体形	疑い
会	はすとる	狼	Ⅲ	―か	問い
会	うそ人	猿	Ⅲ	―か	問い
会	うそ人	猿	Ⅲ	―か	問い
地			Ⅰ	―とや―連体形	疑い
会	狐	龍（人）	Ⅲ	―か	問い
地			Ⅰ	―とや―連体形	疑い
会	狐	狼	Ⅱ	―終止形+や	反語
会	狼	狐	Ⅲ	―か	問い
会	狐	狼	Ⅰ	―や―連体形	疑い
会	狐	狼	Ⅲ	―か	問い
地			Ⅰ	―や―連体形	反語
心	狼 独り言		Ⅱ	―終止形+や	反語

巻	頁行	大系頁	大系行	伊曽保古活字本
下	17ウ 5	449	10	わが身地獄に落ちて、他人楽しみを受くればとて、わが合力になるべきや。
下	20ウ 6	453	1	「世に男の誰もなきか。」なんどと人の笑はんも恥づかしければ、
下	21ウ 3	453	13	子ども笑ひて申けるは、「われら横ありき候か、
下	22オ11	454	11	すこしき徳に誇つて、大なる損をばわきまへずや。」とぞ恥を示しける。
下	23オ 6	455	10	「我にまさりてかれに取らせんも嫉まし。」とや思ひけん、是も初めに請ひ奉らず。
下	24オ 7	456	11	子どもにむかつて、「今は此牛のせいほどなりけるや。」と尋ねければ、
下	26ウ 7	459	7	主此由を見て、「…いかさまにもただ人のしわざとも見えず。天魔の現じきたれるや。」とおろかにおそれて、
下	27オ 1	459	10	これほどの事をだにわきまへぬやからは、能き事を見てはかへつて悪ししとや思ふべき。
下	27ウ 2	460	5	主心に思ひけるやうは、「いかさまにも此鳥の腹には、大なるこがねや侍るべき。」とて、
下	31オ10	464	5	ただし虚言や。」と申しければ、
下	32オ 9	465	5	此出家の重欲心をさとつて申けるは、「…然ども、御存知なきにや侍らん。此ゑのこの臨終、さも有難くいみじき心ざしあり。
下	33ウ 1	466	6	翁、げにもとや思ひけん、「若き者なれば、……。」とて、わが子を乗せて、
下	33ウ 2	466	6	翁、……、「若き者なれば、くたびれやする。」とて、わが子を乗せて、
下	35ウ 4	468	10	まづわが腹に玉ありといふは、あるべき事やいなや。
下	35ウ 8	468	13	我を一たび放つもの、かなはぬ物故ねらふ事、去つて還らぬを悔やむにあらずや。」とぞ恥ぢしめにける。
下	36ウ11	469	13	狐、「すはや先度の返報か。」とて、鶴の宅所に到りけり。

第二章　古活字本『伊曽保物語』の肯否疑問文　195

文体	話　手	聞　手	形式1	形式2	表現
地			Ⅱ	—終止形＋や	反語
会	会話文中人	会話主の女	Ⅲ	—か	問い
会	子がざみ	母がざみ	Ⅲ	—か	問い
会	鶴	孔雀	Ⅱ	—終止形＋や	問い
地			Ⅰ	—とや—連体形	疑い
会	蛙	子ども	Ⅱ	—終止形＋や	問い
心	主		Ⅱ	—終止形＋や	疑い
地			Ⅰ	—とや—連体形	疑い
心	主		Ⅰ	—や—連体形	疑い
会	狐	鳥	Ⅱ	—名詞句＋や	問い
会	ある人	出家	Ⅰ	—にや—連体形	疑い
地			Ⅰ	—とや—連体形	疑い
心	翁		Ⅰ	—や—連体形	疑い
会	鳥	ある人	Ⅱ	—やいなや	問い
会	鳥	ある人	Ⅱ	—終止形＋や	問い
心	狐		Ⅲ	—か	疑い

第三章 『教訓近道』の疑問表現
―『伊曽保物語』との比較を通して―

キーワード：教訓近道　伊曽保物語　疑問表現　文末「―か」形式
　　　　　　文中の助詞

1 はじめに

　本研究の目的は、疑問表現の形式と用法が、時を隔てて共通の話材に用いられる場合にどのように変化するか、あるいは対応しているかについて、イソップ寓話集を用いて明らかにすることである。イソップ寓話集は明治時代に渡部温が翻訳した『通俗伊蘇普物語』が普及し、小学校の修身や唱歌、国語読本などの教科書の素材として用いられた[1]。しかし、それ以前、江戸時代にもイソップ寓話は読みつがれてきた。代表的なものに、イエズス会の宣教師たちがもたらしたイソップ寓話集を翻訳し、江戸時代前期に公刊された『伊曽保物語』と、江戸時代後期にイソップ寓話を抄出して作成された『教訓近道』がある。本論では『教訓近道』を中心にして、『伊曽保物語』を比較の対象に据え、調査する。
　まず、『教訓近道』の疑問表現の形式を整理し、古活字本『伊曽保物語』の疑問表現と比較する。古活字本『伊曽保物語』の疑問表現については既に疑問詞疑問文・肯否疑問文の形式に分けて調査し、考察してある。この作品の成立は寛永十六年（1639）の刊記のものが伝わっているので、その時期を下らない。それより約二百年後に『伊曽保物語』に基づく抄本ともいえる『教訓近道』が成立した。これによって、江戸時代前期上方語と江戸時代後期江戸語の疑問表現の形式と用法の異同を明らかにできると考える。次に、『教訓近道』の疑問表現を、為永春水が所持していたと見られる万治二年

(1659)整版本『伊曽保物語』の対応する部分と比較する。これによって、為永春水の『教訓近道』編集の態度を究明していく。

以下、『教訓近道』は〈教訓〉、古活字本『伊曽保物語』は〈伊曽保〉、万治二年整版本『伊曽保物語』は〈万治本〉〈万治〉の略称を用いる[2]。また、引用に際し、適宜送り仮名や句読点を付し、踊り字を仮名に直すなどの手を加える。

2 『教訓近道』の疑問表現の概観

〈教訓〉の19話には27例の疑問表現が見られる。その中には会話文の1例で、〈万治本〉の対応部分と比べると疑問詞の脱落が考えられるものがある。

① 〈教訓〉蟻答へて、「さらば、今とても歌ひ給はぬぞ。(195-11)
　　〈万治〉蟻申しけるは、「今とても、など、うたひ給はぬぞ。(129-11)

また、寓話の後に内容に即した教訓が続く構成になっているが、その教訓のさらに後に、書き手から読み手に対して問いかけるものがある。

② 〈教訓〉なんと、子供衆。合点か合点か。(210-3)

これらを除き、25例を整理の対象にする。

〈教訓〉の19話のうち、〈万治本〉と話材が共通する16話に22例の疑問表現が見られる。その内訳は、会話文に20例、心内文に1例、地の文に1例である。中国古典に由来する3話に3例の疑問表現があり、その内訳は、会話文に2例、地の文に1例である。これらを形式に従って整理し、分類すると表1のようになる。括弧内の数値は中国種3話の用例数を表している。

表1から次の事が指摘できる。
（a）　疑問詞疑問文の方が肯否疑問文よりも多く、全体の三分の二に相当する。
（b）　疑問詞疑問文で多い形式は、(A)の疑問詞（を含む成分）を用い、文末を連体形で結ぶ形式である。

（c）肯否疑問文で多い形式は、Ⅲの文末助詞形式「―か」である。

表1 〈教訓〉の疑問表現の形式

疑問表現	形式	会話文	心内文	地の文	計
疑問詞疑問文	（A）WH―	6			16 (2)
	（B）WH+カ―	1	1		
	（C）WH―ゾ	3 (1)			
	（E）WH―ヤ	4 (1)			
	（J）―WH+ゾ	1			
肯否疑問文	Ⅰ ―や―連体形			1	9 (1)
	Ⅱ ―終止形+や	2			
	Ⅲ ―連体形／名詞句+か	6 (1)			
計		23 (3)	1	1	25 (3)

・「―連体形／名詞句+か」形式を「―か」と表すこともある。
・形式の項の（A）〜（J）、Ⅰ〜Ⅲは〈伊曽保〉の分類に用いた記号である。

3　古活字本『伊曽保物語』の疑問表現との比較

　古活字本『伊曽保物語』の疑問表現には、古代語の基本形式のほかにさまざまな形式が存在する。そこで、実態に合わせて整理し、文中の助詞の有無・文末の形式に従い、表2・表3のように分類した。

（1）疑問詞疑問文

　疑問詞疑問文の基本形式は（A）疑問詞（を含む成分）を用い、文末を連体形で結ぶ「WH―」・（B）「疑問詞（を含む成分）+か」を用い、文末を連体形で結ぶ「WH+カ―」・（C）疑問詞（を含む成分）を用い、文末を「ぞ」で結ぶ「WH―ゾ」である。

200　第二部　古活字本『伊曽保物語』・『教訓近道』の疑問表現

表2　〈伊曽保〉の疑問詞疑問文の形式

分類	形式	会話文 問い	会話文 反語	地の文 疑い	地の文 反語	心内文 疑い	心内文 反語	計
(A)	WH―	3	3	0	1	0	0	7
(B)	WH＋カ―	6	10	5	7	1	3	32
(C)	WH―ゾ	22	1	0	0	0	0	23
(D)	WH＋カ―ゾ	14	0	0	0	0	0	14
(E)	WH―ヤ	4	3	0	0	0	1	8
(F)	WH＋カ―ヤ	6	8	0	1	0	0	15
(G)	WH―ゾヤ	2	0	0	0	0	0	2
(H)	WH―トヤ	1	0	0	0	0	0	1
(I)	―WH	10	0	0	0	0	0	10
(J)	―WH＋ゾ	12	0	0	0	0	0	12
(K)	―WH＋ゾヤ	2	1	0	0	0	0	3
(L)	WH	4	0	0	0	0	0	4
(M)	WH＋ゾ	1	0	0	0	0	0	1
計		87	26	5	9	1	4	132
		113		14		5		

・この表では、疑問詞（を含む成分）を符号WH、助詞を片仮名で示す。

（2）　肯否疑問文

　肯否疑問文の基本形式はⅠ　助詞「や」を文中に用いる「―や―連体形」・Ⅱ　助詞「や」を文末に用いる「―終止形＋や」・Ⅲ　助詞「か」を文末に用いる「―連体形／名詞句＋か」である[3]。

　〈伊曽保〉の疑問詞疑問文は132例、肯否疑問文は57例で、その合計は189例である。割合は疑問詞疑問文が69.8％、肯否疑問文が30.2％になる。一方、〈教訓〉の疑問詞疑問文は16例、肯否疑問文は9例で、その合計は25例であったので、割合は疑問詞疑問文が64.0％、肯否疑問文36.0％になる。割合を比べると、〈教訓〉は〈伊曽保〉よりも疑問詞疑問文がいくらか

表3 〈伊曽保〉の肯否疑問文の形式

	形式	会話文	地の文	心内文	小計	計
Ⅰ	―や―連体形	1	2	2	5	
	―や	1	0	0	1	
	―とや―連体形	2	7	0	9	
	―にや―連体形	1	0	0	1	
	―にや	0	2	0	2	18
Ⅱ	―終止形＋や	19	1	2	22	
	―名詞句＋や	1	0	0	1	
	―やいなや	3	0	0	3	26
Ⅲ	―連体形／名詞句＋か	12	0	1	13	13
	計	40	12	5	57	

・「―連体形／名詞句＋か」形式を「―か」と表すこともある。

少なく、肯否疑問文がいくらか多い。

〈伊曽保〉の疑問詞疑問文で最も多い形式は（B）の「疑問詞（を含む成分）＋か」を用い、文末を連体形で結ぶ形式（32例、24.2％）で、それに続くのは（C）の疑問詞（を含む成分）を用い、文末を「ぞ」で結ぶ形式（23例、17.4％）である。そして、肯否疑問文でもっとも多い形式はⅡの助詞「や」を文末に用いる形式（22例、38.6％）である。一方、〈教訓〉の疑問詞疑問文で最も多い形式は（A）の疑問詞（を含む成分）を用い、文末を連体形で結ぶ形式（6例、37.5％）で、それに続くのは（E）の疑問詞（を含む成分）を用い、文末を「や」で結ぶ形式（4例、25.0％）である。そして、肯否疑問文で最も多い形式はⅢの助詞「か」を文末に用いる形式（6例、66.7％）である[4]。よく出現する形式を比べると、〈教訓〉と〈伊曽保〉の間に相違がある。疑問詞疑問文では文中の助詞「か」を使わない方向に、肯否疑問文では文末を助詞「や」から助詞「か」で結ぶ方向に変化している。

以上から次の事が指摘できる。

（a） 疑問文の割合を比べると、〈教訓〉は〈伊曽保〉よりも疑問詞疑問文が少なく、肯否疑問文が多い。

（b） よく出現する形式を比べると、〈教訓〉と〈伊曽保〉の間に相違が

ある。〈教訓〉は〈伊曽保〉よりも、疑問詞疑問文では文中の助詞「か」を使わない方向に、肯否疑問文では文末を助詞「や」から助詞「か」で結ぶ方向に変化している。

4 万治本『伊曽保物語』の対応部分との比較

4.1 『教訓近道』の疑問詞疑問文

〈教訓〉〈万治本〉に共通する 16 話で〈万治本〉に見られる疑問詞疑問文は 26 例であり、次の形式をとっている。

　　（A）WH―　　　5 例（会話文 3・地の文 2）
　　（B）WH＋カ―　　5 例（会話文 4・心内文 1）
　　（C）WH―ゾ　　　5 例（会話文 5）
　　（D）WH＋カ―ゾ　4 例（会話文 4）
　　（E）WH―ヤ　　　1 例（会話文 1）
　　（F）WH＋カ―ヤ　3 例（会話文 2・地の文 1）
　　（G）WH―ゾヤ　　1 例（会話文 1）
　　（J）―WH＋ゾ　　2 例（会話文 2）

〈教訓〉の 16 話には疑問詞疑問文が 14 例見られるので、〈万治本〉よりも〈教訓〉ではかなり減少している。また〈教訓〉は（A）（B）（C）（E）（J）に相当の 5 形式であるのに、〈万治本〉は上記の 8 形式であるので、形式も〈万治本〉よりも〈教訓〉で減少している。〈教訓〉の 14 例のうち〈万治本〉に対応する部分が存在するのは 13 例で、それらは〈万治本〉ですべて疑問詞疑問文になっている。なお、〈万治本〉の残りの 13 例は〈教訓〉で異文であったり、対応する部分がなかったりして比較ができない。

（1）〈教訓〉で（A）「WH―」形式のもの
　　例①のみ反語を表し、例②・例③を含めて他は問いを表す。
　　　①　〈教訓〉河童は大きに怒つて、「何の金を汝にやるべき。(205-2)
　　　　　〈万治〉龍、怒つて云く、「何の金銭をか、参らすべき。(135-2)

② 〈教訓〉鶴が一羽、飛び来たりて、「其元は、<u>何故に苦しみ給ふ。</u>」と聞きければ、狼は涙を落として、泣く泣く言ひけるは、(210-6)

〈万治〉鶴、この由を見て、「御辺は、<u>何を悲しみ給ふぞ。</u>」といふ。狼、泣く泣く申しけるは、(92-6)

③ 〈教訓〉狐、又人に向ひ、「<u>どれ程締められし。</u>」と言へば、「これ程なり。」と、縄にて締めるを、(205-8)

〈万治〉狐、人に申しけるは、「<u>いか程か、締め付けらる（る）ぞ。</u>」といふ程に、「これ程。」とて、締めければ、(135-9)

〈万治本〉の対応部分は「WH─」形式が1例、例①のように「WH＋カ─」形式が2例、例②の「WH─ゾ」形式が1例、例③のように「WH＋カ─ゾ」形式が2例である。〈教訓〉では〈万治本〉の疑問形式から文中の助詞「か」、文末の助詞「ぞ」を除く方向で表現が選んである。

(2) 〈教訓〉で（B）「WH＋カ─」・（C）「WH─ゾ」形式のもの

例⑤のみ問いを表し、例④を含めて他は反語を表す。

④ 〈教訓〉（狐が馬に）「…我等、先へ上がりしとて、<u>いかでか、我が力にて上がるべき。</u>いつまでもゆるりと、そこに居給へ。」とて帰りぬ。(242-11)

〈万治〉（狐が野牛に）「…<u>何としてかは、御辺を引上げ奉らんや。</u>さらば。」とて帰りぬ。(156-2)

⑤ 〈教訓〉その時、狼は悪心起こりて、羊の傍へ歩みより、「汝は<u>何故に、我が飲む水を濁したるぞ。</u>」と言ひかかれば、羊は答へて、(223-12)

〈万治〉狼、羊を見て、かの傍に歩み近付き、羊に申しけるは、「汝、<u>何の故にか、我が飲む水を濁しけるぞ。</u>」といふ。羊答へて云く、(86-1)

〈教訓〉で「WH＋カ─」形式の場合、〈万治本〉の対応部分は「WH＋カ─」形式が1例、例④の「WH＋カ─ヤ」形式が1例である。また、〈教訓〉

で「WH─ゾ」形式の場合、〈万治本〉の対応部分は例⑤の「WH＋カ─ゾ」形式が1例、「WH─ゾヤ」形式が1例である。〈教訓〉では〈万治本〉の疑問形式から文末の助詞「や」、文中の助詞「か」を除く方向で表現が選んである。

（3）〈教訓〉で（E）「WH─ヤ」形式のもの
　例⑥をはじめとして、すべて問いを表す。
　　⑥　〈教訓〉蟻、答へて言ふやう、「蟬殿には、春、夏の営みには、<u>何事をなさるるや</u>。」と言へば、蟬答へて、（195-7）
　　　　〈万治〉蟻、答へて云く、「御辺は、春秋の営みには、<u>何事をか</u>、し給ひける<u>ぞ</u>。」といへば、蟬、答へて云く、（129-8）

〈万治本〉の対応部分は例⑥の「WH＋カ─ゾ」形式が1例、「WH─ゾ」形式が1例、対応する部分がないのが1例である。〈教訓〉では〈万治本〉の疑問形式から文中の助詞「か」を除き、文末を助詞「ぞ」から「や」に変える方向で表現が選んである[5]。なお、〈教訓〉の（J）「─WH＋ゾ」形式に対応する部分は〈万治本〉でも同じ形式である。

以上から次の事が指摘できる。
（a）〈教訓〉の疑問詞疑問文は〈万治本〉よりもかなり減少している。また疑問文の形式も〈万治本〉よりも減少している。
（b）〈教訓〉では〈万治本〉の疑問形式から文中の助詞「か」、文末の助詞「や」「ぞ」を除く方向で表現が選んである。〈教訓〉と〈万治本〉の形式に違いが見られる。

4.2　『教訓近道』の肯否疑問文

〈教訓〉〈万治本〉に共通する16話で〈万治本〉に見られる肯否疑問文は11例で、次の形式をとっている。
　　　Ⅰ　─や─連体形　　　　　3例（会話文2・地の文1）
　　　　　─にや　　　　　　　　1例（地の文1）

第三章　『教訓近道』の疑問表現　205

　　Ⅱ　―終止形＋や　　　　　　3例（会話文2・地の文1）
　　Ⅲ　―連体形／名詞句＋か　　4例（会話文4）
　〈教訓〉の16話には肯否疑問文が8例見られるので、〈万治本〉よりも〈教訓〉ではやや減少している。この8例のうち〈万治本〉に対応する部分のあるのは7例である。しかし、〈万治本〉でも対応する部分が肯否疑問文になっているのはわずか1例である。
　　⑦　〈教訓〉御身、わづかの得に誇りて、大きなる損のあるを弁へず
　　　　　や。」と恥ぢしむれば、孔雀は一言半句もなく、(249-7)
　　　　〈万治〉少しき徳に誇りて、大きなる損をば弁へずや。」とぞ、恥を
　　　　　示しける。(163-10)
　〈教訓〉にはもう1例、例⑦のような「―終止形＋や」形式があるが、〈万治本〉の対応部分は疑問文ではない。
　　⑧　〈教訓〉寒くなれば、羽も腰も抜けて、飛び歩く事もならず、いと
　　　　　いと見苦しき様ならずや。(217-7)
　　　　〈万治〉秋深くなるに随いて、翼よ（は）り、腰抜けて、いと見苦
　　　　　しき、とぞ申し侍りき。(109-3)
　〈教訓〉の「―か」形式が〈万治本〉では命令文になっているものが3例ある。
　　⑨　〈教訓〉（蟬が）「…我にも少し、分けて下さらぬか。」と言へば、蟻
　　　　　答へて言ふやう、(195-6)
　　　　〈万治〉（蟬が）「…我に少しの餌食を賜び給へ。」と申しければ、蟻、
　　　　　答へて云く、(129-6)
　　⑩　〈教訓〉御苦労ながら、ちよつと此処まで降りては下されぬか。」と
　　　　　言へば、鶏答へて、(198-12)
　　　　〈万治〉先づ此所へ降りさせ給へ。…」と、しきりによべども、(119-7)
　　⑪　〈教訓〉あの犬をもここへ呼んで、仲むつまじく遊ばふではござら
　　　　　ぬか。」と言はれて、(204-1)
　　　　〈万治〉そこに待ちて、犬と交り給へ。」と支へければ、(121-1)
　例⑨・例⑩は〈教訓〉で肯否疑問文の形式をとりながら、相手に対しての

依頼を表し、例⑪は勧誘を表している。
　〈教訓〉の「―か」形式が〈万治本〉では願望の表現になっているものがある。

　　⑫　〈教訓〉しかし、この頃は、お声も殊の外よくなられたと承りましたが、何と一声、鳴いて聞かせて下されぬか。(208-8)
　　　〈万治〉但し、この程世上に申せしは、『御声も事の外、能く渡らせ給ふ』など申してこそ候へ。あはれ、一節聞かまほしうこそ侍れ。(98-8)

例⑫は〈教訓〉で肯否疑問文の形式をとりながら依頼を表している。
　次の例は〈万治本〉に対応する部分が存在せず、「―か」形式が依頼を表すものである。

　　⑬　〈教訓〉鶏答へて、「それは何より良き事なり。しかし、我等は少し此処に用もあれば、そこからお話し下されぬか。」と言へば、狐は首を振り、(199-2)

なお、共通寓話における〈万治本〉の「―か」形式4例のうち、〈教訓〉に対応部分があるのは次の1例のみである。

　　⑭　〈万治〉（狼が）狐に申しけるは、「魚の入りたるか、殊の外重くなりて、一足も引かれず。」といふ。狐申しけるは、「さん候。殊の外に魚の入りて見え候程に、(138-8)
　　　〈教訓〉だんだんに重くなりて、今は一足も泳ぎ難く見ゆる時、狐、狼に向ひて、「さても沢山に魚の入りたれば、(228-7)

この例は〈万治本〉で会話文にあり、問いかけに使われているが、〈教訓〉では地の文に変わり、「―か」形式が使われていない。
　〈万治本〉に対応する部分が存在するかどうかにかかわらず、〈教訓〉の「―か」形式には依頼を表すものが4例ある。しかし、共通寓話における〈万治本〉の「―か」形式4例にも、〈伊曽保〉の「―か」形式全体にも依頼の表現はない。為永春水は〈万治本〉の命令や願望の表現を〈教訓〉で「―か」形式による依頼や勧誘の表現に変更している。ここに〈教訓〉と〈万治本〉の表現方法の大きな相違がある。

〈教訓〉の「─や─連体形」形式は〈万治本〉で心内文の感動表現になっている。

⑮　〈教訓〉一羽の鳩、木の上よりこれを見て、憐れに<u>や</u>思ひけん、木の枝を少し食ひ切つて、水の中へ落しければ、(237-2)

〈万治〉鳩、木末より、これを見て、「哀れなる<u>有様かな。</u>」と、木末を少し食い切りて、河の中に落しければ、(145-5)

以上から次の事が指摘できる。
（a）〈教訓〉の肯否疑問文は〈万治本〉よりもやや減少している。
（b）　為永春水は〈万治本〉の命令や願望の表現を〈教訓〉で「─か」形式による依頼や勧誘の表現に変更した。ここに〈教訓〉と〈万治本〉の表現方法の大きな相違がある。

5　おわりに

イソップ寓話集を翻訳して江戸時代前期に刊行された『伊曽保物語』と、その一伝本である〈万治本〉を基に寓話を抄出して作成された『教訓近道』を比較することで、疑問表現の形式と用法を追究してきた。その結果、次のことが指摘できた。

（1）『教訓近道』の疑問表現の概観
　（a）　疑問詞疑問文の方が肯否疑問文よりも多く、全体の三分の二に相当する。
　（b）　疑問詞疑問文で多い形式は、（A）の疑問詞（を含む成分）を用い、文末を連体形で結ぶ形式である。
　（c）　肯否疑問文で多い形式は、Ⅲの文末助詞形式「─か」である。
（2）『伊曽保物語』との比較
　（d）　疑問文の割合を比べると、〈教訓〉は〈伊曽保〉よりも疑問詞疑問文が少なく、肯否疑問文が多い。
　（e）　よく出現する形式を比べると、〈教訓〉と〈伊曽保〉の間に相違が

ある。〈教訓〉は〈伊曽保〉よりも、疑問詞疑問文では文中の助詞「か」を使わない方向に、肯否疑問文では文末を助詞「や」から助詞「か」で結ぶ方向に変化している。

(3) 〈万治本〉の対応する部分との比較

（f）〈教訓〉の疑問詞疑問文は〈万治本〉よりもかなり減少している。また疑問文の形式も〈万治本〉よりも減少している。

（g）〈教訓〉の疑問詞疑問文は〈万治本〉の疑問形式から文中の助詞「か」、文末の助詞「や」「ぞ」を除く方向で表現が選んである。〈教訓〉と〈万治本〉の形式に違いが見られる。

（h）〈教訓〉の肯否疑問文は〈万治本〉よりもやや減少している。

（i）為永春水は〈万治本〉の命令や願望の表現を〈教訓〉で肯否疑問文の「─か」形式による依頼や勧誘の表現に変更した。ここに〈教訓〉と〈万治本〉の表現方法の大きな相違がある。

『教訓近道』の作品の規模は大きくないが、〈万治本〉の対応する部分と比較することで江戸時代における疑問表現の変遷の様相を見ることができる。

注

1）渡部温に関しては、片桐芳雄（1983、1984、1985）に詳しく書かれている。また、谷川恵一（2001）による解説が参考になる。

2）調査には次の文献を利用した。

〈教訓〉…「翻刻『絵入教訓近道』─イソップの合巻本」、〈伊曽保〉…日本古典文学大系『仮名草子集』所収「伊曽保物語」、〈万治本〉…『仮名草子集成』第3巻所収「伊曽保物語（万治二年板）」

〈教訓〉〈万治本〉の引用の表記は原則として岩波文庫『万治絵入本伊曽保物語』により、その頁・行を示す。

3）疑問表現の基本形式は小田勝（2007）に掲示してある形式を採用した。

4）〈教訓〉と〈伊曽保〉とでは収録話数に大きな差があり、作品に現れた疑問表現の数にも大きな差が見られる。比較の確実さを見るため、疑問詞疑問文の形式のパターンが同じであるかどうかを検定した。カイ2乗値は30.22。自由度12の有意水準0.05のカイ2乗値は21.03である。得られた数値は大きいの

で、〈教訓〉と〈伊曽保〉の疑問詞疑問文の形式のパターンに差が見られる。
5) 阪倉篤義（1993）は、疑問詞（を含む成分）を用い、文末を「ぞ」で結ぶ形式が、疑問詞（を含む成分）を用い、文末を「ぢや」で結ぶ形式にとって代わられ、現代語で「WH─ダ？」「─ハ WH ダ？」形式を基本とするものになったと述べる。〈教訓〉に「ぢや」「だ」で結ぶものはない。文末の「や」について、江戸時代末期の上方語に見られる助動詞ととらず、助詞と判断しておく。

〈文献〉
朝倉治彦　編（1982）『仮名草子集成』第 3 巻　東京堂出版
小田勝（2007）『古代日本語文法』　おうふう
片桐芳雄（1983、1984、1985）「幕末明治の洋学者・渡部温（一郎）覚え書」(1)(2)(3)『愛知教育大学研究報告（教育科学）』第 32 輯、第 33 輯、第 34 輯
阪倉篤義（1993）『日本語表現の流れ』　岩波書店
谷川恵一（2001）東洋文庫 693『通俗伊蘇普物語』　平凡社
武藤禎夫（1995）「翻刻『絵入教訓近道』─イソップの合巻本」『共立女子短期大学文科紀要』38
武藤禎夫　校注（2000）『万治絵入本伊曽保物語』　岩波書店
森田武（1965）校注・解説「伊曽保物語」（日本古典文学大系『仮名草子集』）　岩波書店

おわりに

　日本語学の世界では、古活字の『伊曽保物語』（以下、〈伊曽保〉）よりもローマ字の天草版『エソポのハブラス』（以下、〈エソポ〉）を研究対象に据えることが多い。天草版『平家物語』（以下、〈ヘイケ〉）とともに、室町時代末期の話し言葉の語彙や文法、音韻を研究するのに好適な文献だからである。しかし、〈伊曽保〉も、十分に日本語学の研究対象になる価値を備えている。その本文は現代の二十代の若者が現代語訳なしで読んでも、大方内容をつかむことができるものである。つまり、現代人が読んでも理解しやすい文脈で成り立っているということである。江戸時代初期に刊行されて以来、市井で読み継がれたのは、内容のおもしろさや教訓性によるところもあるが、当時の人々に理解しやすい文脈で、日常の言葉から離れていない語法で書かれているからであろう。その点において、十分に日本語学の研究対象になる価値を備えていると考える。

　中でも、会話部分は話者のやりとりを活写している。当時の人々がコミュニケーション技術を学ぶ上で、大いに参考になったことであろう。会話のやりとりを継続するためには、必然的に疑問表現が使われる。〈伊曽保〉に多くの疑問文が現れる所以である。

　〈エソポ〉・〈ヘイケ〉の疑問詞疑問文に、基本形式Ⅲ［疑問詞（を含む成分）を用い、文末を「ぞ」で結ぶ。］が多用されている。この基本形式Ⅲは当時の話し言葉の代表的な形式とみなしてよい。〈伊曽保〉でもこの形式は現れるが、多くはない。相手に配慮しつつ、事柄を問う場合に用いられる。配慮という人情の機微を表現するには、話し言葉の形式が適したということであろう。

　〈伊曽保〉の疑問詞疑問文では、前時代・同時代の他作品に比べて、文末を助詞「や」で結ぶ形式が多用されている。上位者から下位者への会話や威儀を正して語る場面、相手の思慮のなさや未熟さを指摘する表現に見られる。

この形式は漢文訓読の語法から生まれたもので、硬い印象を与えるのに効果をあげている。

〈伊曽保〉の疑問詞疑問文を考察すると、形式の多様性と使い分けという特色が見えてくる。

〈伊曽保〉の肯否疑問文では、古来の係り結び形式が地の文で疑いを表す用法に偏在して残る。そして、文末助詞形式「―終止形＋や」が頻用される。しかし、その用法に変化が見られ、相手の意志を問うたり、答えを要求したりというものからずれて、内容の判定を求めるものが存在する。文末助詞形式「―か」の使用は最も少ないが、その用法に変化はない。

ところで、〈エソポ〉の肯否疑問文の代表的な形式は「問い」「疑い」「反語」の別に関係なく文末助詞形式「―か」である。これが当時の話し言葉の代表的な形式とみなしてよい。〈伊曽保〉の場合、「問い」「疑い」「反語」の別によって形式に使い分けがあり、文末助詞形式「―終止形＋や」を多用する。

会話文で肯否疑問文の「問い」を表現する形式として、平安時代に文末助詞形式「―終止形＋や」をよく用いたが、次第に文末助詞形式「―か」を用いるように変化していった。〈伊曽保〉の形式は日本語における肯否疑問文の変遷に逆行している。この現象の理由として、翻訳時の擬古的態度を推定している。

〈伊曽保〉の肯否疑問文を考察すると、形式の使い分けという特色が見えてくる。また、日本語の変遷の中で位置づけると、〈伊曽保〉は当時の話し言葉の語彙・語法を取り込みつつ、室町時代前期までの文体を範として擬古的態度で翻訳されたと推定できる。

『教訓近道』（以下、〈教訓〉）と〈伊曽保〉でよく出現する形式を比べると、二つの間に相違がある。〈教訓〉は〈伊曽保〉よりも、疑問詞疑問文では文中の助詞「か」を使わない方向に、肯否疑問文では文末を助詞「や」から助詞「か」で結ぶ方向に変化している。万治二年整版本『伊曽保物語』（以下、〈万治本〉）の対応部分を比べると、〈教訓〉の疑問詞疑問文は、文末の助詞「や」「ぞ」を除く方向で表現が選んである。

為永春水は〈万治本〉の命令や願望の表現を〈教訓〉で肯否疑問文の「─か」形式による依頼や勧誘の表現に変更した。ここに〈教訓〉と〈万治本〉の表現方法の大きな相違がある。

　〈教訓〉の疑問表現を考察すると、江戸時代における疑問表現の変遷の様相と、為永春水の編集態度が見えてくる。

第三部

天草版『平家物語』・天草版『エソポのハブラス』の助数詞と数詞

はじめに

　第三部においては、天草版『平家物語』・天草版『エソポのハブラス』の助数詞と、助数詞を含む数詞を、計量的な観点と意味による分類の観点から分析し、考察する。その際、古活字本『伊曽保物語』・『平家物語』〈高野本〉を適宜用いることにする。
　日本語で数を表すとき、「数を表す部分」と「数えられる対象の種類を表す語尾」とを合わせた形で示すのが一般的である。「ひとくち・ふたり・三回・四枚」の「ひと・ふた・三・四」が「数を表す部分」で、「くち・り・回・枚」が「数えられる対象の種類を表す語尾」である。本稿では合わせた形を数詞と呼び、「数えられる対象の種類を表す語尾」を助数詞と呼ぶことにする。日本語の特徴の一つに、この助数詞が、対象となる人や物の形状や性質などに対応して複雑に使い分けられているという事象がある。固有の日本語の数詞は本来非常に素朴単純であった。それが中国語の数詞の影響と日本文献の書記上の必要から、日本語の助数詞を含む数詞は多様になったと考えられる。しかし、現代は簡略化に向かっている[1]。
　ここで、第三部における数詞と助数詞の扱い方を示しておく。

数詞、助数詞の扱い方
　数詞に副詞的用法の存することを根拠にして、名詞とは別の一品詞とする立場もある。が、名詞と同じく体言相当であること、「きのう・いつ」などの名詞にも副詞的用法が見られることなどから数詞を名詞に含める立場をとる。
　　(1)　「きのう」
　　　　a　きのうの雨のおかげで朝顔のつるが伸びた。〔名詞〕
　　　　b　きのう雨が降った。〔副詞的用法〕
　　(2)　「いつ」

　　　　a　いつの年よりも寒い。〔名詞〕
　　　　b　いつ荷物が届きますか。〔副詞的用法〕
　　(3) 漢語「大概」
　　　　a　事件の大概を記録した。〔名詞〕
　　　　b　大概大丈夫だろう。〔副詞的用法〕

　数量を示す語を基数詞といい、順序を示す語を序数詞といい、このふたつを数詞に含める考え方と、序数詞を数詞に含めない考え方とがある[2]。本研究では助数詞を含む数詞を広く収集するため、ふたつとも数詞に入れることにする。また、人名や地名などの固有名詞・人物の呼称に助数詞が存する場合も数詞に準じて取り扱うことにする。

　「数を表す部分」のうち日本語古来の「ひと・ふた」などは単独で用いられることがない。一方、中国語由来の「サン（三）・シ（四）」などは助数詞を伴わないまま、語としても用いられる。本研究では助数詞を伴わない数詞について、考察の参考にとどめることにする。

　調査に用いる文献の素性や価値については第一部の「はじめに」に述べたので、それを参照されたい。

　以下、第一章で天草版『平家物語』の助数詞と数詞を『平家物語』〈高野本〉を比較に用いて考察し、第二章で天草版『エソポのハブラス』の助数詞と数詞を古活字本『伊曽保物語』・天草版『平家物語』を比較に用いて考察する。それによって、中世から近世にかけての助数詞と数詞の変遷と特色を把握するように努める。

注
1) 築島裕（1965）、池上秋彦（1971）、宮地敦子（1972）、前田富祺（1984）、前田富祺（1986）など。
2) 助数詞の「番」を含む場合、基数詞の例として「舞一番」、序数詞の例として「三番目の客」がある。「舞一番」は舞の数量を表す。「三番目の客」は数量ではなく、三番目に来た客そのものを表す。このことから序数詞を数詞に含めないとする考え方もある。奥津敬一郎（1969）を参照。

〈文献〉
池上秋彦（1971）「数詞」「助数詞」の項目の解説『日本文法大辞典』　明治書院
奥津敬一郎（1969）「数量的表現の文法」『日本語教育』14号
大塚光信・来田隆（1999）『エソポのハブラス本文と総索引』　清文堂出版
近藤政美・武山隆昭・近藤三佐子（1996）『平家物語〈高野本〉語彙用例総索引』（自立語篇）　勉誠社
近藤政美・武山隆昭・池村奈代美・濱千代いづみ・近藤三佐子（1998）「接辞（接頭語・接尾語・助数詞）の用例付き索引」『平家物語〈高野本〉語彙用例総索引』（付属語篇）下　勉誠社
近藤政美・池村奈代美・濱千代いづみ（1999）『天草版平家物語語彙用例総索引』　勉誠出版
築島裕（1965）「日本語の数詞の変遷」『言語生活』第166号
前田富祺（1984）「中世文学と数詞」『武蔵野文学』32
前田富祺（1986）「古典の中の数詞・助数詞」『日本語学』第5巻第8号
宮地敦子（1972）「数詞の諸問題」『品詞別日本文法講座　名詞・代名詞』　明治書院
横山英　監修（1975）『仮名草子伊曽保物語用語索引』　白帝社

第一章　天草版『平家物語』の助数詞と数詞

キーワード：天草版『平家物語』　助数詞　数詞　『平家物語』〈高野本〉

1　はじめに

1.1　目的と文献

　本研究の目的は、中世日本語の助数詞そのもの、及び助数詞を含む数詞の語彙に関して、天草版『平家物語』を基準におき、『平家物語』との比較を通して解明することである。

　調査に使用する文献は次のものである。

　a　『天草版平家物語語彙用例総索引』
　　　天草版『平家物語』の影印・翻字・文脈つき索引である。
　b　『平家物語〈高野本〉語彙用例総索引』（自立語篇）
　　　ｃの本文を基に作成された文脈つき索引である。
　c　新日本古典文学大系『平家物語』
　　　底本は東京大学国語研究室蔵本（高野辰之氏旧蔵）である。影印本『高野本平家物語』が刊行されているので適宜本文の確認を行う。

　aは筆者自ら編集したもの、bは編集に関係したものである。文献の編集方針をよく理解しており、2種を同じ基準で調査していくので正確なデータが提示できると考える。

　また、斯道文庫蔵『平家物語』を調査、引用して示すこともある。『平家物語』〈高野本〉とともに、天草版『平家物語』の原拠本に近い本文を有する伝本の一つである。

　各文献の略称として次のものを用いる。
　　〈ヘイケ〉〈ヘ〉……天草版『平家物語』

〈高野本〉〈高〉……『平家物語』〈高野本〉
〈斯道本〉〈斯〉……斯道文庫蔵『平家物語』

なお、今後例を引用する場合、〈ヘイケ〉ではローマ字表記を現代通用の漢字仮名に直し、括弧の中に頁・行を示す。〈高野本〉では新日本古典文学大系の本文を引用し、巻、大系の上下の別、頁・行を括弧の中に記す。振り仮名のうち片仮名は底本にあるものを残しており、平仮名は校注者により付されたものである。それを適宜記す。また、適宜踊り字は通用の文字に変え、送り仮名や句読点を補うことにする。〈斯道本〉では漢字片仮名表記を用い、括弧の中に頁・行を示す。

1.2 助数詞の範囲と助数詞の分類

数詞を研究する場合に、「数を表す部分」に続く言葉の扱いに困ることがある。本論では、これを助数詞とみるか名詞とみるか判断するのに、峰岸明(1966)「平安時代の助数詞に関する一考察（一）」に示されている助数詞の処理方法を参考にし、次のような区分を行うことにする。

【助数詞の範囲】
〔1〕 事物の名称が、そのものの数量を示すために、本来の意義・用法のまま基数詞と複合して、一種の数詞として用いられる場合は、これを自立的用法の名詞とみなす。
〔2〕 事物の名称そのもののほかに、その数量を示す特定の語があって、これが基数詞と熟合してその事物の数量・性質・形状などを表示する場合、これを助数詞本来の用法とする。

仏を数える表現として、〈高野本〉に〔1〕一仏浄土・弥陀の三尊、〔2〕仏像二千余体などが出てくる。〔1〕の「仏」「尊」は自立的用法の名詞とみなして検討の範囲外とし[1]、〔2〕の「二千余体」のようなものを対象とした。

各文献の助数詞を含む数詞を抽出して分類、整理するにあたり、助数詞の分類の基準を意味の異同によって次のように定める。

【助数詞の分類】
（１）量を測る単位
　①人為的に特定の単位を設定したもの
　　この中を〔尺度〕〔容積〕〔量目〕〔時間〕に細かく分類する。
　　　例）〔尺度〕三十三間ゲン、〔容積〕百石コク、〔量目〕百貫クワン、
　　　　　〔時間〕二歳サイ
　②集合体や容器の名称を単位名としたもの
　　この中を〔集合体〕〔集団〕〔容器〕に細かく分類する。
　　　例）〔集合体〕一房フサ、〔集団〕一行ツラ、〔容器〕一瓶ペイ
（２）数を数える単位
　①頻度・種類・順序などを単位名としたもの
　　この中を〔頻度〕〔重なり〕〔種類〕〔区画〕〔位階〕〔順序〕に細かく分類する。
　　　例）〔頻度〕三辺ヘン、〔重なり〕二重ヘ、〔種類〕三種シユ、
　　　　　〔区画〕五条デウ、〔位階〕六位ヰ、〔順序〕三男ナン
　②性質・形状などを単位名としたもの
　　ａ　単一体を単位とする場合　〔性質単一〕とする。
　　　例）　五百騎キ、一首シユ、三人ニン
　　ｂ　集合体を単位とする場合　〔性質集合〕とする。
　　　例）　二領リヤウ、一重カサネ
（その他）和語について数を表す「つ」、漢語名詞の前にあって数を数える「か」
　　　例）　ひとつ、ふたつ、三が国、二か所

細部については次のように認定の基準を設ける。

【細部の認定基準】
（ア）同一の助数詞が２類以上の分類で用いられている場合、同じ助数詞の別の用法とする。

(1)「(ばん(番))」
 a　この体では舞ひも定めてよからうず：一番舞ふほどに鼓打ちを呼べと言うて召された．(96-11)　　　　　　　　　　　　　〔頻度〕
 b　また三番目の陣から四番目まではそのごとくにして通いて，(217-15)　　　　　　　　　　　　　　　　　　　　　　　〔順序〕

(2)「でう(条)」
 a　康頼が老母の尼公，妻子どもが一条の北紫野といふ所に忍うでゐたに見せたれば：(67-12)　　　　　　　　　　　　　〔区画〕
 b　兵を内裏のお庭に召し置き，あるいは腰刀を差しながら節会の座に列ならるる，この両条は前代未聞の狼藉でござるによつて，(8-9)　　　　　　　　　　　　　　　　　　　　　　〔性質単一〕

(イ) 漢字を当てると同じ表記になる時でも、和語と漢語の違いがある場合や読み方が違う場合は、別の助数詞として扱う。

(3)「日」
 a　「ひ」　寿永三年正月一日(ひとひ)のことでござるに：(228-13)
 b　「にち」　都を出てまだ一日(いちにち)も経ぬに，(188-22)
 c　「じつ」　上下もなう遊び戯れまらして，一日(いちじつ)片時も立ち離れ奉らず，(314-1)

1.3　先行研究

　助数詞を含む数詞に関する研究は、峰岸明・三保忠夫その他によって各種の文献に見られる助数詞の調査と考察が行われている。ここでは『平家物語』についての先行研究を整理しておくことにする[2]。

（1）「中世軍記物語の数詞──『曽我物語』と『平家物語』の考察」(志甫由紀恵、1992)
（2）「覚一本平家物語の助数詞」(関口佳子、1990)
（3）「接辞(接頭語・接尾語・助数詞)の用例付き索引」(近藤政美・武山隆昭・池村奈代美・濱千代いづみ・近藤三佐子、1998)

（1）は『平家物語総索引』(1973)を用いて調査しているが、この書の編

集のしかたをよく理解せず、項目の扱い方を間違えている。また、一桁の数を表す語を取り上げて助数詞による意味分類を行っているが、本論で先に示した助数詞の範囲と異なり、名詞そのものを助数詞として扱っている。この点が納得できない。

（２）は龍谷大学本を底本とする日本古典文学大系『平家物語』を用いた調査である。和語系・訓読み、漢語系・音読みを区別せずにひとまとめにして扱っている。この点が本論の認定方法と異なっている。

認定方法の異なる例を次にあげよう。（２）に従い、括弧の中に日本古典文学大系における所在を示す。

⑷ （２）の「へん・かへり」に関する記述
　反（7例）
　　○今様を四五反うたひすましたりければ（十・千手前・下264⑬）
　遍（1例）
　　○二三遍おしかへしおしかへしようで後（十二・六代・下405⑫）
　返ヘン・かへり（7例）
　　○おし返しおし返し三返うたひすましたりければ
　　　（一・祇王・上97⑨）
　　○土佐の畑にて九かへりの春秋を送りむかへ
　　　（三・大臣流罪・上256⑫）

「返」の見出しで訓読みと音読みとを合わせて用例数を示し、「反」「遍」「返」というように漢字表記の違いに従って項目を分けている。本論では「へん（返・遍）13例」「かへり（返）2例」のように項目を立て、漢字をあてることにした。

単位の取り方を誤っているものもある。例えば、「仏像の高さを表わす『搩』（2例）も見られる。」として、「搩」の見出しで「一搩手半の薬師百躰」（一・願立・上131③）を引用しているが、この場合、「搩手」を単位とするべきである。

（３）は刊行時点で最善をつくした用例付きの索引であるが、今回助数詞を取り上げるにあたり、再度検討を行っていく。

このように先行の研究をながめてみると、『平家物語』の助数詞を含む数詞について、なお精密な調査が必要であること、〈ヘイケ〉と〈高野本〉とを比較して助数詞を含む数詞の語彙の変遷を分析・考察した研究がいまだ存しないことが明らかである。

1.4 調査の方法と方向

調査の方法と方向は次のようである。

1　〈ヘイケ〉〈高野本〉の助数詞を含む数詞を抽出して分類、整理する。
2　意味による分類の観点で双方の助数詞を比較する。
3　使用度数による計量的な観点で双方の助数詞を比較する。
4　使用度数による計量的な観点で双方の助数詞を含む数詞を比較する。
5　双方を比較して、助数詞の簡略化が起こっているのかを調査する。助数詞の簡略化が起こっている場合、どのような助数詞の意味で起こっているのかを調査、分析する。
6　作品成立の背景と助数詞、及び助数詞を含む数詞の使用との間にどのような関連があるのかを考察する。

具体的な分析基準や方法は、研究対象の特色を導き出すのに最善のものを考案し、用いることにする。

2　助数詞の概要と数詞語彙

2.1　天草版『平家物語』の助数詞の概要

〈ヘイケ〉の助数詞を研究するにあたって、その助数詞がどのような数字や不定詞に付いているか、その助数詞が何を対象に用いられているかを把握するために、助数詞を含む語の形で抽出することにした。たとえば、助数詞「すん」の場合、〈ヘイケ〉では「一寸」（度数 2）、「五寸」（度数 1）、「八寸」（度数 1）の形で用いられている。そこで、「すん」を含む数詞の異なり語数を 3 語、延べ語数を 4 語として計算した[3]。その結果、〈ヘイケ〉から異なり語数で 507 語、延べ語数で 1371 語の助数詞を含む語を抽出した。延べ語

数を異なり語数で割ると2.70になる。同じ語が平均して2.70回出現していることになる。

〈ヘイケ〉のすべての助数詞を1.2に提示した【助数詞の分類】に従って整理すると次のようである。この中には「せ（世）」「だい（代）」「よ（代・世）」「や（夜）」「よ（夜）」のように、独立した名詞としての扱いが可能なものもある。が、本研究では助数詞と認定し処理していく。

【〈ヘイケ〉の助数詞の分類】
（1）量を測る単位
　①人為的に特定の単位を設定したもの……計25種
　　〔尺度〕　たん（段）、ちやう（町）、り（里）、ひろ（尋）、けん（間）、すん（寸）、ぢやう（丈）、ま（間）、そく（束）……9種
　　〔容積〕　こく（石）……1種
　　〔量目〕　……0種
　　〔時間〕　とき（時）、せ（世）、だい（代）、よ（代・世）、ぐわち（月）、ぐわつ（月）、さい（歳）、とせ（年）、ねん（年）、か（日）、じつ（日）、にち（日）、ひ（日）、や（夜）、よ（夜）……15種
　②集合体や容器の名称を単位名としたもの……計3種
　　〔集合体〕ふさ（房）……1種
　　〔集団〕　つら（行）、むら（群）……2種
　　〔容器〕　……0種
（2）数を数える単位
　①頻度・種類・順序などを単位名としたもの……計16種
　　〔頻度〕　より（度）、かたな（刀）、たび（度）、ど（度）、へん（返・遍）、じふ（入）、ばん1（番）……7種
　　〔重なり〕へ（重）、ぢゆう（重）……2種
　　〔種類〕　しゆ（種）……1種
　　〔区画〕　でう1（条）……1種
　　〔位階〕　ほん（品）、ゐ（位）……2種

〔順序〕　ばん２（番）、なん（男）、らう（郎）……３種
　②性質・形状などを単位名としたもの……計25種
　　a　単一体を単位とする場合……22種
　　〔性質単一〕　しゆ（首）、ひき（匹）、まい（枚）、き（騎）、くわん（貫）、
　　　　　　　　ほん（本）、う（宇）、かう（行）、たん（端）、でう２（条）、
　　　　　　　　ながれ（流）、たり（人）、にん（人）、り（人）、しよ（所）、
　　　　　　　　ところ（所）、たい（体）、さう（艘）、くわん（巻）、はう（方）、
　　　　　　　　くわ（顆）、すぢ（筋）
　　b　集合体を単位とする場合……3種
　　〔性質集合〕　ぶ（部）、かさね（重）、りやう（領）
（その他）……計２種
　　　　　　　　か（箇）、つ（箇・個）

　上記を単純に合計すると71種になる。が、「ばん（番）」「でう（条）」が２類で用いられているので、これを同じ助数詞と見做す。この結果、〈ヘイケ〉から69の異なる助数詞を抽出した。

2.2　『平家物語』〈高野本〉の助数詞の概要

　〈高野本〉でも〈ヘイケ〉と同様に助数詞を含む語の形で抽出した。その結果、〈高野本〉から異なり語数で1098語、延べ語数で3989語の助数詞を含む語を抽出した。延べ語数を異なり語数で割ると3.64になる。同じ語が平均して3.64回出現していることになる。
　〈高野本〉のすべての助数詞を1.2に提示した【助数詞の分類】に従って整理すると次のようである。この中には「せ（世）」「よ（夜）」「きよく（曲）」「し（枝）」などのように、独立した名詞としての扱いが可能なものもある。が、〈ヘイケ〉の場合と同じく、助数詞と認定し処理していく。

【〈高野本〉の助数詞の分類】
（1）量を測る単位
　①人為的に特定の単位を設定したもの……計42種

〔尺度〕　たん（段）、ちやう（町）、り（里）、さと（里）、
　　　　　ゆじゅん（由旬）、つか（握）、ひろ（尋）、けん１（間）、
　　　　　しやく（尺）、せき（尺）、すん（寸）、ぢやう（丈）、ま（間）、
　　　　　そく（束）、ふせ（伏）、ちやくしゆ（攃手）……16種
〔容積〕　こく（石）……1種
〔量目〕　こん（斤）、りやう（両）……2種
〔時間〕　とき（時）、せ（世）、だい（代）、よ（代・世）、ぐわつ（月）、
　　　　　げつ（月）、つき（月）さい（歳）、とせ（年）、ねん（年）、
　　　　　か（日）、じつ（日）、にち（日）、ひ（日）、や（夜）、よ（夜）、
　　　　　こく（剋）、こふ（劫）、じ（時）、てん（点）、しう（秋）、
　　　　　せい（歳）、しゆん（旬）……23種
②集合体や容器の名称を単位名としたもの……計5種
　〔集合体〕　ふさ（房）……1種
　〔集団〕　つら（行）、むら（群）……2種
　〔容器〕　へい（瓶）、びやう（瓶）……2種
（2）数を数える単位
　①頻度・種類・順序などを単位名としたもの……計20種
　〔頻度〕　かたな（刀）、たび（度）、ど（度）、へん（返・遍）、じふ（入）、
　　　　　ばん１（番）、くわい（回）、かへり（返）……8種
　〔重なり〕　へ（重）、ぢゆう（重）、ちよう（重）、かい（階）、とう（等）
　　　　　……5種
　〔種類〕　しゆ（種）……1種
　〔区画〕　でう１（条）……1種
　〔位階〕　ほん（品）、ゐ（位）……2種
　〔順序〕　ばん２（番）、なん（男）、らう（郎）……3種
②性質・形状などを単位名としたもの……計46種
　a　単一体を単位とする場合……41種
　〔性質単一〕　しゆ（首）、ひき（匹）、まい（枚）、き（騎）、くわん（貫）、
　　　　　ほん（本）、う（字）、かう（行）、たん（端）、でう２（条）、

ながれ（流）、にん（人）、り（人）、しよ（所）、ところ（所）、たい（体）、さう（艘）、くわん（巻）、はう（方）、くわ（顆）、すぢ（筋）、けん２（間）、き（基）、きよく（曲）、せん（銭）、ぢく（軸）、く（句）、えだ（枝）、でふ（帖）、し（枝）、もん（文）、ふり（振）、きれ（切）、めん（面）、よ（節）、えふ（葉）、つう（通）、じ（字）、ちやう（張）、ぎやう（行）、ちやう（挺）

　b　集合体を単位とする場合……5種

〔性質集合〕ぶ（部）、かさね（重）、りやう（領）、くだり（襲）、て（手）
（その他）……計2種
　　　　か（箇）、つ（箇・個）

　上記を単純に合計すると115種になる。が、「けん（間）」「ばん（番）」「でう（条）」が2類で用いられているので、これを同じ助数詞と見做す。〈高野本〉からは112の異なる助数詞を抽出した。

2.3　双方の比較から捉えた数詞語彙の全体像

　〈ヘイケ〉と〈高野本〉の助数詞を含む数詞の異なり語数・延べ語数の合計は、2.1及び2.2で示したように、〈ヘイケ〉が507語・1371語、〈高野本〉が1098語・3989語である。〈ヘイケ〉の助数詞を含む数詞の語彙の規模は〈高野本〉と比較すると、異なり語数で46.2％、延べ語数で34.4％になる。ところで、第一部で天草版『エソポのハブラス』の語彙の特色を把握するために、〈ヘイケ〉〈高野本〉の自立語の語彙量を提示した。それをここに再度示すと、自立語全部の異なり語数・延べ語数は〈ヘイケ〉が7421語・46893語、〈高野本〉が14790語・99309語である。〈ヘイケ〉の自立語の語彙の規模は〈高野本〉と比較すると、異なり語数で50.2％、延べ語数で47.2％になる。〈ヘイケ〉は〈高野本〉の約半分の語彙の作品である。〈ヘイケ〉の助数詞を含む数詞の語彙の規模を自立語の語彙の規模と比べると、異なり語数は約半分でそれほどに違いがないが、延べ語数はかなり比率が低くなっている。数値の上で〈ヘイケ〉の助数詞を含む数詞の語彙が減少していることが明白になった。

表1 〈ヘイケ〉〈高野本〉の異なり語数・延べ語数の比較

作　　品		〈ヘイケ〉	〈高野本〉	〈ヘイケ〉／〈高野本〉
助数詞を含む数詞	異なり語数	507 語	1098 語	46.2%
	延べ語数	1371 語	3989 語	34.4%
自立語全部	異なり語数	7421 語	14790 語	50.2%
	延べ語数	46893 語	99309 語	47.2%

　この要因として、2種類の『平家物語』の成立の事情や編集方針が関係すると推測される。〈ヘイケ〉はイエズス会の宣教師たちが日本語を学習するためのテキストとして作成されたもので、『平家物語』を室町時代末期の話し言葉で書き直してある。数詞は一層こなれた日本語を用いるために獲得すべき語彙の一部であった。これに対して〈高野本〉は語りの詞章を伝えているとはいえ、平家の興亡を記述し、武士の戦闘の有様を記録したものである。数詞は事件を確実に起こった事柄として記録し、戦闘がいつ・どの程度に行われ、誰がどんな活躍をしたのかを示すのに必要不可欠なものであった。以下の節では具体的に用例を分析し、この推測を立証することにしよう。

3　意味による分類の観点で見た助数詞

3.1　〈ヘイケ〉〈高野本〉の助数詞の3分類
　〈ヘイケ〉と〈高野本〉の全部の助数詞を意味による分類の観点で比較することで、双方の特色を把握する。2.1の【〈ヘイケ〉の助数詞の分類】及び2.2の【〈高野本〉の助数詞の分類】で示したすべての助数詞を、（A）〈ヘイケ〉〈高野本〉両方に存するもの、（B）〈ヘイケ〉にあって〈高野本〉にないもの、（C）〈高野本〉にあって〈ヘイケ〉にないものの3つに分類し検討していく。

（A）〈ヘイケ〉〈高野本〉両方に存するもの
　【〈ヘイケ〉の助数詞の分類】に示したものから（B）の3種を除いた残り

である。

(B) 〈ヘイケ〉にあって〈高野本〉にないもの
(1) 量を測る単位
　①人為的に特定の単位を設定したもの……計1種
　　〔時間〕　ぐわち（月）……1種
(2) 数を数える単位
　①頻度・種類・順序などを単位名としたもの……計1種
　　〔頻度〕　より（度）……1種
　②性質・形状などを単位名としたもの……計1種
　　a　単一体を単位とする場合……1種
　　〔性質単一〕　たり（人）

(C) 〈高野本〉にあって〈ヘイケ〉にないもの
(1) 量を測る単位
　①人為的に特定の単位を設定したもの……計18種
　　〔尺度〕　さと（里）、ゆじゆん（由旬）、つか（握）、しゃく（尺）、
　　　　　　せき（尺）、ふせ（伏）、ちゃくしゅ（搩手）……7種
　　〔量目〕　こん（斤）、りゃう（両）……2種
　　〔時間〕　げつ（月）、つき（月）、こく（剋）、こふ（劫）、じ（時）、
　　　　　　てん（点）、しう（秋）、せい（歳）、しゅん（旬）……9種
　②集合体や容器の名称を単位名としたもの……計2種
　　〔容器〕　へい（瓶）、びやう（瓶）……2種
(2) 数を数える単位
　①頻度・種類・順序などを単位名としたもの……計5種
　　〔頻度〕　くわい（回）、かへり（返・遍）……2種
　　〔重なり〕　ちよう（重）、かい（階）、とう（等）……3種
　②性質・形状などを単位名としたもの……計22種
　　a　単一体を単位とする場合……20種

〔性質単一〕　けん 2（間）、き（基）、きよく（曲）、せん（銭）、ぢく（軸）、
　　　　　　　く（句）、えだ（枝）、でふ（帖）、し（枝）、もん（文）、
　　　　　　　ふり（振）、きれ（切）、めん（面）、よ（節）、えふ（葉）、
　　　　　　　つう（通）、じ（字）、ちやう（張）、ぎやう（行）、ちやう（挺）
b　集合体を単位とする場合……2種
〔性質集合〕　くだり（襲）、て（手）

表2　〈ヘイケ〉〈高野本〉の助数詞の種類

助数詞の分類			〈ヘ〉の種類	〈高〉の種類	（A）両方	（B）〈ヘ〉のみ	（C）〈高〉のみ
量を測る単位	人為的に特定の単位を設定したもの	尺度	9	16	9	0	7
		容積	1	1	1	0	0
		量目	0	2	0	0	2
		時間	15	23	14	1	9
	集合体や容器の名称を単位名としたもの	集合体	1	1	1	0	0
		集団	2	2	2	0	0
		容器	0	2	0	0	2
数を数える単位	頻度・種類・順序などを単位名としたもの	頻度	7	8	6	1	2
		重なり	2	5	2	0	3
		種類	1	1	1	0	0
		区画	1	1	1	0	0
		位階	2	2	2	0	0
		順序	3	3	3	0	0
	性質・形状などを単位名としたもの	性質単一	22	41	21	1	20
		性質集合	3	5	3	0	2
その他		か、つ	2	2	2	0	0
合　　計			71	115	68	3	47

〈ヘイケ〉の助数詞、〈高野本〉の助数詞、そして（A）〈ヘイケ〉〈高野本〉両方にあるもの、（B）〈ヘイケ〉にあって〈高野本〉にないもの、（C）

〈高野本〉にあって〈ヘイケ〉にないものを意味の分類によってまとめ、助数詞の種類の数を示すと表2のようである。なお、〈ヘイケ〉の助数詞は69種であるが、「ばん（番）」「でう（条）」の2種が2類の意味で用いられているので合計が71となっている。また、〈高野本〉の助数詞は112種であるが、「けん（間）」「ばん（番）」「でう（条）」の3種が2類の意味で用いられているので合計が115となっている。

　〈ヘイケ〉〈高野本〉ともに種類が多いのは〔尺度〕〔時間〕〔頻度〕〔性質単一〕の意味分類である。そして、〔尺度〕〔時間〕〔性質単一〕は〈高野本〉のみの場合でも多くなっている。

3.2 〈ヘイケ〉〈高野本〉両方に存するもの

　（A）〈ヘイケ〉〈高野本〉両方に存するものは【助数詞の分類】に従って数えると68種であるが、「ばん（番）」「でう（条）」が2類で用いられているので、異なるものは66種である。【〈ヘイケ〉の助数詞の分類】に示したものから、「ぐわち（月）」「より（度）」「たり（人）」の3種を除いた残りすべてがこれに属する。つまり、〈ヘイケ〉で用いられている助数詞は大体〈高野本〉でも用いられているものである。この共通する助数詞は、戦や歴史を記述する『平家物語』という作品の内容を反映すると同時に、戦乱で混迷した中世の日本語において使い続けられていたものである。

3.3 〈ヘイケ〉にあって〈高野本〉にないもの

　（B）〈ヘイケ〉にあって〈高野本〉にないものに属するのは〔時間〕の「ぐわち（月）」、〔頻度〕の「より（度）」、〔性質単一〕の「たり（人）」の3種である。以下、この3種について検討していく。

(1) 「ぐわち（月）」〈ヘ〉使用度数18

　〈ヘイケ〉では漢字の入声韻尾tが、「大切　taixet」(386-16)「乞食　cotjiqi」(333-3)のように普通tで綴られている。しかし、「毎日　mainichi」(144-24)「先達　xendachi」(311-7)のように開音節chiで綴られているものもある。

「月」「日」を含む場合、韻尾がtとなっているものとchiとなっているものとがある。

 (1)「六月」
  rokuguat　53-6　322-1
  rokuguachi　22-24　29-14　362-16　363-17

このローマ字表記は〈ヘイケ〉単独のものではない。ロドリゲスの『日本大文典』、『日葡辞書』にも見える。

 (2)『日本大文典』の記述
  月は、'こゑ'ではGuat（グヮッ）、又は、guachi（グヮチ）、'よみ'ではTçuqui（つき）といひ、（824-4）

 (3)『日葡辞書』の見出し
  「五月」　Goguat　Goguachi
  「正月」　Xoguat　Xoguachi

これに対し、〈高野本〉では仮名書きの「ぐわち」、および「ぐわち」という振り仮名の付いた「月」の例が見あたらない。「毎月（マイグヮツ）」（巻1、上、17-4）のように、漢字表記に振り仮名「ぐわつ」の付いているものは存する。今回用いた文献では、振り仮名のない「正月」「三月」などの「月」の読みを「ぐわつ」として整理している。〈高野本〉に「ぐわち」が存しないとは言い切れないが、例証できないので存するとも言えない[4]。〈ヘイケ〉は室町時代末期に用いられた「ぐわつ」「ぐわち」両形の読みを反映している。

（2）「より（度）」〈ヘ〉使用度数2
 (4)〈ヘ〉（那須与一は）翔け鳥を三度(みより)に二度(ふたより)はたやすうつかまつると申す：（335-22）
  〈高〉「かけ鳥なンどをあらがうて、三に二は必ず射落す物で候」。
   （巻11、下、274-13）
  〈斯〉懸鳥・三寄・二寄ハ・輒フ仕ルト申ス（647-9）

源義経の問いかけに対して、扇の的を射る適任者として、那須与一を推薦する後藤兵衛の会話の中に出現している。〈高野本〉では校注者によって

「みつ」「ふたつ」という振り仮名が付されている。〈斯道本〉では振り仮名はないが、「みより」「ふたより」と読むことができる。巻11の原拠本には〈高野本〉に比較して〈斯道本〉の方が近いとされる。〈ヘイケ〉の原拠の『平家物語』に存在した表現がここに出現したと考えられる。

(3) 「たり（人）」〈ヘ〉使用度数5

 (5) 〈ヘ〉（妓王は）妹の妓女をも連れ、そのほか白拍子二人、総じて四人（よったり）一つ車に乗つて、(100-18)

  〈高〉いもうとの祇女をもあひぐしけり。其外白拍子二人、そうじて四人、ひとつ車にとりのつて、(巻1、上、23-8)

  〈斯〉妹ノ義女ヲモ相具シケリ・其外・白拍子二人・惣テ（スベ）四人（ヨッタリ）・一ッ車ニ乗リ具シテ（25-7）

 (6) 〈ヘ〉（浄妙坊は）三人切り伏せて、四人（よったり）に当たるたびにあまり甲の鉢に強う打ち当てて、(127-13)

  〈高〉やにはに八人きりふせ、九人にあたるかたきが甲の鉢に、あまりにつよううちあてて、(巻4、上、241-13)

  〈斯〉三人切伏・四人ニ当ル度ニ・アマリニ・甲ノ鉢ニ・強ウ打アテ（278-3）

 (7) 〈ヘ〉敵三人討ち取つて四人（よったり）にあたる敵に引つ組んで落ち、(250-13)

  〈高〉敵三騎きつて落し、四人にあたる敵におし並べて、ひッくンでどうど落ち、(巻9、下、136-14)

  〈斯〉敵三人・討取テ・四人ニ当ル敵・引組テ落チ（502-4）

例(5)は、平清盛から仏御前をなぐさめに参れという命を受けて、妓王が泣く泣く出かける場面である。〈高野本〉では校注者によって「しにん」という振り仮名が付されている。〈斯道本〉では「ヨッタリ」と振り仮名がある。

例(6)は、以仁王に従った三井寺の雑役僧の浄妙坊が、宇治橋で平家の追手を相手にして奮戦する様子を描いている。〈高野本〉では人数が異なっている。〈斯道本〉では振り仮名がない。

例(7)は、樋口次郎兼光の部下の茅野太郎が、討死にを覚悟して戦う場面

である。〈高野本〉では校注者によって「しにん」という振り仮名が付されている。〈斯道本〉では振り仮名がない。

〈ヘイケ〉の「四人」の読みを見ると、「よつたり」はあるが、「よにん」「しにん」は存しない。そして、「たり（人）」の付く語は5例全部「よつたり」である。これに対して〈高野本〉では人数が異なっている例(6)を除く4例の「四人」に、校注者による振り仮名「しにん」が付され、「よつたり」は存しない。〈斯道本〉では振り仮名「ヨツタリ」の付されているのは例(5)の1例のみで、残りの4例には振り仮名がない。このことから〈ヘイケ〉の原拠の『平家物語』で「よつたり」と読んでいたと考えられる。

（B）〈ヘイケ〉にあって〈高野本〉にないものに属するのは、室町時代末期に用いられた読み、原拠の『平家物語』に存在した表現を反映したものである。

3.4 〈高野本〉にあって〈ヘイケ〉にないもの

（C）〈高野本〉にあって〈ヘイケ〉にないものは【助数詞の分類】に従って数えると47種であるが、「けん（間）」が2類で用いられ「けん1（間）」は（A）に属しているので、異なるものは46種となる。〈高野本〉の助数詞は112種なので、その41.1％がこの分類に属することになる。特に〔尺度〕7種、〔性質単一〕20種は、それぞれ〈高野本〉16種の43.8％、〈高野本〉41種の48.8％に相当し、種の数も多く高率である。以下、種の数の多い〔尺度〕と〔性質単一〕とに属する助数詞の用例を検討し、なぜこのような結果が生じたのか分析していく。

3.4.1 〔尺度〕に属する助数詞

〔尺度〕に属するのは7種である。

（1）「さと（里）」〈高〉使用度数1

　　(8) かの女房のもとより、忠教のもとへ小袖を一重つかはすとて、ちさとのなごりのかなしさに、一首の歌をぞおくられける。（巻5、上、

302-16)

「さと（里）」は「り（里）」の訓読みである。討手の副将軍として東国へ向かう平忠度に対して、宮腹の女房から和歌をおくる場面である。〈ヘイケ〉に該当部分はない。ただし、「り（里）」を用いた語は両方ともに存する。

(2)　「ゆじゅん（由旬）」〈高〉使用度数1
　　(9)　ほのほ空へ立ちあがり、多百由旬に及びけんも、（巻6、上、345-7）
　「ゆじゅん（由旬）」は古代インドの距離を測る単位である。法蔵僧都が閻魔王の招きで焦熱地獄へ赴いた場面を記している。〈ヘイケ〉に該当部分が存しない。

(3)　「つか（握）」〈高〉使用度数3
　　(10)　吾朝には、神代よりつたはれる霊剣三あり。十つかの剣、あまのはやきりの剣、草なぎの剣これ也。（巻11、下、303-11）
　「つか（握）」は握った時の4本の指の幅くらいの長さを表す単位である。3例とも「十つかの剣」の形で「剣」の章段に出てくる。〈ヘイケ〉に該当部分が存しない。

(4)　「しゃく（尺）」〈高〉使用度数11
　　(11)　（祐慶という悪僧は）たけ七尺ばかりありけるが、（巻2、上、71-14）
　「しゃく（尺）」は呉音である。振り仮名の付いていない「尺」は現代の普通の読み方に従った。

(5)　「せき（尺）」〈高〉使用度数3
　　(12)　又山岳の峨々たるより、百尺の滝水漲落たり。（巻2、上、125-1）
　「せき（尺）」は漢音である。「百尺」にはハクセキと振り仮名が付いていて、漢文調の地の文で用いられている。残りの2例はともに「咸陽宮」の章段に「七尺の屏風」の形で出現し、初めのもの（巻5、上、287-2）の「尺」にセキ、「屏風」にヘイフウの振り仮名が付いている。これは漢文を典拠に

する歌謡とそれに続く地の文の用例である。
　「しやく（尺）」「せき（尺）」とも全用例〈ヘイケ〉に該当部分が存しない。

（6）「ふせ（伏）」〈高〉使用度数 4
　「ふせ（伏）」は「そく（束）」とともに矢の長さをはかる単位として用いられる。『日葡辞書』に「ヒトツブセ　何か物を〔指の幅で〕測るために，指を横にあててその指の数を数える言い方．ただし，四つ伏せまで数えるだけである．」と記述してある。〈ヘイケ〉で「そく（束）」はあるが、「ふせ（伏）」はない。双方の本文を照合したところ、2例は〈ヘイケ〉で矢の長さが省略されていたり、「ふせ（伏）」を用いない表現になっていた。
　⒀　〈高〉言はせもはてず、十二束二ぶせよッぴいてひやうどはなつ．
　　　　　（巻11、下、271-5）
　　　　〈ヘ〉申しも終はらねば：弟の与一よつ引いて射る：（333-9）
　⒁　〈高〉十二束三ぶせ（巻11、下、276-10）
　　　　〈ヘ〉十三束の鏑（337-7）
　残りの2例は〈ヘイケ〉に該当部分が存しない。

（7）「ちやくしゆ（搩手）」〈高〉使用度数 2
　⒂　一搩手半の薬師百体（巻1、上、53-8）
　「ちやくしゆ」は手の親指と中指とを伸ばした長さを表す。仏像の高さをはかる単位である。2例とも「一搩手半」の形で出現している。〈ヘイケ〉に該当部分が存しない。

　〈ヘイケ〉の〔尺度〕を単位とする助数詞の種類が〈高野本〉より少ない最大の原因は、〈ヘイケ〉に該当部分が存しないことである。古典の『平家物語』を抜き書き的に編集した点に由来する。そのため、現代でも用いる「しやく（尺）」は見られなくなった。また、仏教関係の記述を採用しなかったことが、「ちやくしゆ（搩手）」「ゆじゆん（由旬）」といった〈高野本〉でも用例の少ない助数詞を用いない結果となった。

3.4.2 〔性質単一〕に属する助数詞

〔性質単一〕に属する助数詞は20種である。

(1) 「けん2（間）」〈高〉使用度数1

　　⒃　〈高〉六波羅・池殿（略）付々の輩の宿所宿所、京白河に<u>四五万間</u>の在家、（巻7、下、46-9）

　　　　〈ヘ〉六波羅を始めて面々の館（188-3）

　この「けん（間）」は家を数える単位である。〈ヘイケ〉では該当部分が簡略な表現になっている。

(2) 「き（基）」〈高〉使用度数1

　　⒄　九輪そらにかかやきし<u>二基</u>の塔（巻5、上、318-15）

「き（基）」は塔・几帳・灯籠など据えておくものを数える単位である。〈ヘイケ〉に該当部分が存しない。

(3) 「きょく（曲）」〈高〉使用度数7

　　⒅　三曲のうち秘曲を<u>一曲</u>のこせるによって、（巻7、下、54-9）

「曲」は「楽曲」の意味の名詞としての扱いも可能であるが、助数詞として処理していく。この例も含めて7例のうち5例が「青山之沙汰」の章段に出現する。この章段では青山という琵琶の由来が語られている。次の1例を除いて〈ヘイケ〉に該当部分が存しない。

　　⒆　三とせが間あゆみをはこび立ち聞て、彼<u>三曲</u>を伝へけむ、

　　　　（巻10、下、216-1）

「海道下」の章段で平重衡の道行を語るなか、琵琶の名手であった源博雅の故事を伝えている。〈ヘイケ〉では該当部分が「琵琶の秘曲」（298-20）とある。〈高野本〉の「彼三曲」は「みなさんご存じの例の3曲」という意味であるが、〈ヘイケ〉は学習者に理解しやすい表現になっている。

（4）「せん（銭）」〈高〉使用度数1
　⒇　況哉一紙半銭の宝財においてをや。（巻5、上、293-3）
「せん（銭）」は貨幣の単位である。「一紙半銭」は寄進の額のわずかなことを表す。文覚の勧進の状の中にある。〈ヘイケ〉に該当部分が存しない。

（5）「ぢく（軸）」〈高〉使用度数3
　㉑　無二の顕章千万軸（巻5、上、292-12）
これは釈迦牟尼の説く経文の数を表している。次の1例を除いて2例は〈ヘイケ〉に該当部分がない。
　㉒　八軸の妙文（灌頂、下、399-1）
これは法華経の巻数を表している。建礼門院の大原の庵室の様子を述べる場面に出現する。〈高野本〉の詳細な説明に対して、〈ヘイケ〉では経典・調度の描写が省略されている（397-24〜398-1）。

（6）「く（句）」〈高〉使用度数1
　㉓　一紙一句をもって、三塔三千の憤をやすめ、（巻1、上、61-2）
「く（句）」は言葉のまとまりを表す単位である。平時忠が比叡山の衆徒の憤りをなだめた場面である。〈ヘイケ〉に該当部分がない。

（7）「えだ（枝）」〈高〉使用度数2
　㉔　樒一枝（巻1、上、53-3）
　㉕　長持三十三枝（巻10、下、247-3）
前者は木の枝を数えている。比叡山の訴訟に関連して、関白藤原師通が呪詛された先例を述べる中にある。〈ヘイケ〉に該当部分がない。
後者は長い形の物を数えている。池の大納言平頼盛に対する源頼朝のもてなしぶりを列挙して描く部分に出現する。〈ヘイケ〉では「所領どもあまた給はられて，」（321-24）の句でまとめられている。

(8)「でふ(帖)」〈高〉使用度数1

　㉖　九帖の御書（灌頂、下、399-1）

　これは善導という唐代の僧の著作5部9巻をいう。例㉒の「八軸の妙文」に続く句であり、〈ヘイケ〉で省略されている。

(9)「し(枝)」〈高〉使用度数1

　㉗　李花一枝春の雨をおび（巻3、上、138-13）

　この例は木の枝を数えている。中宮の苦しそうな様子を中国の楊貴妃の風情で形容して述べている。例㉔の「えだ（枝）」と同様に用いられるが、「長恨歌」を典拠としているので音読みになっている。〈高野本〉の「赦文」の章段に相当する部分を〈ヘイケ〉は簡略に記述している。

(10)「もん(文)」〈高〉使用度数1

　㉘　金銭九十九文、皇子の御枕におき、（巻3、上、148-7）

　「もん（文）」は銭を数える単位である。平重盛が皇子の誕生を祝い、長寿を願う場面である。〈高野本〉の「御産」の章段に相当する部分が〈ヘイケ〉には存しない。

(11)「ふり(振)」〈高〉使用度数1

　㉙　しろうつくッたる太刀一振（巻8、下、88-12）

　「ふり（振）」は刀剣を数える単位である。源頼朝に征夷将軍の院宣を渡した使者の中原泰定が、頼朝から多くの品をもらう。その品々が列挙してある中に出現する。〈高野本〉の「征夷将軍院宣」の章段に相当する部分が〈ヘイケ〉には存しない。

(12)「きれ(切)」〈高〉使用度数1

　㉚　おりのべを一きれもえぬわれらさへうすはぢをかくかずに入かな
　　　（巻4、上、229-12）

　「きれ（切）」は切ったものを数える単位である。比叡山の大衆の歌の中に

出現し、布を数えている。〈高野本〉の「南都牒状」の章段が〈ヘイケ〉は「比叡の山は何の彼のと言うて同心せず.」(121-11) という句でまとめられている。

(13) 「めん（面）」〈高〉使用度数２

(31)　玄象・師子丸・青山、三面の琵琶（巻7、下、54-2）

「めん（面）」は平たい形のものを数える単位である。「玄象・師子丸・青山」は琵琶の名称である。〈高野本〉では２例とも琵琶の数を表し、「青山之沙汰」の章段に出現する。この章段は〈ヘイケ〉に存しない。

(14) 「よ（節）」〈高〉使用度数１

(32)　（宋朝より）ふしのついたる笛竹を、ひとよおくらせたまふ。
　　　（巻4、上、238-2）

「よ（節）」は竹の節と節との間を意味する。名詞としての扱いも可能であるが、助数詞として処理していく。蟬折れという笛の名前の由来を述べる中で用いられている。〈ヘイケ〉ではこの由来の記事を載せていない。

(15) 「えふ（葉）」〈高〉使用度数１

(33)　一葉の船（巻10、下、238-3）

「えふ（葉）」は薄く平らな形のものを数える単位である。この例は「維盛入水」の章段の冒頭にある。〈ヘイケ〉では平維盛の熊野参詣の過程が略されていて、それに続くこの部分も存しない。

(16) 「つう（通）」〈高〉使用度数３

(34)　判官なくなく一通の状をかいて、（巻11、下、324-4）

(35)　数通の起請文をかき進ずといへども（巻11、下、325-15）

「つう（通）」は書状の数を表す単位である。「一通の状」は源義経が頼朝にあてた嘆願書のことであり、「数通の起請文」は嘆願書の中の句である。〈ヘイケ〉に該当部分が存しない。次の例は義経から後白河法皇への奏聞の

中に出現する。

　　㊱　〈高〉哀院庁の御下文を一通下預候ばや（巻12、下、353-7）
　　　　〈ヘ〉院庁のお下し文を下されうずるか（380-9）
〈ヘイケ〉では数詞が消えている。

(17) 「じ（字）」〈高〉使用度数6
　　㊲　其外五大虚空蔵・六観音・一字金輪・五壇の法・六字加輪・八字文
　　　　殊・普賢延命にいたるまで残る処なう修せられけり。
　　　　（巻3、上、146-11～12）
中宮の御産の時に行われた修法が列挙してある。真言の文字の数を表す。〈高野本〉の「御産」の章段にあたる部分が〈ヘイケ〉には存しない。
　　㊳　行を六字につづめて（巻10、下、213-13）
これは「南無阿弥陀仏」の字数を表している。平重衡に対する法然房という聖の言葉に出現するが、〈ヘイケ〉では極めて簡略な記述になっており、この句もない。
「三十一字」（巻2、上、130-6）（巻11、下、304-6）2例は和歌の字数を表している。前者は和歌の特性に触れる部分にあるが、〈ヘイケ〉でこの部分がない。後者は「剣」の章段にあるが、〈ヘイケ〉はこの章段にあたる部分が存しない。

(18) 「ちやう（張）」〈高〉使用度数1
　　�439　一張の弓のいきほひは、半月胸のまへにかかり、三尺の剣の光は、
　　　　秋の霜、腰の間に横だへたり。（巻9、下、139-6）
「ちやう（張）」は弓や琴、幕などを数える単位である。平家が一の谷を固めた様子を述べる中にある句で、『和漢朗詠集』に依拠している。〈ヘイケ〉では「弓矢，物の具の光はおびたたしう：」（252-17）と簡略な表現になっている。

(19) 「ぎやう（行）」〈高〉使用度数1

　⑷⓪　一門の卿相雲客数十人、（略）中門の廊に二行に着座せられたり。
　　　（巻2、上、95-9）

「ぎやう（行）」は並びの数を表す。鹿の谷の平家討伐の謀議に腹を立てた平清盛が、戦いの準備をした場面である。〈ヘイケ〉では清盛の住居、西八条の門内の細部の描写が略されている。

(20) 「ちやう（挺）」〈高〉使用度数2

　⑷①　〈高〉さかろをたてうとも、かへさま櫓をたてうとも、殿原の舟には百ちやう千ぢやうもたて給へ。（巻11、下、261-16）
　　　〈ヘ〉人の船には逆櫓も，反様櫓も立てばたてい；（326-21）

「ちやう（挺）」は鋤・鍬・艪などを数える単位である。「逆櫓」の章段で、義経から梶原たちへの言葉の中に出現する。〈ヘイケ〉では数詞が消えている。

　〈ヘイケ〉の〔性質単一〕に属する助数詞の種類が〈高野本〉より少ない原因として、〈ヘイケ〉に該当部分が存しないことと、〈高野本〉で事物が列挙してあったり、詳細な説明がなされていたりする部分が〈ヘイケ〉ではまとめて述べてあったり、簡略な説明になっていたりすることがあげられる。前者は古典の『平家物語』を抜き書き的に編集した点に由来する。後者は〈ヘイケ〉が外国語としての日本語と、日本の風俗習慣とを初めて学習する者へ配慮して編集してある点に深く関係している。
　この節では、第2節で〈ヘイケ〉と〈高野本〉とを比較した時に現れた助数詞を含む数詞の減少、言い換えると助数詞の簡略化が、双方の作成の目的、編集方針を反映した現象であることを立証した。

4　使用度数の観点で見た助数詞

4.1　助数詞の使用度数による分類

　〈ヘイケ〉と〈高野本〉の助数詞全部を使用度数の観点から比較すること

で特色を把握することにしよう。その方法は次のようである。各助数詞の使用比率を、それぞれの使用度数÷助数詞全部の使用度数×1000（単位パーミル‰）で計算する。その数値が50.00パーミル以上のものを度数最高位とし、順に5で除していき、10.00パーミル以上のものを度数高位、2.00パーミル以上のものを度数中位、2.00パーミル未満のものを度数低位と定める。そして、当該の文献には存しないが、もう一方の文献に存するものを度数ゼロとする。

表3 助数詞の使用度数による分類基準

使用比率の範囲(使用比率：a　単位：‰)	助数詞の分類呼称	記号
50.00≦ a	度数最高位	Ⓐ
10.00≦ a ＜50.00	度数高位	Ⓑ
2.00≦ a ＜10.00	度数中位	Ⓒ
0.00＜ a ＜ 2.00	度数低位	Ⓓ
a ＝ 0.00	度数ゼロ	＊

日本語の語彙の研究において基本語彙・基礎語彙そのもの及び研究方法が問題として取り上げられるようになったのは、国立国語研究所による現代語の語彙調査[5]が行われたころからである。基本語彙・基礎語彙・基幹語彙などの語の使用法は研究者によって異なり、共通の概念で用いられていない。その使用法をまとめたものに真田信治（1977）・水谷静夫（1983）がある。古典の自立語に関する研究で、大野晋（1971）は基本語彙という語を用い、使用比率0.1パーミル以上の語集団と設定した[6]。近藤政美（2002）[7]は付属語を対象とする研究で「基幹語彙」という語を用い、「ある特定語集団を対象にしての語彙調査から直接得られる、その語集団の骨格的部分集団」と意味づけている。本研究ではこの意味を語の構成要素にも拡大延長し、助数詞に基幹単位集団を設定する。

4.2 天草版『平家物語』の助数詞の使用度数

〈ヘイケ〉の助数詞 69 種について、その助数詞を含む数詞の語形の数・助数詞の使用度数を計量し、使用比率を算出して、使用度数の降順に並び換えて整理すると表 4 のようになる。

表 4 〈ヘイケ〉の助数詞の使用度数

番号	見出し	漢字	単位の意味	対象	〈ヘ〉語形の数	〈ヘ〉使用度数	〈ヘ〉使用比率	〈ヘ〉使用順位
82	にん	人	性質単一	人	46	207	150.98	Ⓐ 1
11	き	騎	性質単一	騎馬	60	178	129.83	Ⓐ 2
110	らう	郎	順序	人	53	136	99.20	Ⓐ 3
115	ゐ	位	位階	位、人	31	107	78.05	Ⓐ 4
65	つ	箇、個	その他	広範囲	20	85	62.00	Ⓐ 5
71	でう	条	1区画、2性質単一	1人、邸宅、土地、2事柄	30	67	48.87	Ⓑ 6
4	か	日	時間	日	22	65	47.41	Ⓑ 7
81	にち	日	時間	日	27	61	44.49	Ⓑ 8
83	ねん	年	時間	年	22	54	39.39	Ⓑ 9
74	ど	度	頻度	度数	8	38	27.72	Ⓑ10
21	ぐわつ	月	時間	月	11	36	26.26	Ⓑ11
52	だい	代	時間	世代	7	23	16.78	Ⓑ12
30	さい	歳	時間	年齢	9	21	15.32	Ⓑ13
5	か	箇	その他	国、所、庄、年、ほか	16	20	14.59	Ⓑ14
20	ぐわち	月	時間	月	9	18	13.13	Ⓑ15
84	はう	方	性質単一	方向、方面	3	18	13.13	Ⓑ15
31	さう	艘	性質単一	船	12	17	12.40	Ⓑ17
58	ちやう	町	尺度	距離	8	16	11.67	Ⓑ18
41	しゆ	首	性質単一	歌	2	12	8.75	Ⓒ19
104	や	夜	時間	夜	5	11	8.02	Ⓒ20
80	なん	男	順序	人	2	10	7.29	Ⓒ21
112	り	人	性質単一	人	2	10	7.29	Ⓒ21
87	ひき	匹	性質単一	馬	3	9	6.56	Ⓒ23
53	たび	度	頻度	度数	4	8	5.84	Ⓒ24

番号	見出し	漢字	単位の意味	対象	〈ヘ〉語形の数	〈ヘ〉使用度数	〈ヘ〉使用比率	〈ヘ〉使用順位
61	ぢやう	丈	尺度	長さ	6	8	5.84	ⓒ24
78	とせ	年	時間	年	3	8	5.84	ⓒ24
40	しゆ	種	種類	神器	1	7	5.11	ⓒ27
85	ばん	番	1順序, 2頻度	1陣, 子, 2舞	5	7	5.11	ⓒ27
43	しよ	所	性質単一	人、場所、ほか	4	6	4.38	ⓒ29
94	へ	重	重なり	遠方、軍隊、狩衣、堀	4	6	4.38	ⓒ29
98	ほん	本	性質単一	卒塔婆、木	3	6	4.38	ⓒ29
9	かたな	刀	頻度	刀でつく回数	3	5	3.65	ⓒ32
37	じつ	日	時間	日	3	5	3.65	ⓒ32
54	たり	人	性質単一	人	1	5	3.65	ⓒ32
55	たん	段	尺度	距離	5	5	3.65	ⓒ32
99	ま	間	尺度	長さ	1	5	3.65	ⓒ32
111	り	里	尺度	距離	3	5	3.65	ⓒ32
44	すぢ	筋	性質単一	矢、髪	3	4	2.92	ⓒ38
45	すん	寸	尺度	長さ	3	4	2.92	ⓒ38
96	へん	返、遍	頻度	念仏の回数、朗詠の回数	4	4	2.92	ⓒ38
100	まい	枚	性質単一	紙,甲のしころ	4	4	2.92	ⓒ38
101	むら	群	集団	雲、松	1	4	2.92	ⓒ38
114	りやう	領	性質集合	鎧、衣	3	4	2.92	ⓒ38
50	そく	束	尺度	矢の長さ	2	3	2.19	ⓒ44
77	ところ	所	性質単一	人、場所	3	3	2.19	ⓒ44
79	ながれ	流	性質単一	旗	2	3	2.19	ⓒ44
86	ひ	日	時間	日	1	3	2.19	ⓒ44
7	かう	行	性質単一	涙の筋、列	2	2	1.46	Ⓓ48
18	くわ	顆	性質単一	丸いもの	2	2	1.46	Ⓓ48
23	くわん	貫	性質単一	銭	1	2	1.46	Ⓓ48
25	けん	間	尺度	長さ	2	2	1.46	Ⓓ48
26	こく	石	容積	米	1	2	1.46	Ⓓ48
90	ぶ	部	性質集合	経	1	2	1.46	Ⓓ48
106	よ	代、世	時間	世代	2	2	1.46	Ⓓ48

第一章　天草版『平家物語』の助数詞と数詞　247

番号	見出し	漢字	単位の意味	対象	〈ヘ〉語形の数	〈ヘ〉使用度数	〈ヘ〉使用比率	〈ヘ〉使用順位
109	より	度	頻度	翔け鳥の回数	2	2	1.46	Ⓓ48
1	う	宇	性質単一	建物	1	1	0.73	Ⓓ56
8	かさね	重	性質集合	衣	1	1	0.73	Ⓓ56
22	くわん	巻	性質単一	文書	1	1	0.73	Ⓓ56
38	じふ	入	頻度	浸す回数	1	1	0.73	Ⓓ56
46	せ	世	時間	世代	1	1	0.73	Ⓓ56
51	たい	体	性質単一	仏像	1	1	0.73	Ⓓ56
56	たん	端	性質単一	布	1	1	0.73	Ⓓ56
63	ぢゅう	重	重なり	塔	1	1	0.73	Ⓓ56
69	つら	行	集団	雁	1	1	0.73	Ⓓ56
76	とき	時	時間	時間	1	1	0.73	Ⓓ56
89	ひろ	尋	尺度	水深	1	1	0.73	Ⓓ56
91	ふさ	房	集合体	髪	1	1	0.73	Ⓓ56
97	ほん	品	位階	位	1	1	0.73	Ⓓ56
107	よ	夜	時間	夜	1	1	0.73	Ⓓ56
2	えだ	枝	性質単一	櫃、長持	0	0	0	＊
3	えふ	葉	性質単一	船	0	0	0	＊
6	かい	階	重なり	官位、建物、ほか	0	0	0	＊
10	かへり	返	頻度	繰り返し	0	0	0	＊
12	き	基	性質単一	塔	0	0	0	＊
13	ぎゃう	行	性質単一	列	0	0	0	＊
14	きよく	曲	性質単一	楽曲	0	0	0	＊
15	きれ	切	性質単一	布	0	0	0	＊
16	く	句	性質単一	言葉	0	0	0	＊
17	くだり	襲	性質集合	衣裳のそろい	0	0	0	＊
19	くわい	回	頻度	書き直しの回数	0	0	0	＊
24	げつ	月	時間	月	0	0	0	＊
27	こく	剋	時間	時間	0	0	0	＊
28	こふ	劫	時間	時間	0	0	0	＊
29	こん	斤	量目	金	0	0	0	＊
32	さと	里	尺度	距離	0	0	0	＊
33	し	枝	性質単一	李花	0	0	0	＊

248　第三部　天草版『平家物語』・天草版『エソポのハブラス』の助数詞と数詞

番号	見出し	漢字	単位の意味	対象	〈ヘ〉語形の数	〈ヘ〉使用度数	〈ヘ〉使用比率	〈ヘ〉使用順位
34	じ	時	時間	時間	0	0	0	＊
35	じ	字	性質単一	文字	0	0	0	＊
36	しう	秋	時間	年	0	0	0	＊
39	しやく	尺	尺度	長さ	0	0	0	＊
42	しゅん	旬	時間	日数、年齢	0	0	0	＊
47	せい	歳	時間	年	0	0	0	＊
48	せき	尺	尺度	長さ	0	0	0	＊
49	せん	銭	性質単一	貨幣	0	0	0	＊
57	ぢく	軸	性質単一	経典	0	0	0	＊
59	ちやう	挺	性質単一	櫓	0	0	0	＊
60	ちやう	張	性質単一	弓	0	0	0	＊
62	ちやくしゆ	搩手	尺度	仏像の高さ	0	0	0	＊
64	ちよう	重	重なり	遠方	0	0	0	＊
66	つう	通	性質単一	文書	0	0	0	＊
67	つか	握	尺度	剣の長さ	0	0	0	＊
68	つき	月	時間	月	0	0	0	＊
70	て	手	性質集合	矢2本	0	0	0	＊
72	でふ	帖	性質単一	書	0	0	0	＊
73	てん	点	時間	時間	0	0	0	＊
75	とう	等	重なり	罪の段階	0	0	0	＊
88	びやう	瓶	容器	水瓶	0	0	0	＊
92	ふせ	伏	尺度	矢の長さ	0	0	0	＊
93	ふり	振	性質単一	太刀	0	0	0	＊
95	へい	瓶	容器	酒瓶	0	0	0	＊
102	めん	面	性質単一	琵琶	0	0	0	＊
103	もん	文	性質単一	銭	0	0	0	＊
105	ゆじゅん	由旬	尺度	距離	0	0	0	＊
108	よ	節	性質単一	笛竹	0	0	0	＊
113	りやう	両	量目	金、砂金、綿	0	0	0	＊
合　　計					507	1371	1000	69

〈ヘイケ〉の助数詞で度数最高位に属するのは、順位1の「にん（人）」から順位5の「つ（箇、個）」までの5種である。これらの使用度数は極めて高い。中でも「にん（人）」「き（騎）」「らう（郎）」「ゐ（位）」の4種はそれぞれ使用度数が207・178・136・107というように100を超えている。また使用比率も75.00パーミル以上である。度数最高位に属するものの使用度数の合計は713、使用比率の合計は520.06パーミルである。続いて度数高位に属するのは、順位6の「でう（条）」から順位18の「ちやう（町）」までの13種である。これらの使用度数の合計は454、使用比率の合計は331.15パーミルである。度数最高位及び度数高位に属するものの使用比率の累積は851.20パーミルになる。これらは〈ヘイケ〉の助数詞の骨格になる単位集団と考え、基幹単位集団と設定する。
　度数中位に属するのは順位19の「しゆ（首）」から順位44の「そく（束）」「ところ（所）」「ながれ（流）」「ひ（日）」までの29種である。度数低位に属するのは順位48の「かう（行）」以下、使用度数が2か1の22種である。そして、度数ゼロは＊印の付いている46種である。
　度数最高位の助数詞の単位の意味は〔性質単一〕〔順序〕〔位階〕の3分類に（その他）を加えた4分類である。数詞が表す対象を見ると限定がある。〔性質単一〕の「にん（人）」は人数を数える単位、「き（騎）」は馬に乗っている武士を数える単位である。「さんにん（三人）」「ごじつき（五十騎）」などの数詞はすべて人の数を表している。〔順序〕の「らう（郎）」は兄弟の中における出生の順序を表し、人物の呼称として用いられている。〔位階〕の「ゐ（位）」は位そのものを表す場合もあるが、その位に叙された人やその関係者を表す場合もかなりある。

　(1)　さんみにふだう（三位入道）（度数21）……すべて源頼政の呼称。
　(2)　にゐどの（二位殿）（度数13）……すべて平時子の呼称。

　源頼政は以仁王を擁して挙兵し、宇治で最期を遂げた。一連の事件の中心的人物として語られている。従三位に叙せられ、出家したので三位入道と称されている。平時子は平清盛の妻で、宗盛・建礼門院徳子の生母である。従二位に叙せられたので二位殿と称されている。

度数最高位に属する助数詞の多くは人数を数えたり、人を表したりする数詞の形で用いられ、〈人〉を対象とするものである。

度数高位の助数詞の単位の意味は〔区画〕〔時間〕〔性質単一〕〔頻度〕〔尺度〕の5分類に（その他）を加えた6分類である。その中でも〔時間〕の意味の助数詞が「か（日）」「にち（日）」「ねん（年）」「ぐわつ（月）」「だい（代）」「さい（歳）」「ぐわち（月）」の7種存し、この使用度数を合計すると278になり、圧倒的に多い。

また、〔区画〕の「でう（条）」は通りや土地そのものを表すのが本来の用法であるが、そのほかに、その土地にある屋敷を表す場合がある。

　(3)　ろくでうかはら（六条河原）（度数8）……土地そのもの。

　(4)　にしはちでう（西八条）（度数15）……平清盛の邸宅の呼称。

さらに、その土地に居住したり関係のあったりする人を表す場合もある。〈ヘイケ〉の人を表す数詞の「—でう」は全部で14例である。

　(5)　いちでうのじらう（一条の次郎）（度数3）……甲斐源氏、忠頼の呼称。

これに敬称の接尾語「どの」が付いた形が2例ある。忠頼は甲斐の国、一条庄に居住し、一条の次郎と称した。木曽義仲を追討する源頼朝方の代表的な武士として登場する。

　(6)　しちでう（の）しゆりのだいぶ（七条（の）修理の大夫）（度数2）……藤原信隆の呼称。

　(7)　いちでうのにゐのにふだう（一条の二位の入道）（度数1）……藤原能保の呼称。

　(8)　ろくでうのすけ（六条の助）（度数1）……藤原宗信の呼称。

藤原信隆の娘は高倉天皇の第二皇子・第四皇子の生母で、第四皇子は平家が西海へと発ってから帝位についた。藤原能保は源頼朝の妹婿である。藤原宗信は以仁王の乳母の子で、歌道の六条家、藤原顕季の子孫である。これらの人を表す数詞の「—でう」は京都の区画に由来する[8]。

なお、「でう（条）」は〔区画〕と〔性質単一〕の意味を表す単位であるが、後者の場合の数詞は「両条」1例のみである。

(9) この忠盛は相伝の郎等ぢやと申して，兵を内裏のお庭に召し置き，あるいは腰刀を差しながら節会の座に列ならるる，この<u>両条</u>は前代未聞の狼藉でござるによつて，(8-9)

このように居住している土地によって人を表すという用法は、現代にも引き継がれている。が、「でう（条）」を含む数詞は、京都という条坊で分けた計画都市に居住した人々に焦点があてられた表現である。

度数中位の助数詞の単位の意味は〔性質単一〕〔時間〕〔順序〕〔頻度〕〔尺度〕〔種類〕〔重なり〕〔性質集合〕〔集団〕の9分類である。その中でも〔性質単一〕が「しゆ（首）」「り（人）」など10種、〔尺度〕が「ぢやう（丈）」「たん（段）」など6種、〔時間〕が「や（夜）」「とせ（年）」など4種存し、他の意味に比べて多い。

度数低位の助数詞の単位の意味は〔性質単一〕〔時間〕〔頻度〕〔尺度〕〔容積〕〔重なり〕〔性質集合〕〔集団〕〔集合体〕〔位階〕の10分類で、〔性質単一〕が7種存し最も多い。

以上、〈ヘイケ〉の助数詞を使用度数の観点から分析してきた。その結果、次のようなことを指摘できる。

（a） 基幹単位集団と設定したのは、度数最高位の5種・度数高位の13種で、その使用比率の累積は851.20パーミルになる。

（b） 基幹単位集団のうち、度数最高位では〈人〉を対象とするもの、度数高位では〔時間〕の意味を表すものが多い。

（c） 度数中位では単位の意味が広く9分類にわたるが、〔性質単一〕〔尺度〕〔時間〕の意味を表すものが多い。

（d） 度数低位では単位の意味がさらに広く10分類にわたるが、〔性質単一〕の意味を表すものが多い。

4.3 『平家物語』〈高野本〉の助数詞との比較

〈高野本〉の助数詞112種について、〈ヘイケ〉と同様にその助数詞を含む数詞の語形の数、助数詞の使用度数・その使用比率を計量し、使用度数の降順に並び換えて整理すると表5のようになる。

表5 〈高野本〉の助数詞の使用度数

番号	見出し	漢字	単位の意味	対象	〈高〉語形の数	〈高〉使用度数	〈高〉使用比率	〈高〉使用順位	〈へ〉記号
110	らう	郎	順序	人	209	671	168.21	Ⓐ1	Ⓐ
82	にん	人	性質単一	人	78	422	105.79	Ⓐ2	Ⓐ
11	き	騎	性質単一	騎馬	69	336	84.23	Ⓐ3	Ⓐ
115	ゐ	位	位階	位、人	56	302	75.71	Ⓐ4	Ⓐ
81	にち	日	時間	日	47	285	71.45	Ⓐ5	Ⓑ
21	ぐわつ	月	時間	月	15	232	58.16	Ⓐ6	Ⓑ
71	でう	条	1区画、2性質単一	1人、邸宅、土地、2布、文、事柄	71	189	47.38	Ⓑ7	Ⓑ
4	か	日	時間	日	29	182	45.63	Ⓑ8	Ⓑ
65	つ	箇、個	その他	広範囲	41	176	44.12	Ⓑ9	Ⓐ
83	ねん	年	時間	年	38	160	40.11	Ⓑ10	Ⓑ
74	ど	度	頻度	度数	20	86	21.56	Ⓑ11	Ⓑ
30	さい	歳	時間	年齢	27	80	20.06	Ⓑ12	Ⓑ
52	だい	代	時間	世代	25	62	15.54	Ⓑ13	Ⓑ
5	か	箇	その他	国、所、庄、年、ほか	31	61	15.29	Ⓑ14	Ⓑ
84	はう	方	性質単一	方向、方面	7	46	11.53	Ⓑ15	Ⓑ
58	ちやう	町	尺度	距離	19	39	9.78	Ⓒ16	Ⓑ
43	しよ	所	性質単一	人、場所、ほか	15	34	8.52	Ⓒ17	Ⓒ
78	とせ	年	時間	年	5	34	8.52	Ⓒ17	Ⓒ
80	なん	男	順序	人	4	30	7.52	Ⓒ19	Ⓒ
31	さう	艘	性質単一	船	14	29	7.27	Ⓒ20	Ⓑ
41	しゆ	首	性質単一	歌	3	27	6.77	Ⓒ21	Ⓒ
86	ひ	日	時間	日	4	24	6.02	Ⓒ22	Ⓒ
87	ひき	匹	性質単一	馬	14	23	5.77	Ⓒ23	Ⓒ
61	ぢやう	丈	尺度	長さ	11	22	5.52	Ⓒ24	Ⓒ
112	り	人	性質単一	人	3	22	5.52	Ⓒ24	Ⓒ
40	しゆ	種	種類	神器、肴、ほか	3	20	5.01	Ⓒ26	Ⓒ
104	や	夜	時間	夜	6	18	4.51	Ⓒ27	Ⓒ
111	り	里	尺度	距離	7	18	4.51	Ⓒ27	Ⓒ

第一章　天草版『平家物語』の助数詞と数詞　253

番号	見出し	漢字	単位の意味	対象	〈高〉語形の数	〈高〉使用度数	〈高〉使用比率	〈高〉使用順位	〈へ〉記号
94	へ	重	重なり	遠方、軍隊、狩衣、堀	8	16	4.01	Ⓒ29	Ⓒ
25	けん	間	1尺度,2性質単一	1長さ,2家	10	15	3.76	Ⓒ30	Ⓓ
96	へん	返、遍	頻度	念仏の回数、朗詠の回数	8	13	3.26	Ⓒ31	Ⓒ
97	ほん	品	位階	位	5	13	3.26	Ⓒ31	Ⓓ
113	りやう	両	量目	金、砂金、綿	7	12	3.01	Ⓒ33	＊
9	かたな	刀	頻度	刀でつく回数	4	11	2.76	Ⓒ34	Ⓒ
39	しやく	尺	尺度	長さ	9	11	2.76	Ⓒ34	＊
46	せ	世	時間	世代	8	11	2.76	Ⓒ34	Ⓓ
53	たび	度	頻度	度数	4	10	2.51	Ⓒ37	Ⓒ
55	たん	段	尺度	距離	5	10	2.51	Ⓒ37	Ⓒ
6	かい	階	重なり	官位、建物、ほか	4	9	2.26	Ⓒ39	＊
50	そく	束	尺度	矢の長さ	7	8	2.01	Ⓒ40	Ⓒ
63	ぢゆう	重	重なり	塔、仏身、ほか	7	8	2.01	Ⓒ40	Ⓓ
73	てん	点	時間	時間	2	8	2.01	Ⓒ40	＊
100	まい	枚	性質単一	紙、甲のしころ	6	8	2.01	Ⓒ40	Ⓒ
114	りやう	領	性質集合	鎧、衣	4	8	2.01	Ⓒ40	Ⓒ
14	きよく	曲	性質単一	楽曲	2	7	1.75	Ⓓ45	＊
22	くわん	巻	性質単一	文書	2	7	1.75	Ⓓ45	Ⓓ
37	じつ	日	時間	日	5	7	1.75	Ⓓ45	Ⓒ
85	ばん	番	1順序,2頻度	1精兵,2舞、競馬の組、ほか	5	7	1.75	Ⓓ45	Ⓒ
90	ぶ	部	性質集合	経	5	7	1.75	Ⓓ45	Ⓓ
1	う	宇	性質単一	建物、在家	3	6	1.50	Ⓓ50	Ⓓ
35	じ	字	性質単一	文字	5	6	1.50	Ⓓ50	＊
98	ほん	本	性質単一	卒塔婆、木	3	6	1.50	Ⓓ50	Ⓒ
99	ま	間	尺度	長さ	1	6	1.50	Ⓓ50	Ⓒ
101	むら	群	集団	雲、松	1	6	1.50	Ⓓ50	Ⓒ
107	よ	夜	時間	夜	4	6	1.50	Ⓓ50	Ⓒ
51	たい	体	性質単一	仏像	4	5	1.25	Ⓓ56	Ⓓ

254　第三部　天草版『平家物語』・天草版『エソポのハブラス』の助数詞と数詞

番号	見出し	漢字	単位の意味	対象	〈高〉語形の数	〈高〉使用度数	〈高〉使用比率	〈高〉使用順位	〈ヘ〉記号
26	こく	石	容積	米	3	4	1.00	Ⓓ57	Ⓓ
28	こふ	劫	時間	時間	4	4	1.00	Ⓓ57	＊
29	こん	斤	量目	金	2	4	1.00	Ⓓ57	＊
44	すぢ	筋	性質単一	矢、髪	3	4	1.00	Ⓓ57	Ⓒ
45	すん	寸	尺度	長さ	3	4	1.00	Ⓓ57	Ⓒ
79	ながれ	流	性質単一	旗	3	4	1.00	Ⓓ57	Ⓒ
89	ひろ	尋	尺度	水深	1	4	1.00	Ⓓ57	Ⓓ
92	ふせ	伏	尺度	矢の長さ	4	4	1.00	Ⓓ57	＊
8	かさね	重	性質集合	衣	2	3	0.75	Ⓓ65	Ⓓ
42	しゅん	旬	時間	日数、年齢	3	3	0.75	Ⓓ65	＊
48	せき	尺	尺度	長さ	2	3	0.75	Ⓓ65	＊
57	ぢく	軸	性質単一	経典	3	3	0.75	Ⓓ65	＊
66	つう	通	性質単一	文書	2	3	0.75	Ⓓ65	＊
67	つか	握	尺度	剣の長さ	1	3	0.75	Ⓓ65	＊
68	つき	月	時間	月	2	3	0.75	Ⓓ65	＊
76	とき	時	時間	時間	2	3	0.75	Ⓓ65	Ⓓ
77	ところ	所	性質単一	人、場所、ほか	3	3	0.75	Ⓓ65	Ⓒ
2	えだ	枝	性質単一	櫁、長持	2	2	0.50	Ⓓ74	＊
10	かへり	返	頻度	繰り返し	2	2	0.50	Ⓓ74	＊
18	くわ	顆	性質単一	丸いもの	2	2	0.50	Ⓓ74	Ⓓ
23	くわん	貫	性質単一	銭	1	2	0.50	Ⓓ74	Ⓓ
24	げつ	月	時間	月	1	2	0.50	Ⓓ74	＊
27	こく	剋	時間	時間	1	2	0.50	Ⓓ74	＊
36	しう	秋	時間	年	1	2	0.50	Ⓓ74	＊
47	せい	歳	時間	年	1	2	0.50	Ⓓ74	＊
56	たん	端	性質単一	布	2	2	0.50	Ⓓ74	Ⓓ
59	ちゃう	挺	性質単一	櫓	2	2	0.50	Ⓓ74	＊
62	ちゃくしゅ	搩手	尺度	仏像の高さ	1	2	0.50	Ⓓ74	＊
69	つら	行	集団	雁	1	2	0.50	Ⓓ74	Ⓓ
102	めん	面	性質単一	琵琶	2	2	0.50	Ⓓ74	＊
106	よ	代、世	時間	世代	2	2	0.50	Ⓓ74	Ⓓ

第一章　天草版『平家物語』の助数詞と数詞　255

番号	見出し	漢字	単位の意味	対象	〈高〉語形の数	〈高〉使用度数	〈高〉使用比率	〈高〉使用順位	〈ヘ〉記号
3	えふ	葉	性質単一	船	1	1	0.25	Ⓓ88	＊
7	かう	行	性質単一	涙の筋、列	1	1	0.25	Ⓓ88	Ⓓ
12	き	基	性質単一	塔	1	1	0.25	Ⓓ88	＊
13	ぎやう	行	性質単一	列	1	1	0.25	Ⓓ88	＊
15	きれ	切	性質単一	布	1	1	0.25	Ⓓ88	＊
16	く	句	性質単一	言葉	1	1	0.25	Ⓓ88	＊
17	くだり	襲	性質集合	衣裳のそろい	1	1	0.25	Ⓓ88	＊
19	くわい	回	頻度	書き直しの回数	1	1	0.25	Ⓓ88	＊
32	さと	里	尺度	距離	1	1	0.25	Ⓓ88	＊
33	し	枝	性質単一	李花	1	1	0.25	Ⓓ88	＊
34	じ	時	時間	時間	1	1	0.25	Ⓓ88	＊
38	じふ	入	頻度	浸す回数	1	1	0.25	Ⓓ88	Ⓓ
49	せん	銭	性質単一	貨幣	1	1	0.25	Ⓓ88	＊
60	ちやう	張	性質単一	弓	1	1	0.25	Ⓓ88	＊
64	ちよう	重	重なり	遠方	1	1	0.25	Ⓓ88	＊
70	て	手	性質集合	矢２本	1	1	0.25	Ⓓ88	＊
72	でふ	帖	性質単一	書	1	1	0.25	Ⓓ88	＊
75	とう	等	重なり	罪の段階	1	1	0.25	Ⓓ88	＊
88	びやう	瓶	容器	水瓶	1	1	0.25	Ⓓ88	＊
91	ふさ	房	集合体	髪	1	1	0.25	Ⓓ88	Ⓓ
93	ふり	振	性質単一	太刀	1	1	0.25	Ⓓ88	＊
95	へい	瓶	容器	酒瓶	1	1	0.25	Ⓓ88	＊
103	もん	文	性質単一	銭	1	1	0.25	Ⓓ88	＊
105	ゆじゅん	由旬	尺度	距離	1	1	0.25	Ⓓ88	＊
108	よ	節	性質単一	笛竹	1	1	0.25	Ⓓ88	＊
20	ぐわち	月	時間	月	0	0	0	＊	Ⓑ
54	たり	人	性質単一	人	0	0	0	＊	Ⓒ
109	より	度	頻度	翔け鳥の回数	0	0	0	＊	Ⓓ
合計					1098	3989	1000	112	

〈高野本〉の助数詞で度数最高位に属するのは、順位1の「らう（郎）」から順位6の「ぐわつ（月）」までの6種である。これらの使用度数は極めて高い。中でも「らう（郎）」「にん（人）」「き（騎）」「ゐ（位）」の4種はそれぞれ使用度数が671・422・336・302というように300を超えている。また使用比率も75.00パーミル以上の高さである。度数最高位に属するものの使用度数の合計は2248で、その使用比率の合計は563.55パーミルである。続いて度数高位に属するのは、順位7の「でう（条）」から順位15の「はう（方）」までの9種である。これらの使用度数の合計は1042で、その使用比率の合計は261.22パーミルである。度数最高位及び度数高位に属するものの使用比率の累積は824.77パーミルになる。これらは〈高野本〉の助数詞の骨格になる単位集団と考え、基幹単位集団と設定する。

度数中位に属するのは順位16の「ちやう（町）」から順位40の「そく（束）」「ぢゆう（重）」「てん（点）」「まい（枚）」「りやう（領）」までの29種である。度数低位に属するのは順位45の「きよく（曲）」以下、使用度数が7から1までの68種である。そして、度数ゼロは＊印の付いている3種である。

度数最高位の助数詞の単位の意味は〔順序〕〔性質単一〕〔位階〕〔時間〕の4分類に広がっている。が、〈ヘイケ〉同様に、数詞が表す対象には限定がある。〔順序〕の「らう（郎）」は男子の出生の順序を示して呼称となる。〔性質単一〕の「にん（人）」「き（騎）」は人の数・騎馬の数を数える単位である。〔位階〕の「ゐ（位）」はその位に叙された人を表す。度数最高位に属する助数詞の多くは〈人〉を対象とするものである。が、〈ヘイケ〉と異なる部分もある。〔時間〕の「にち（日）」「ぐわつ（月）」がこの段階に属していることである。

度数高位の助数詞の単位の意味は〔区画〕〔時間〕〔性質単一〕〔頻度〕の4分類に〔その他〕を加えた5分類である。その中でも〔時間〕の意味の助数詞が4種存し、この使用度数を合計すると484になり、圧倒的に多い。

度数中位の助数詞の意味は〔性質単一〕〔時間〕〔順序〕〔頻度〕〔尺度〕〔種類〕〔重なり〕〔位階〕〔量目〕〔性質集合〕の10分類である。その中で〔性質単一〕が7種、〔尺度〕が「けん（間）」[9]を含めて7種、〔時間〕が5

種存し、他の意味に比べて多い。この段階に〈ヘイケ〉で度数ゼロの助数詞が４種存する。

　度数低位の助数詞の意味は〔性質単一〕〔時間〕〔順序〕〔頻度〕〔尺度〕〔集団〕〔容積〕〔重なり〕〔容器〕〔量目〕〔性質集合〕〔集合体〕の12分類である。この中で〔性質単一〕が31種、〔時間〕が12種、〔尺度〕が９種と多い。

　使用度数の段階の異同で〈ヘイケ〉〈高野本〉を比較すると、ほとんどが同じ段階に属するか、１段階異なっているかで、大きな相違は見られない。ただし、「ぐわち（月）」は〈ヘイケ〉でⒷ、〈高野本〉で＊であるので最も相違が目立つ。〈ヘイケ〉で度数ゼロのものは〈高野本〉の度数低位の68種のうち、使用度数３以下のものを中心にして42種にのぼる。

　以上、〈高野本〉の助数詞を使用度数の観点から分析してきた。その結果をまとめ、〈ヘイケ〉を基準にして比較すると、次のようなことを指摘できる。

（ａ）〈高野本〉の基幹単位集団と設定したのは、度数最高位の６種・度数高位の９種で、その使用比率の累積は824.77 パーミルになる。

（ｂ）〈高野本〉の基幹単位集団のうち、度数最高位では〈人〉を対象とするもの、度数高位では〔時間〕の意味を表すものが多い。〈ヘイケ〉とよく似た特色を有している。ただし、〈ヘイケ〉よりも〈高野本〉の方が〔時間〕の意味を表すものの役割が重要になっている。

（ｃ）〈高野本〉の度数中位では単位の意味が広く10分類にわたるが、〔性質単一〕〔尺度〕〔時間〕の意味を表すものが多い。〈ヘイケ〉とほぼ同じ特色を有している。

（ｄ）〈高野本〉の度数低位では単位の意味がさらに広く12分類にわたるが、〔性質単一〕〔時間〕〔尺度〕の意味を表すものが多い。〈ヘイケ〉と比較してこの段階に属する助数詞の種類が大変多く、それに従い意味の分類数も多くなっている。

（ｅ）使用度数の段階の異同で双方の助数詞を比較すると、〈ヘイケ〉に存するほとんどが〈高野本〉と同じか一つ異なる段階に属している。〈ヘイケ〉で急激に増減したものとして「ぐわち（月）」がある。〈ヘ

イケ〉で度数ゼロのものの多くは〈高野本〉で度数低位に属するものである。

〈ヘイケ〉と〈高野本〉の助数詞を使用度数の観点で比較した結果、全体の傾向としては使用度数の高い単位集団でほぼ同じ傾向を有していること、〈ヘイケ〉の助数詞は〈高野本〉を継承していること、〈高野本〉で使用度数の低いものが〈ヘイケ〉で用いられなくなったことが判明した。

5　基幹単位集団の各助数詞の使用比率による比較

5.1　度数最高位の助数詞の使用比率による比較

〈ヘイケ〉と〈高野本〉の基幹単位集団はよく似た傾向を有していることが判明したが、助数詞の使用比率を個別に比較すると、そうとは言いきれない。そこで、〈ヘイケ〉で大きく減少しているものと増加しているものとを取り上げて分析する。

〈ヘイケ〉の助数詞の基幹単位集団18種を使用度数順に配列し、〈高野本〉と対比させて示すと表6のようになる。

表6　〈ヘイケ〉の助数詞の基幹単位集団

見出し	漢字	〈ヘ〉使用度数	〈ヘ〉使用比率	〈ヘ〉使用順位	〈高〉使用度数	〈高〉使用比率	〈高〉使用順位
にん	人	207	150.98	1	422	105.79	2
き	騎	178	129.83	2	336	84.23	3
らう	郎	136	99.20	3	671	168.21	1
ゐ	位	107	78.05	4	302	75.71	4
つ	箇、個	85	62.00	5	176	44.12	9
でう	条	67	48.87	6	189	47.38	7
か	日	65	47.41	7	182	45.63	8
にち	日	61	44.49	8	285	71.45	5
ねん	年	54	39.39	9	160	40.11	10

第一章　天草版『平家物語』の助数詞と数詞　259

見出し	漢字	〈ヘ〉使用度数	〈ヘ〉使用比率	〈ヘ〉使用順位	〈高〉使用度数	〈高〉使用比率	〈高〉使用順位
ど	度	38	27.72	10	86	21.56	11
ぐわつ	月	36	26.26	11	232	58.16	6
だい	代	23	16.78	12	62	15.54	13
さい	歳	21	15.32	13	80	20.06	12
か	箇	20	14.59	14	61	15.29	14
ぐわち	月	18	13.13	15	0	0	＊
はう	方	18	13.13	15	46	11.53	15
さう	艘	17	12.40	17	29	7.27	20
ちやう	町	16	11.67	18	39	9.78	16

　〈ヘイケ〉の度数最高位の助数詞（使用順位1～5）は〈高野本〉で度数最高位が4種（使用順位1～4）、度数高位のうちでも最高位に近い位置にあるのが1種（使用順位9）である。双方の使用比率を比較するのに、〈ヘイケ〉を1として基準にし、〈高野本〉の倍率を計算すると下記の【度数最高位の使用比率の比較】のようになる。

【度数最高位の使用比率の比較】
　　〈ヘ〉の使用順位　　〈高〉の倍率
　　1　にん（人）　　　0.70
　　2　き（騎）　　　　0.65
　　3　らう（郎）　　　1.70
　　4　ゐ（位）　　　　0.98
　　5　つ（箇、個）　　0.72

　全体に〈高野本〉の方が〈ヘイケ〉よりも低い数値になっている。〈高野本〉が〈ヘイケ〉の2.0倍以上、あるいは0.5倍未満というようにかけ離れたものは存しない。順位3の「らう（郎）」が1.70倍で、この中では突出した数値になった。0.65倍から0.72倍までの範囲の「にん（人）」「き（騎）」

「つ（箇、個）」の３種は〈高野本〉よりも〈ヘイケ〉における役割がやや大きくなっていると言える。

そこで、突出して高い数値の「らう（郎）」と、最も低い数値の「き（騎）」に関して、用例を調査し、原因を究明することにしよう。

5.2 「らう（郎）」

助数詞「らう（郎）」は男子の出生の順序を示す要素に付き、人物の呼称として用いられる単位である。このほかに、人物の呼称となりうるものとして、姓名・役職・位階・立場などがある。その形式は単独の場合も、複合の場合もある。同一人物を表すのに、場面によって「清盛」「浄海」のように実名・法名のみであったり、「入道相国」のように立場と役職とで示されたりしている。ここでは、〈ヘイケ〉で使用度数の高い語が〈高野本〉ではどのようになっているか、〈高野本〉で使用度数の高い語が〈ヘイケ〉でどのようになっているかを調査するという方法をとることにする。

（１）〈ヘイケ〉で「らう（郎）」の付く高位の語

〈ヘイケ〉で「らう（郎）」の付くのは53語である。使用度数を降順に並べて、10位までの語を〈高野本〉と比較できるように示すと、表7のようである。

最も使用度数が多いのは「とひのじらう」（度数15）で、「ひぐちのじらう」（度数9）、「ゑつちゆうのじらうびやうゑ」（度数8）、「こじらう」「ささきのしらう」（ともに度数7）と続いている。〈高野本〉で使用度数がゼロのものに「じらうびやうゑ」と「とひじらう」がある。前者は「ゑつちゆうのじらうびやうゑ」と同一人物である。〈ヘイケ〉に「越中」の冠された語形とそうではない語形が存在する。「越中」のない形は同じ場面で「越中」のある形の後方に出現する。また、後者は〈高野本〉の校注者による振り仮名に従い、「とひのじらう」にまとめて整理したのでこのようになった。〈ヘイケ〉で「らう（郎）」の付く高位の語は〈高野本〉にも存在すると言える。

表7 〈ヘイケ〉で「らう（郎）」の付く高位の語

見出し語	漢字	〈ヘ〉使用度数	〈ヘ〉使用比率	〈高〉使用度数	〈高〉使用比率
とひのじらう	土肥次郎	15	10.94	21	5.26
ひぐちのじらう	樋口次郎	9	6.56	17	4.26
ゑつちゆうのじらうびやうゑ	越中次郎兵衛	8	5.84	21	5.26
こじらう	小次郎	7	5.11	13	3.26
ささきのしらう	佐々木四郎	7	5.11	10	2.51
かはらたらう	河原太郎	5	3.65	6	1.50
じらうびやうゑ	次郎兵衛	5	3.65	0	0
じらう	次郎	4	2.92	8	2.01
あしかがのまたたらう	足利又太郎	4	2.92	2	0.50
とひじらう	土肥次郎	4	2.92	0	0

（2）〈高野本〉で「らう（郎）」の付く高位の語

　〈高野本〉で「らう（郎）」の付くのは209語である。〈ヘイケ〉と同様に、使用度数を降順に並べ、10位までの語を〈ヘイケ〉と比較できるように示すと表8のようである。

　最も使用度数が多いのは「じふらうくらんど」（度数26）で、「いまゐのしらう」（度数23）、「とひのじらう」「ゑつちゆうのじらうびやうゑ」（ともに度数21）、「かはののしらう」（度数18）と続いている。「とひのじらう」「ゑつちゆうのじらうびやうゑ」「ひぐちのじらう」の3語は〈ヘイケ〉〈高野本〉共通に高位である。〈ヘイケ〉の場合と大きく異なるのは、〈高野本〉で高位にあっても〈ヘイケ〉で使用度数がゼロか1というのが6語も存することである。助数詞「らう（郎）」は、〈ヘイケ〉の使用比率を1とした場合に〈高野本〉では1.70倍という突出した数値になった。その原因として、〈ヘイケ〉の53語に対して〈高野本〉では209語というように異なり語数に大差があること、〈高野本〉で使用度数の多い語が〈ヘイケ〉で用いられて

表8 〈高野本〉で「らう（郎）」の付く高位の語

見出し語	漢字	〈ヘ〉使用度数	〈ヘ〉使用比率	〈高〉使用度数	〈高〉使用比率
じふらうくらんど	十郎蔵人	1	0.73	26	6.52
いまゐのしらう	今井四郎	0	0	23	5.77
とひのじらう	土肥次郎	15	10.94	21	5.26
ゑつちゆうのじらうびやうゑ	越中次郎兵衛	8	5.84	21	5.26
かはののしらう	河野四郎	0	0	18	4.51
ひぐちのじらう	樋口次郎	9	6.56	17	4.26
いせのさぶらう	伊勢三郎	3	2.19	17	4.26
くらう	九郎	0	0	17	4.26
くらうたいふのはうぐわん	九郎大夫判官	0	0	14	3.51
せのをのたらう	瀬尾太郎	0	0	14	3.51

いないことが指摘できる。

　使用度数の範囲を上から20位までに広げても同様のことがいえる。「見出し語」（〈ヘイケ〉の度数・〈高野本〉の度数）の様式で以下に示す。

　　「こじらう」（7・13）、

　　「くらうおんざうし」（0・13）、

　　「ささきのしらう」（7・10）、

　　「かづさのごらうびやうゑ」（3・10）、

　　「をかたのさぶらう」（0・10）、

　　「くらうはうぐわん」（0・8）、

　　「じらう」（4・8）、

　　「くまがへのじらう」「0・8」、

　　「ほうでうのしらう」（0・8）、

　　「さぶらう」（1・7）、

　　「しらう」（1・7）

第一章　天草版『平家物語』の助数詞と数詞　263

　それではその実態はどのようなものであろうか。〈ヘイケ〉で使用度数がゼロか1の語のうち、〈高野本〉で1位の「じふらうくらんど」、2位の「いまゐのしらう」、そして、同一人物の呼称である「くらう」「くらうたいふのはうぐわん」の計4語に関して、双方の本文を対照させ、該当部分の存在する場合の用例を分析し、「らう（郎）」の付いた形と人物の呼称との関係を解明する。

（2）-1　「じふらうくらんど（十郎蔵人）」
　「じふらうくらんど」は源頼朝・義経の叔父にあたる源行家の呼称である。「十郎蔵人」のみの形が18例、「十郎蔵人」に実名の「行家」が続く形が8例ある。〈ヘイケ〉に該当部分の存在する場合の用例を対応させると次のようである。
　　⑴　〈高〉「十郎蔵人」18例
　　　　〈ヘ〉「十郎蔵人」1例・「行家」7例・
　　　　　「源氏方の行家といふ人」1例
　　⑵　〈高〉「十郎蔵人行家」8例
　　　　〈ヘ〉「行家」2例・「行家といふ者」1例
　〈ヘイケ〉では源行家を表す呼称として、主に「行家」が用いられている。〈高野本〉で源行家を表す呼称として、このほかに「十郎蔵人殿」・自称ではなく「十郎蔵人」にも続かない単独の「行家」がある。また、「行家」と改名する以前の実名「義盛」が続く形の「十郎義盛」・「新宮の十郎義盛」などが見られる。〈ヘイケ〉にも「義盛」が登場するが、それは別人である。

（2）-2　「いまゐのしらう（今井四郎）」
　「いまゐのしらう」は源義仲の乳母子、中原兼平の呼称である。「今井四郎」のみの形が15例、「今井四郎」に実名の「兼平」が続く形が8例ある。〈ヘイケ〉に該当部分の存在する場合の用例を対応させると次のようである。
　　⑶　〈高〉「今井四郎」15例

〈ヘ〉「兼平」12例
　(4)　〈高〉「今井四郎兼平」8例
　　　〈ヘ〉「兼平」5例・「兼平といふ者」1例
　〈ヘイケ〉では中原兼平を表す呼称として、主に「兼平」が用いられている。〈ヘイケ〉に「今井」が1例ある[10]が、「今井四郎」「今井兼平」は見られない。〈高野本〉で中原兼平を表す呼称として、「今井四郎」「兼平」「今井」などが用いられている。なお、〈高野本〉の単独の「四郎」7例は、「城太郎助長、同四郎助茂」(巻6、上、341-8)のように、武士の名前を列挙する場面で人物が特定できる形で出現する。この中に中原兼平を示す用例は存しない。

(2)-3　「くらう(九郎)」「くらうたいふのはうぐわん(九郎大夫の判官)」
　「くらう」「くらうたいふのはうぐわん」ともに源義経を表す呼称である。「くらう」には、「九郎」のみの形が7例、「九郎」に実名の「義経」が続く形が10例ある。〈ヘイケ〉に該当部分の存在する場合の用例を対応させると次のようである。
　(5)　〈高〉「九郎」7例
　　　〈ヘ〉「義経」4例
　(6)　〈高〉「九郎義経」10例
　　　〈ヘ〉「義経」6例・「源氏ども」1例
　「くらうたいふのはうぐわん」には、これのみの形が9例、これに実名の「義経」が続く形が5例ある。〈ヘイケ〉に該当部分の存在する場合の用例を対応させると次のようである。
　(7)　〈高〉「九郎大夫の判官」9例
　　　〈ヘ〉「義経」4例・「大将」1例
　(8)　〈高〉「九郎大夫の判官義経」5例
　　　〈ヘ〉「義経」4例
　〈ヘイケ〉で源義経を表す呼称として、主に「義経」が用いられている。

〈高野本〉では源義経を表す「らう（郎）」の付く呼称として、このほかに「くらうおんざうし」（度数13）・「くらうはうぐわん」（度数8）・「くらうくわんじや」「くらうたいふのはうぐわんどの」（ともに度数4）などがある。

（2）-4　まとめ

「じふらうくらんど」「いまゐのしらう」「くらう」「くらうたいふのはうぐわん」の4語に関して、双方の本文を対照させ、「らう（郎）」の付いた形と人物の呼称との関係を分析した。その結果をまとめると次のようである。

（a）〈高野本〉の人物呼称の「らう（郎）」の付いた形に、〈ヘイケ〉では実名のみの短い形が対応する。

（b）〈高野本〉ではひとりの人物に対し、「らう（郎）」の付いた形をはじめとして数種類の呼称が用いられるが、〈ヘイケ〉ではある形に統一されている。

このような実態を反映し、〈ヘイケ〉（53語）と〈高野本〉（209語）との異なり語数に大差が生じ、〈高野本〉で使用度数の多い語が〈ヘイケ〉で見られないこととなった。そして、〈ヘイケ〉を基準にして使用比率を比較した時に、〈高野本〉が1.70倍という突出した数値になったと考えられる。

5.3　「き（騎）」

助数詞「き（騎）」は騎馬の数を表す単位である。〈ヘイケ〉の巻第2.「第5. 宮三井寺を落ちさせられて宇治橋において矢切りの但馬や，浄妙坊が合戦のこと．」から「第7. 飛騨の守といふ平家の兵宮を追ひかけて討ち奉ったことと，その後宮のお子をも平家失ひ奉らうとせられたこと．」の前半までを〈高野本〉と対照させ、用例を提示すると次のようになる。なお、〈高野本〉では巻第4、「大衆揃」の後半・「橋合戦」・「宮御最期」の章段に相当する。〈高野本〉も頁・行のみを示す。

266　第三部　天草版『平家物語』・天草版『エソポのハブラス』の助数詞と数詞

表9　本文対照による「き（騎）」を含む数詞

	〈ヘイケ〉の用例	〈高野本〉の用例
1	都合その勢は二万ばかり（125-19）	都合其勢二万八千騎（239-12）
2	先陣が二百人ばかり（126-2）	先陣二百余騎（240-3）
3	数詞ナシ	只一騎（240-10）
4	一騎当千の兵（126-22）	一人当千の兵（241-4）
5	三百余騎うち入れて（130-3）	三百余騎ぞつづきける。（243-13）
6	三百余騎を（130-15）	三百余騎、（244-6）
7	一騎も流さいで（130-15）	一騎も流さず、（244-6）
8	二万余りの者ども（131-6）	二万八千余騎（245-7）
9	六百人余り…流れた．（131-11）	六百余騎ぞ流れける。（245-11）
10	上総の守七百余騎で（132-12）	数詞ナシ
11	源太夫の判官は十七騎で（132-13）	数詞ナシ
12	数詞ナシ	平家の兵物ども十四五騎、（246-14）
13	五百余騎で（134-19）	其勢五百余騎、（248-6）
14	二十四騎で（134-21）	卅騎ばかりで（248-8）
15	数値ナシ	兵物共の四五百騎（248-16）
16	老いた若いに七千余騎（136-1）	南都の大衆、ひた甲七千余人、（249-7）

これらの用例を整理すると次のようである。

　i 〈ヘ〉で助数詞「き（騎）」を用いた表現、〈高〉でも「き（騎）」を用いた表現。
　　　　用例番号5・6・7・13・14、　5例。
　ii 〈ヘ〉で助数詞「き（騎）」を用いた表現、〈高〉では他の表現。
　　　　用例番号4・16、　2例。
　iii 〈ヘ〉で助数詞「き（騎）」を用いた表現、〈高〉では数値なし。
　　　　用例番号10・11、　2例。
　iv 〈高〉で助数詞「き（騎）」を用いた表現、〈ヘ〉では他の表現。
　　　　用例番号1・2・8・9、　4例。

v 〈高〉で助数詞「き（騎）」を用いた表現、〈ヘ〉では数値なし。
用例番号3・12・15、 3例。

ⅰが最も多い。〈高野本〉で「き（騎）」を用いない表現のⅱやⅲが多いわけでは決してない。0.65倍という低い倍率になった原因として、〈ヘイケ〉で助数詞「き（騎）」を用いて表現している部分が、〈高野本〉ではそうはなっていないということをあげることはできない。

異なり語数・延べ語数において〈ヘイケ〉は〈高野本〉の約半分の語彙の作品である。しかし、〈ヘイケ〉の助数詞を含む数詞の語彙の規模は〈高野本〉と比較すると、異なり語数は約半分であるが、延べ語数の比率が低い。それに対して、「き（騎）」を含む数詞の場合は異なり語数が極めて高く、延べ語数もやや高く算出された。

表10 「き（騎）」を含む数詞の異なり語数・延べ語数の比較

作品		〈ヘイケ〉	〈高野本〉	〈ヘイケ〉／〈高野本〉
「き（騎）」を含む数詞	異なり語数	60 語	69 語	87.0%
	延べ語数	178 語	336 語	53.0%
助数詞を含む数詞	異なり語数	507 語	1098 語	46.2%
	延べ語数	1371 語	3989 語	36.8%
自立語全部	異なり語数	7421 語	14790 語	50.2%
	延べ語数	46893 語	99309 語	47.2%

戦闘そのものの規模、戦闘中の各種の作戦に関わる軍勢の量、戦闘の結末を具体的に語るのに「き（騎）」は最も重要な助数詞である。〈ヘイケ〉には数々の戦闘が記述されている。しかし、〈高野本〉は戦闘の描写のほかに、京都の事情・宮廷や貴族の様子・神社仏閣の動向等を記述し、各種の書状を掲載している。〈ヘイケ〉ではそのような記事がかなり省略されている。0.65倍という数値は〈ヘイケ〉の抜き書き的な編集方法を反映していると考える。

5.4 度数高位の助数詞の使用比率による比較

度数高位の助数詞について双方の使用比率を比較するのに、〈ヘイケ〉を1として基準にし、〈高野本〉の倍率を計算すると次のようである。

【度数高位の使用比率の比較】

〈ヘ〉の使用順位	〈高〉の倍率
6　でう（条）	0.97
7　か（日）	0.97
8　にち（日）	1.62
9　ねん（年）	1.02
10　ど（度）	0.78
11　ぐわつ（月）	2.23
12　だい（代）	0.93
13　さい（歳）	1.32
14　か（箇）	1.05
15　ぐわち（月）	＊
16　はう（方）	0.88
17　さう（艘）	0.59
18　ちやう（町）	0.84

〈ヘイケ〉の度数高位の助数詞（使用順位6～18）は〈高野本〉で度数最高位が2種、度数高位が8種、度数中位が2種、度数ゼロが1種である。このうち、〈高野本〉が〈ヘイケ〉の2.0倍以上の数値になっているのは「ぐわつ（月）」1種である。その反対に0.5倍未満に入るのは「ぐわち（月）」1種であるが、これは〈高野本〉での使用度数がゼロである。これらを除く11種は〈高野本〉が〈ヘイケ〉の0.59倍から1.62倍までの範囲に収まっている。ただし、「にち（日）」は〈高野本〉で、「さう（艘）」は〈ヘイケ〉での役割がやや大きくなっていると言えよう。

ところで、「ぐわち（月）」の取り扱いに関しては既に記述したが、ここに

第一章　天草版『平家物語』の助数詞と数詞　269

もう一度触れておく。〈高野本〉では仮名書きの「ぐわち」の例が見られない。漢字表記に振り仮名「ぐわつ」の付いているものは存する。今回の調査では振り仮名のない「月」の読みを「ぐわつ」として整理した。〈ヘイケ〉の「ぐわつ（月）」と「ぐわち（月）」とを加算すると、使用度数は54、使用比率は39.39パーミルになる。そして、これを基準にして〈高野本〉の「ぐわつ（月）」と比較すると、倍率は1.48になる。この数値は〈高野本〉での役割がやや大きいと言えるものである。

　以下、最も高い数値の「にち（日）」と最も低い数値の「さう（艘）」に関して、用例を調査し、原因を究明することにしよう。

5.5　「にち（日）」

　「にち（日）」は一月の何番目の日かを示したり、日数を表したりする単位である。〈ヘイケ〉で「にち（日）」の付くのは27語、〈高野本〉では47語存する。〈ヘイケ〉の使用度数を降順に並べ、5位までの語を〈高野本〉と比較できるように示すと表11のようである。

表11　〈ヘイケ〉で「にち（日）」の付く高位の語

見出し語	漢字	〈ヘ〉使用度数	〈ヘ〉使用比率	〈高〉使用度数	〈高〉使用比率
いちにち	一日	8	5.84	24	6.02
にじふさんにち	二十三日	6	4.38	13	3.26
じふろくにち	十六日	5	3.65	22	5.52
じふくにち	十九日	5	3.65	6	1.5
じふさんにち	十三日	4	2.92	16	4.01
にじふごにち	二十五日	4	2.92	9	2.26

　また、〈高野本〉に関しても同様に示すと表12のようである。

表12 〈高野本〉で「にち（日）」の付く高位の語

見出し語	漢字	〈ヘ〉使用度数	〈ヘ〉使用比率	〈高〉使用度数	〈高〉使用比率
いちにち	一日	8	5.84	24	6.02
じふろくにち	十六日	5	3.65	22	5.52
じふさんにち	十三日	4	2.92	16	4.01
じふごにち	十五日	3	2.19	16	4.01
じふしにち	十四日	0	0	16	4.01

　〈ヘイケ〉で高位のものは全部〈高野本〉にも存在する。〈ヘイケ〉〈高野本〉双方で高位のものは「いちにち」「じふろくにち」「じふさんにち」の3語である。このうち、「いちにち」は日数を表し、月の初日の意味で用いられている例は見られない。〈ヘイケ〉で高位であるが、〈高野本〉で使用度数がゼロか1という語は存しない。〈高野本〉で高位であるが、〈ヘイケ〉で使用度数がゼロか1というのは「じふしにち」1語である。以下、「じふろくにち」「じふしにち」の2語に関して、双方の本文を対照させ、用例を分析することによって1.62倍という数値になった原因を究明する。

（1）「じふろくにち（十六日）」

　〈ヘイケ〉〈高野本〉双方で「じふろくにち」の語が出現する箇所を取り出し、対応する部分を示すと表13のようである。

表13　本文対照による「じふろくにち」の用例

	〈ヘイケ〉の用例	〈高野本〉の用例
1	嘉応元年のことでござったに：（13-16）	嘉応元年七月十六日、（巻1、上、38-9）
2	過ぎし嘉応二年に（14-14）	去じ嘉応二年十月十六日、（巻1、上、39-7）
3	ナシ、「頼豪」の章段	承保元年十二月十六日（巻3、上、153-9）
4	同じ三月の十九日に（79-20）	同三月十六日、（巻3、上、157-15）

第一章　天草版『平家物語』の助数詞と数詞　271

	〈ヘイケ〉の用例	〈高野本〉の用例
5	ナシ、「大臣流罪」の章段	同十六日、（巻3、上、183-3）
6	ナシ、「源氏揃」の章段	去じ永万元年十二月十六日、 　　　　　　　（巻4、上、209-2）
7	明くれば十六日（114-16）	あくれば十六日、（巻4、上、221-1）
8	さて十六日の夜に（117-15）	同十六日の夜に入って、 　　　　　　　（巻4、上、224-4）
9	十月の十三日には（148-18）	十月十六日には、（巻5、上、306-3）
10	その父義賢は武蔵の国で悪源太に討たれられたが，（156-16） 日付ナシ	父義方は、久寿二年八月十六日、鎌倉の悪源太義平が為に誅せらる。 　　　　　　　（巻6、上、339-9）
11	記事ヲマトメ書キ、日付ナシ	同十六日、（巻6、上、342-14）
12	ナシ、「祇園女御」の章段	同十六日の夜半ばかり、 　　　　　　　（巻6、上、362-4）
13	ナシ、「嗄声」の章段	あくる十六日の卯剋に、 　　　　　　　（巻6、上、363-8）
14	ナシ、「嗄声」の章段	あくる十六日の卯ノ剋に、 　　　　　　　（巻6、上、364-2）
15	平家の大将宗盛はこれを事ともせいで，（159-5）　日付ナシ	同十六日、都には平家是をば事ともしたまはず、（巻6、上、368-10）
16	記事ヲマトメ書キ、日付ナシ	同十六日到来、（巻7、下、33-12）
17	その日（199-12）　　日付ナシ	同十六日、（巻8、下、72-10）
18	四月二十日に（321-10）	同（五月）十六日、 　　　　　　　（巻10、下、246-7）
19	記事ヲマトメ書キ、日付ナシ	同十六日、（巻11、下、261-5）
20	十六日の丑の刻に（328-4）	二月十六日の丑剋に、 　　　　　　　（巻11、下、263-14）
21	さうしたところに（341-16） 日付ナシ	去十六日の丑剋に、 　　　　　　　（巻11、下、284-2）
22	同じ十六日に（348-12）	同十四日、（巻11、下、302-7）
23	同じ十六日の卯の刻に，（389-23）	同十二月十六日、（巻11、下、366-3）

「じふろくにち」は全例日付として用いられている。これらの用例を整理すると次のようである。

 i 〈ヘ〉で「十六日」、〈高〉でも「十六日」。
   用例番号7・8・20・23、　4例。

 ii 〈ヘ〉で「十六日」、〈高〉で他日。
   用例番号22、　1例。

 iii 〈ヘ〉で他日、〈高〉で「十六日」。
   用例番号4・9・18、　3例。

 iv 〈ヘ〉で元号のみ、〈高〉で「十六日」。
   用例番号1・2、　2例。

 v 〈ヘ〉で日付なし、〈高〉で「十六日」。
   用例番号10・11・15・16・17・19・21、　7例。

 vi 〈ヘ〉で対応する記事なし、〈高〉で「十六日」。
   用例番号3・5・6・12・13・14、　6例。

〈ヘイケ〉に対応する記事が存するのはi〜vで、その中で日の入っているのはi ii iiiの8例、入っていないのはiv vの9例である。半分以上に日が入っていないことが判明した。vの実態は、〈高野本〉で日を追って事件を記録する形態であるのが〈ヘイケ〉ではまとめて述べてある（用例11・16・19）、〈ヘイケ〉で日付のみ抜けている（用例10・15）、〈ヘイケ〉で他の語に置き換えている（用例17・21）というものである。

（2）「じふしにち（十四日）」

〈ヘイケ〉〈高野本〉双方で「じふしにち」の語が出現する箇所を取り出し、対応する部分を示すと表14のようである。

「じふしにち」は全例日付として用いられている。これらの用例を整理すると次のようである。

 i 〈ヘ〉で他日、〈高〉で「十四日」。
   用例番号13・16、　2例。

ii 〈ヘ〉で日付なし、〈高〉で「十四日」。

   用例番号7・12・14・15、 4例。

iii 〈ヘ〉で対応する記事なし、〈高〉で「十四日」。

   用例番号1・2・3・4・5・6・8・9・10・11、 10例。

表14 本文対照による「じふしにち」の用例

	〈ヘイケ〉の用例	〈高野本〉の用例
1	ナシ、「鹿谷」の章段	十四日（巻1、上、43-2）
2	ナシ、「内裏炎上」の章段	同十四日（巻1、上、60-1）
3	ナシ、「内裏炎上」の章段	治暦四年八月十四日（巻1、上、62-11）
4	ナシ、「灯炉之沙汰」の章段	毎月十四日十五日を（巻3、上、176-5）
5	ナシ、「法印問答」の章段	同十四日（巻3、上、179-1）
6	ナシ、「法皇被流」の章段	安元二年七月十四日（巻3、上、192-16）
7	記事ヲマトメ書キ、日付ナシ	治承四年七月十四日（巻5、上、301-6）
8	ナシ、「新院崩御」の章段	同正月十四日（巻6、上、325-1）
9	ナシ、「嗄声」の章段	同七月十四日（巻6、上、364-7）
10	七月十四日ノ記事ノミナシ	同七月十四日（巻7、下、38-6）
11	ナシ、「征夷将軍院宣」の章段	十月十四日（巻8、下、86-3）
12	重衡は生け捕りにせられて（279-6） 日付ナシ	同十四日、いけどり本三位中将重衡卿、（巻10、下、199-13）
13	二月の十三日（280-10）	あくれば十四日、（巻9、下、183-14）
14	記事ヲマトメ書キ、日付ナシ	寿永三年二月十四日（巻10、下、206-9）
15	記事ヲマトメ書キ、日付ナシ	今月十四日の（巻10、下、209-7）
16	同じ十六日に（348-12）	同十四日、（巻11、下、302-7）

〈ヘイケ〉に対応する記事が存するのはⅰⅱで、そのうち日の入っているのはⅰ、入っていないのはⅱである。ⅱの中の用例12は日付のみ抜けている。用例7は福原院宣、用例14は屋島院宣、用例15は請文の内容がまとめて記述され、日付が削られている。ⅲの〈高野本〉で日付の入っている記事は事件を列挙し、人物の官加階を説明している。〈ヘイケ〉はそのような記事を採用しなかった。このことが〈高野本〉で高位にある「じふしにち」が、〈ヘイケ〉で使用度数がゼロになった最大の原因である。そして、本来、文書の形態をとっていたものについて、〈ヘイケ〉で内容をまとめ、日付を省いたことも大きな原因となった。

(3) まとめ

「じふろくにち」「じふしにち」2語の用例を分析してきた。その結果をまとめて述べる。〈ヘイケ〉では〈高野本〉に対応する記事が存在しても、次のような操作によって「にち（日）」の付く語が用いられなくなった。

　a．一連の記事や文書の内容をまとめ書きすることに関連して日付を省略する。
　b．「にち（日）」の付く語を他の語に置き換える。
　c．「にち（日）」の付く語のみを省略する。

これによって〈高野本〉の助数詞「にち（日）」の使用比率が〈ヘイケ〉の1.62倍という数値になったと考えられる。助数詞「にち（日）」を視点にして〈ヘイケ〉と〈高野本〉とを比較すると、〈ヘイケ〉のこなれた、理解しやすい文章を目指そうとする姿勢、〈高野本〉の事件や文書を記録として残そうとする姿勢が一層明らかに浮かび上がってくる。

5.6 「さう（艘）」

助数詞「さう（艘）」は舟を数えるのに用いる単位である。ここでは、「さう（艘）」を含む数詞の全部の用例に関して、〈ヘイケ〉と〈高野本〉の本文を対照させ、0.59倍という低い数値になった原因を探求することにしよう。

表15 本文対照による「さう（艘）」を含む数詞

	〈ヘイケ〉の用例	〈高野本〉の用例
1	次の船二三十艘も（55-1）	次の舟二三十艘（巻2、上、104-13）
2	該当部分ナシ	小船を一艘（巻2、上、127-6）
3	該当部分ナシ	大舟百余艘（巻8、下、85-1）
4	小舟が一艘（209-8）	小船一艘（巻8、下、92-7）
5	源氏方から船を五百艘ほど（209-11）	源氏の舟五百余艘（巻8、下、92-8）
6	平家方からも船を千余艘で（209-13）	平家は千余艘で（巻8、下、92-9）
7	千余りの船を（209-17）	千余艘が（巻8、下、92-13）
8	千余艘の船に（217-8）	千余艘の舟に（巻8、下、100-5）
9	小舟百艘ばかりに（253-1）	兵船十余艘で（巻9、下、140-2）
10	該当部分ナシ	大船二艘に（巻9、下、142-3）
11	該当部分ナシ	小船十艘ばかり（巻9、下、142-4）
12	船一艘に（272-17）	舟一艘に（巻9、下、166-10）
13	大船三艘（272-20）	大ふね三艘（巻9、下、166-12）
14	五百余艘の船（324-4）	（同心して）（巻10、下、249-8）
15	該当部分ナシ	五百余艘の兵船（巻10、下、251-9）
16	七百余艘の船に（325-22）	（兵船をそろへて）（巻11、下、261-1）
17	三百艘余りの船に（325-24）	（ふなぞろへして）（巻11、下、260-15）
18	二百艘余りの船（327-21）	二百余艘の舟（巻11、下、263-5）
19	ただ五艘ばかり（327-21）	ただ五艘（巻11、下、263-5）
20	該当部分ナシ	五艘の舟（巻11、下、263-9）
21	該当部分ナシ	五艘の舟（巻11、下、264-7）
22	小船一艘（335-9）	小舟一艘（巻11、下、274-3）
23	二百余艘の船ども（341-17）	二百余艘の舟ども（巻11、下、283-13）

276　第三部　天草版『平家物語』・天草版『エソポのハブラス』の助数詞と数詞

	〈ヘイケ〉の用例	〈高野本〉の用例
24	該当部分ナシ	二百余艘の舟に（巻11、下、285-8）
25	該当部分ナシ	百五十艘の兵船に（巻11、下、285-11）
26	源氏の船は三千余艘（342-1）	源氏の舟は三千余艘（巻11、下、285-13）
27	平家の船は千余艘（342-1）	平家の舟は千余艘（巻11、下、285-13）
28	該当部分ナシ	千余艘（巻11、下、288-16）
29	該当部分ナシ	五百余艘（巻11、下、288-16）
30	該当部分ナシ	三百余艘で（巻11、下、289-1）
31	該当部分ナシ	二百余艘で（巻11、下、289-1）
32	該当部分ナシ	三千余艘で（巻11、下、289-4）

これらの用例を整理すると次のようである。

i 〈ヘ〉で助数詞「さう（艘）」を用いた表現、〈高〉でも「さう（艘）」を用いた表現。
　　用例番号 1・4・5・6・8・9・12・13・18・19・22・23・26・27、14例

ii 〈ヘ〉で助数詞「さう（艘）」を用いた表現、〈高〉では数値のない他の表現。
　　用例番号 14・16・17、　3例

iii 〈高〉で助数詞「さう（艘）」を用いた表現、〈ヘ〉では「さう（艘）」を用いない他の表現。
　　用例番号 7、　1例

iv 〈高〉で助数詞「さう（艘）」を用いた表現、〈ヘ〉では「該当部分ナシ」。
　　用例番号 2・3・10・11・15・20・21・24・25・28・29・30・31・32、　14例

第一章　天草版『平家物語』の助数詞と数詞　277

ⅰが14例、ⅱが3例、ⅲが1例、ⅳが14例である。ⅰとⅳとが多い。〈高野本〉で「さう（艘）」を用いない表現のⅱが多いわけではない。0.59倍という低い数値になった原因として、〈ヘイケ〉で助数詞「さう（艘）」を用いて表現している部分が、〈高野本〉ではそうなっていないということをあげることはできない。

〈ヘイケ〉で「該当部分ナシ」と記してあるのは、〈ヘイケ〉の本文が数詞を用いない表現でまとめて記述してあったり、数詞を含む周辺の記事が省略されていたりする場合を表している。〈高野本〉の用例が見られる章段に、対応する〈ヘイケ〉の話題は存在するのである。

「該当部分ナシ」の詳細
　2〈高〉「卒塔婆流」の章段。
　　〈ヘ〉鬼界が島に流された少将成経と康頼入道が、三所権現に参籠し、一晩中祈願した折に見た夢の内容が省かれている。
　3〈高〉「大宰府落」の章段。
　　〈ヘ〉四国の屋島へ移る平家のために、大船を調達した内容が省かれている。
　10・11〈高〉「六ケ度軍」の章段。
　　〈ヘ〉能登殿（平教経）の連戦をまとめて記述してある。
　　「能登殿（河野ヲ）追つ駆けて，そこでも散々に合戦して追ひ散らし，そのほか方々で手柄どもをして敵もなければ，福原へ帰られた．」
　　（253-23〜254-2）
　15〈高〉「藤戸」の章段。
　　〈ヘ〉藤戸における合戦がまとめて記述してある。
　　「さて藤戸といふ所でまた合戦があつて，佐々木の三郎といふ者が手柄をして，そこでも平家はうち負けて，皆屋島へ渡られたと，申す．」
　　（324-11〜14）
　20〈高〉「逆櫓」の章段。
　　〈ヘ〉18・19も「逆櫓」に対応する。五艘の船に、それぞれ誰が乗って

いたかという記述のみ省かれている。
21〈高〉「勝浦」の章段。
　〈ヘ〉五艘の船に物の具・兵糧米などを積んだという記述のみ省かれている。
24・25〈高〉「鶏合　壇浦合戦」の章段。
　〈ヘ〉26・27、28〜32も「鶏合　壇浦合戦」に対応する。源氏に味方する人々の行動がまとめて記述してある。
　「また熊野の別当，湛増も源氏の味方に参らるる．伊予の国の河野も馳せ参つて，これも一つになる．」(341-10〜12)
28〜32〈高〉「鶏合　壇浦合戦」の章段。
　〈ヘ〉24・25、26・27も「鶏合　壇浦合戦」に対応する。壇浦における戦いの始まりと平家優勢の描写がまとめて記述してある。
　「さうして合戦が始まれば，始めは平家そつと勝ち色にあつたれども，」(343-4〜5)

　〈ヘイケ〉では原拠に載っていた船による戦いや移動の話題を多く採用していることが判明した。このことが助数詞を含む数詞全体に占める「さう（艘）」の付く語の使用比率を高くし、〈高野本〉が〈ヘイケ〉の0.59倍という数値になって現れたと考える。

5.7　まとめ

　基幹単位集団の助数詞を使用比率によって比較し、〈ヘイケ〉で大きく減少しているものと増加しているものとを取り上げて分析した。その結果、次のことが判明した。

（a）「らう（郎）」は共通して度数最高位に属するが、〈高野本〉での使用比率がきわめて高い。この現象には以下の実態が反映している。
　　〈高野本〉の人物呼称の「らう（郎）」の付いた形に、〈ヘイケ〉では実名のみの短い形が対応する。〈高野本〉ではひとりの人物に対し、「らう（郎）」の付いた形をはじめとして数種類の呼称が用いられるが、

〈ヘイケ〉ではある形に統一されている。
（b）「き（騎）」は共通して度数最高位に属するが、〈ヘイケ〉での使用比率がきわめて高い。この現象は〈ヘイケ〉の抜き書き的な編集方法を反映している。〈ヘイケ〉には数々の戦闘が記述されている。が、〈高野本〉は戦闘の描写のほかに、京都の事情・宮廷や貴族の様子・神社仏閣の動向等を記述し、各種の書状を掲載する。〈ヘイケ〉はそのような記事をかなり省略した。
（c）「にち（日）」は〈ヘイケ〉で度数高位、〈高野本〉で度数最高位に属し、〈高野本〉での使用比率がきわめて高い。この現象には以下の実態が反映している。〈ヘイケ〉では〈高野本〉に対応する記事が存在しても、一連の記事や文書の内容をまとめ書きすることに関連して日付を省略する、「にち（日）」の付く語を他の語に置き換える、「にち（日）」の付く語のみを省略する、というような操作を行っている。
（d）「さう（艘）」は〈ヘイケ〉で度数高位、〈高野本〉で度数中位に属し、〈ヘイケ〉での使用比率がきわめて高い。この現象には〈ヘイケ〉が船による戦いや移動の話題を多く採用したという実態が反映している。

6　使用度数の観点で見た数詞

6.1　天草版『平家物語』の数詞で使用度数の多いもの

　〈ヘイケ〉の助数詞を含む数詞について、使用度数を降順に並べて50位までの語を取り出して調査する。見出し語に漢字をあて、助数詞の意味、対象、各語の使用度数・使用比率を示すと表16のようになる。参考のために〈高野本〉の使用度数・使用比率等を付記する。使用比率と順位とによって次のような区分を施し、記号で示した。

【使用比率と順位とによる区分】

A：順位が1位から10位までのもの。
S：Aの中で使用比率が10.00パーミルを超えるもの。
B：順位が10位より低く使用比率が5.00パーミルを超えるもの。
C：使用比率が5.00パーミル未満で順位が50位までのもの。
D：順位が50位より低いもの。
O：使用比率がゼロのもの。

使用比率は（各語の使用度数÷助数詞を含む数詞全体の使用度数×1000）によって計算した。〈ヘイケ〉の助数詞を含む数詞の異なり語数は494、延べ語数は1349である。これは先に示した助数詞全部の異なり語数507、延べ語数1371と異なっている。その理由は「さんがねん」「いちにちいちや」のような1語の中に複数の助数詞を含む語を計量するのに、助数詞の場合は「か」「ねん」「にち」「や」の4単位に着眼したが、今回は数詞そのものを1語として扱ったからである。

表16 〈ヘイケ〉で使用度数の多い数詞

番号	見出し語	漢字	助数詞	助数詞の意味	対象	〈ヘ〉使用度数	〈ヘ〉使用比率	〈ヘ〉記号	〈高〉使用度数	〈高〉使用比率	〈高〉記号
1	いちにん	一人	にん	性質単一	人	72	53.37	SA	107	27.31	SA
2	ひとつ	一	つ	その他		40	29.65	SA	82	20.93	SA
3	ににん	二人	にん	性質単一	人	38	28.17	SA	69	17.61	SA
4	さんにん	三人	にん	性質単一	人	26	19.27	SA	28	7.15	A
5	いちど	一度	ど	頻度	度数	23	17.05	SA	45	11.49	SA
6	さんみにふだう	三位入道	ゐ	位階	人	21	15.57	SA	12	3.06	D
7	さんみのちゆうじやう	三位中将	ゐ	位階	人	19	14.08	SA	56	14.29	SA
8	とひのじらう	土肥次郎	らう	順序	人	15	11.12	SA	21	5.36	B
9	にしはちでう	西八条	でう	区画	土地	15	11.12	SA	0	0	O
10	さんぜんよき	三千余騎	き	性質単一	騎馬	13	9.64	A	25	6.38	B
11	さんねん	三年	ねん	時間	年	13	9.64	A	27	6.89	A
12	にゐどの	二位殿	ゐ	位階	人	13	9.64	A	25	6.38	B

第一章　天草版『平家物語』の助数詞と数詞　281

番号	見出し語	漢字	助数詞	助数詞の意味	対象	〈へ〉使用度数	〈へ〉使用比率	〈へ〉記号	〈高〉使用度数	〈高〉使用比率	〈高〉記号
13	ごじつき	五十騎	き	性質単一	騎馬	12	8.90	B	14	3.57	C
14	なぬか	七日	か	時間	日	12	8.90	B	12	3.06	D
15	いつき	一騎	き	性質単一	騎馬	11	8.15	B	25	6.38	B
16	いつしゆ	一首	しゆ	性質単一	歌	10	7.41	B	22	5.62	B
17	ごひやくよき	五百余騎	き	性質単一	騎馬	10	7.41	B	22	5.62	B
18	しちせんよき	七千余騎	き	性質単一	騎馬	9	6.67	B	8	2.04	D
19	しはう	四方	はう	性質単一	方向	9	6.67	B	23	5.87	B
20	はつか	二十日	か	時間	日	9	6.67	B	6	1.53	D
21	ひぐちのじらう	樋口次郎	らう	順序	人	9	6.67	B	17	4.34	C
22	ろくだいごぜ	六代御前	だい	時間	人	9	6.67	B	0	0	O
23	いちにち	一日	にち	時間	日	8	5.93	B	24	6.13	B
24	いちまんよき	一万余騎	き	性質単一	騎馬	8	5.93	B	11	2.81	D
25	さんぐわつ	三月	ぐわつ	時間	月	8	5.93	B	29	7.40	A
26	にじふよねん	二十余年	ねん	時間	年	8	5.93	B	12	3.06	D
27	にねん	二年	ねん	時間	年	8	5.93	B	39	9.95	A
28	ふたつ	二	つ	その他		8	5.93	B	18	4.59	C
29	みつ	三	つ	その他		8	5.93	B	15	3.83	C
30	ろくでうかはら	六条河原	でう	区画	土地	8	5.93	B	0	0	O
31	ゑつちゆうのじらうびやうゑ	越中次郎兵衛	らう	順序	人	8	5.93	B	21	5.36	B
32	こじらう	小次郎	らう	順序	人	7	5.19	B	13	3.32	D
33	ささきのしらう	佐々木四郎	らう	順序	人	7	5.19	B	10	2.55	D
34	さんじゆ	三種	しゆ	種類	神器	7	5.19	B	17	4.34	C
35	さんど	三度	ど	頻度	度数	7	5.19	B	10	2.55	D
36	さんびやくよき	三百余騎	き	性質単一	騎馬	7	5.19	B	19	4.85	C
37	じなん	次男	なん	順序	人	7	5.19	B	21	5.36	B
38	ろくだい	六代	だい	時間	人	7	5.19	B	6	1.53	D
39	いちや	一夜	や	時間	夜	6	4.45	C	8	2.04	D

282　第三部　天草版『平家物語』・天草版『エソポのハブラス』の助数詞と数詞

番号	見出し語	漢字	助数詞	助数詞の意味	対象	〈ヘ〉使用度数	〈ヘ〉使用比率	〈ヘ〉記号	〈高〉使用度数	〈高〉使用比率	〈高〉記号
40	いつぴき	一匹	ひき	性質単一	馬	6	4.45	C	5	1.28	D
41	げんざんみにふだう	源三位入道	ゐ	位階	人	6	4.45	C	15	3.83	C
42	ごぐわつ	五月	ぐわつ	時間	月	6	4.45	C	22	5.62	B
43	ごにん	五人	にん	性質単一	人	6	4.45	C	5	1.28	D
44	ごまんよき	五万余騎	き	性質単一	騎馬	6	4.45	C	9	2.30	D
45	さんじつき	三十騎	き	性質単一	騎馬	6	4.45	C	11	2.81	D
46	さんみのちゆうじやうどの	三位中将殿	ゐ	位階	人	6	4.45	C	8	2.04	D
47	にき	二騎	き	性質単一	騎馬	6	4.45	C	6	1.53	D
48	にじふさんにち	二十三日	にち	時間	日	6	4.45	C	13	3.32	D
49	ひととせ	一年	とせ	時間	年	6	4.45	C	15	3.83	C
50	ひとり	一人	り	性質単一	人	6	4.45	C	13	3.32	D
51	むゆか	六日	か	時間	日	6	4.45	C	3	0.77	D

6.2　使用度数が10位までの語

　〈ヘイケ〉の助数詞を含む数詞で順位が10位までのものは「にゐどの」までの12語である。そして、「にしはちでう」までの9語が使用比率で10.00パーミルを超えている。これは数詞全体の1.82パーミルにあたる。1位は「いちにん」で、使用度数72、使用比率53.37パーミルである。2位が「ひとつ」で、使用度数40、使用比率29.65パーミルである。そのあと順に、「ににん」(38、28.17‰)、「さんにん」(26、19.27‰)、「いちど」(23、17.05‰)と続く。この上位5語は現代でも頻繁に用いる数詞である。このうち「いちにん」「ににん」「さんにん」は助数詞「にん」が付き、人を対象にして数えるものである。この3語の使用度数の合計は136で、使用比率は100.81パーミルになる。天草版の助数詞を含む数詞のうちに、人を対象にして数えるこの3語の占める比率はきわめて高い。

　上記の5語に続くAの区分の中で「さんみにふだう」「さんみのちゆうじ

やう」「とひのじらう」「にゐどの」の4語は特定の人物の呼称として用いられている。位階を表す単位の「ゐ」、兄弟の順序を表す単位の「らう」が付いている。「さんみにふだう」は源頼政を指す。「さんみのちゅうじやう」は平維盛が14例、平重衡が3例、特定できないものが2例である。『平家物語』には三位の中将と呼ばれる人物が3人登場する。そのため三位の中将が帰京したといううわさを聞いた者の側からは、それが誰を指しているのか判定できないでいる。が、〈ヘイケ〉では基本的に平維盛の呼称として用いられている。「とひのじらう」は坂東八平氏の一つに数えられ、源頼朝の忠臣であった平実平の呼称である。「にゐどの」は清盛の妻で宗盛・徳子たちの母の平時子を指している。徳子は高倉天皇に入内して女御となり、安徳天皇の国母と仰がれ、建礼門院の院号を贈られた。また宗盛は清盛の死後、平家一門の中心となった。これらは『平家物語』という作品全体において重要な位置にあったり、重大な事件の展開を支えたりする人々である。

「にしはちでう」は区画を表す単位「でう」が付いている。作品の主要な登場人物である平清盛の邸宅の場所を示すときに用いる。「さんぜんよき」は騎馬を対象に数える語で、軍備の記述に用いられる。「さんねん」は上位5語と同様、現代でも頻繁に用いる語である。

以上、〈ヘイケ〉の助数詞を含む数詞で順位が10位までのもの（Aの区分）について、考察してきた。それをまとめると次のようである。

（a）〈ヘイケ〉の助数詞を含む数詞には1語の使用比率が10.00パーミルを超えるというきわめて高いものが数詞全体の1.82パーミルも存する。

（b）使用度数が上位の5語は、「いちにん」「ひとつ」など現代でも頻繁に用いる数詞で、とくに助数詞「にん」が付き、人を対象に数える語の占める比率はきわめて高い。

（c）6位以下には特定の人物の呼称や邸宅名として用いられている数詞が5語存する。これらは『平家物語』という作品の根幹に関わる登場人物・舞台として重要なものである。

（d）「さんぜんよき」は騎馬を対象に数える語で軍記という作品の内容をよく反映している。

6.3 使用度数の多い語の傾向

表16に示した51語について、助数詞の意味、対象によって分類し、同じ分類の場合は〈ヘイケ〉の使用度数を降順に並べて示すと表17のようになる。

表17 使用度数の多い数詞における助数詞の意味による分類

番号	見出し語	漢字	助数詞	助数詞の意味	対象	〈ヘ〉使用度数	〈ヘ〉使用比率	〈ヘ〉記号	〈高〉使用度数	〈高〉使用比率	〈高〉記号
25	さんぐわつ	三月	ぐわつ	時間	月	8	5.93	B	29	7.40	A
42	ごぐわつ	五月	ぐわつ	時間	月	6	4.45	C	22	5.62	B
22	ろくだいごぜ	六代御前	だい	時間	人	9	6.67	B	0	0	O
38	ろくだい	六代	だい	時間	人	7	5.19	B	6	1.53	D
14	なぬか	七日	か	時間	日	12	8.90	B	12	3.06	D
20	はつか	二十日	か	時間	日	9	6.67	B	6	1.53	D
51	むゆか	六日	か	時間	日	6	4.45	C	3	0.77	D
23	いちにち	一日	にち	時間	日	8	5.93	B	24	6.13	B
48	にじふさんにち	二十三日	にち	時間	日	6	4.45	C	13	3.32	D
49	ひととせ	一年	とせ	時間	年	6	4.45	C	15	3.83	C
11	さんねん	三年	ねん	時間	年	13	9.64	A	27	6.89	A
26	にじふよねん	二十余年	ねん	時間	年	8	5.93	B	12	3.06	D
27	にねん	二年	ねん	時間	年	8	5.93	B	39	9.95	A
39	いちや	一夜	や	時間	夜	6	4.45	C	8	2.04	D
5	いちど	一度	ど	頻度	度数	23	17.05	SA	45	11.49	SA
35	さんど	三度	ど	頻度	度数	7	5.19	B	10	2.55	D
34	さんじゅ	三種	しゅ	種類	神器	7	5.19	B	17	4.34	C
9	にしはちでう	西八条	でう	区画	土地	15	11.12	SA	0	0	O
30	ろくでうかはら	六条河原	でう	区画	土地	8	5.93	B	0	0	O
6	さんみにふだう	三位入道	ゐ	位階	人	21	15.57	SA	12	3.06	D
7	さんみのちゆうじやう	三位中将	ゐ	位階	人	19	14.08	SA	56	14.29	SA
12	にゐどの	二位殿	ゐ	位階	人	13	9.64	A	25	6.38	B

第一章　天草版『平家物語』の助数詞と数詞　285

番号	見出し語	漢字	助数詞	助数詞の意味	対象	〈ヘ〉使用度数	〈ヘ〉使用比率	〈ヘ〉記号	〈高〉使用度数	〈高〉使用比率	〈高〉記号
41	げんざんみにふだう	源三位入道	ゐ	位階	人	6	4.45	C	15	3.83	C
46	さんみのちゆうじやうどの	三位中将殿	ゐ	位階	人	6	4.45	C	8	2.04	D
37	じなん	次男	なん	順序	人	7	5.19	B	21	5.36	B
8	とひのじらう	土肥次郎	らう	順序	人	15	11.12	SA	21	5.36	B
21	ひぐちのじらう	樋口次郎	らう	順序	人	9	6.67	B	17	4.34	C
31	ゑつちゆうのじらうびやうゑ	越中次郎兵衛	らう	順序	人	8	5.93	B	21	5.36	B
32	こじらう	小次郎	らう	順序	人	7	5.19	B	13	3.32	D
33	ささきのしらう	佐々木四郎	らう	順序	人	7	5.19	B	10	2.55	D
16	いつしゆ	一首	しゆ	性質単一	歌	10	7.41	B	22	5.62	B
10	さんぜんよき	三千余騎	き	性質単一	騎馬	13	9.64	A	25	6.38	B
13	ごじつき	五十騎	き	性質単一	騎馬	12	8.90	B	14	3.57	C
15	いつき	一騎	き	性質単一	騎馬	11	8.15	B	25	6.38	B
17	ごひやくよき	五百余騎	き	性質単一	騎馬	10	7.41	B	22	5.62	B
18	しちせんよき	七千余騎	き	性質単一	騎馬	9	6.67	B	8	2.04	D
24	いちまんよき	一万余騎	き	性質単一	騎馬	8	5.93	B	11	2.81	D
36	さんびやくよき	三百余騎	き	性質単一	騎馬	7	5.19	B	19	4.85	C
44	ごまんよき	五万余騎	き	性質単一	騎馬	6	4.45	C	9	2.30	D
45	さんじつき	三十騎	き	性質単一	騎馬	6	4.45	C	11	2.81	D
47	にき	二騎	き	性質単一	騎馬	6	4.45	C	6	1.53	D
1	いちにん	一人	にん	性質単一	人	72	53.37	SA	107	27.31	SA
3	ににん	二人	にん	性質単一	人	38	28.17	SA	69	17.61	SA
4	さんにん	三人	にん	性質単一	人	26	19.27	SA	28	7.15	A
43	ごにん	五人	にん	性質単一	人	6	4.45	C	5	1.28	D
50	ひとり	一人	り	性質単一	人	6	4.45	C	13	3.32	D
40	いつぴき	一匹	ひき	性質単一	馬	6	4.45	C	5	1.28	D

番号	見出し語	漢字	助数詞	助数詞の意味	対象	〈ヘ〉使用度数	〈ヘ〉使用比率	〈ヘ〉記号	〈高〉使用度数	〈高〉使用比率	〈高〉記号
19	しはう	四方	はう	性質単一	方向	9	6.67	B	23	5.87	B
2	ひとつ	一	つ	その他		40	29.65	SA	82	20.93	SA
28	ふたつ	二	つ	その他		8	5.93	B	18	4.59	C
29	みつ	三	つ	その他		8	5.93	B	15	3.83	C

　この表を2.1で提示した【〈ヘイケ〉の助数詞の分類】と比較して整理し、各助数詞を含む数詞の異なり語数を示すと次のようである。
〈表17にある助数詞の意味〉
　（1）①〔時間〕14
　　　　「ぐわつ（月）」の付く語　2、　「だい（代）」の付く語　2、
　　　　「か（日）」の付く語　3、　　「にち（日）」の付く語　2、
　　　　「とせ（年）」の付く語　1、　「ねん（年）」の付く語　3、
　　　　「や（夜）」の付く語　1
　（2）①〔頻度〕「ど（度）」の付く語　2
　　　　〔種類〕「しゆ（種）」の付く語　1
　　　　〔区画〕「でう（条）」の付く語　2
　　　　〔位階〕「ゐ（位）」の付く語　5
　　　　〔順序〕6
　　　　「なん（男）」の付く語　1、「らう（郎）」の付く語　5
　（2）②a〔性質単一〕18
　　　　「しゆ（首）」の付く語　1、「き（騎）」の付く語　10、
　　　　「にん（人）」の付く語　5、「ひき（匹）」の付く語　1、
　　　　「はう（方）」の付く語　1
　（その他）「つ（箇、個）」の付く語　3
〈表17にない助数詞の意味〉
　（1）①〔尺度〕〔容積〕
　（1）②〔集合体〕〔集団〕

（2）①〔重なり〕
（2）②ｂ〔性質集合〕

　これによると、〈ヘイケ〉で〔尺度〕を単位とする助数詞は 9 種と多数用いられているが、使用度数の多い数詞は存しないことがわかる。また、集合や集積の意味を表す助数詞を含む数詞も各語の使用度数が多くないと言える。

　次に、助数詞の意味、対象という視点から異なり語数の多い数詞について表 17 を整理すると次のようである。

〈異なり語数の多い助数詞の意味〉
　〔時間〕14 語、〔位階〕5 語、〔順序〕6 語、〔性質単一〕18 語
〈異なり語数の多い対象〉
　〈日〉　　「か（日）」「にち（日）」の付くもの　計 5 語
　〈人〉　　「だい（代）」「ゐ（位）」「なん（男）」「らう（郎）」「にん（人）」
　　　　　の付くもの　計 18 語
　〈騎馬〉　「き（騎）」の付くもの　10 語

　ここにあがってきたものは、事件の〔時間〕〈日〉、登場人物の〔時間〕〔位階〕〔順序〕による呼称、〈人〉の数、〈騎馬〉の数を表している。これは軍語りを記録する際に欠かすことのできない要素である。〈ヘイケ〉の助数詞を含む数詞で使用度数の多いものは、軍記という作品の内容と関係の深い語群である。

6.4　『平家物語』〈高野本〉との比較
6.4.1　『平家物語』〈高野本〉の数詞で使用度数の多いもの

　〈高野本〉の助数詞を含む数詞の使用度数を降順に並べて 50 位までの語を取り出し、見出し語に漢字をあて、助数詞の意味、対象、各語の使用度数・使用比率を示すと表 18 のようになる。使用比率と順位とによる区分も付す。〈高野本〉の助数詞を含む数詞の異なり語数は 1060、延べ語数は 3918 である。これは〈ヘイケ〉の数詞の計量の場合と同様、先に示した助数詞全部の異なり語数 1098、延べ語数 3989 と異なっている。

表18 〈高野本〉で使用度数の多い数詞

番号	見出し語	漢字	助数詞	助数詞の意味	対象	〈へ〉使用度数	〈へ〉使用比率	〈へ〉記号	〈高〉使用度数	〈高〉使用比率	〈高〉記号
1	いちにん	一人	にん	性質単一	人	72	53.37	SA	107	27.31	SA
2	ひとつ	一	つ	その他		40	29.65	SA	82	20.93	SA
3	ににん	二人	にん	性質単一	人	38	28.17	SA	69	17.61	SA
4	さんみのちゆうじやう	三位中将	ゐ	位階	人	19	14.08	SA	56	14.29	SA
5	いちど	一度	ど	頻度	度数	23	17.05	SA	45	11.49	SA
6	にねん	二年	ねん	時間	年	8	5.93	B	39	9.95	A
7	さんぐわつ	三月	ぐわつ	時間	月	8	5.93	B	29	7.40	A
8	さんにん	三人	にん	性質単一	人	26	19.27	SA	28	7.15	A
9	さんねん	三年	ねん	時間	年	13	9.64	A	27	6.89	A
10	しちぐわつ	七月	ぐわつ	時間	月	5	3.71	C	27	6.89	A
11	にしはつでう	西八条	でう	区画	土地	0	0	O	27	6.89	A
12	じふらうくらんど	十郎蔵人	らう	順序	人	1	0.74	D	26	6.64	B
13	さんぜんよき	三千余騎	き	性質単一	騎馬	13	9.64	A	25	6.38	B
14	にゐどの	二位殿	ゐ	位階	人	13	9.64	A	25	6.38	B
15	いつき	一騎	き	性質単一	騎馬	11	8.15	B	25	6.38	B
16	いちにち	一日	にち	時間	日	8	5.93	B	24	6.13	B
17	しはう	四方	はう	性質単一	方向	9	6.67	B	23	5.87	B
18	じふにぐわつ	十二月	ぐわつ	時間	月	1	0.74	D	23	5.87	B
19	いまゐのしらう	今井四郎	らう	順序	人	0	0	O	23	5.87	B
20	いつしゆ	一首	しゆ	性質単一	歌	10	7.41	B	22	5.62	B
21	ごひやくよき	五百余騎	き	性質単一	騎馬	10	7.41	B	22	5.62	B
22	ごぐわつ	五月	ぐわつ	時間	月	6	4.45	C	22	5.62	B
23	じふろくにち	十六日	にち	時間	日	5	3.71	C	22	5.62	B
24	しねん	四年	ねん	時間	年	0	0	O	22	5.62	B
25	とひのじらう	土肥次郎	らう	順序	人	15	11.12	SA	21	5.36	B
26	ゑつちゆうのじらうびやうゑ	越中次郎兵衛	らう	順序	人	8	5.93	B	21	5.36	B

第一章　天草版『平家物語』の助数詞と数詞　289

番号	見出し語	漢字	助数詞	助数詞の意味	対象	〈ヘ〉使用度数	〈ヘ〉使用比率	〈ヘ〉記号	〈高〉使用度数	〈高〉使用比率	〈高〉記号
27	じなん	次男	なん	順序	人	7	5.19	B	21	5.36	B
28	ろくぐわつ	六月	ぐわつ	時間	月	2	1.48	D	21	5.36	B
29	はちぐわつ	八月	ぐわつ	時間	月	1	0.74	D	20	5.10	B
30	さんびゃくよき	三百余騎	き	性質単一	騎馬	7	5.19	B	19	4.85	C
31	ふたつ	二	つ	その他		8	5.93	B	18	4.59	C
32	じふいちぐわつ	十一月	ぐわつ	時間	月	1	0.74	D	18	4.59	C
33	かはののしらう	河野四郎	らう	順序	人	0	0	O	18	4.59	C
34	ひぐちのじらう	樋口次郎	らう	順序	人	9	6.67	B	17	4.34	C
35	さんじゅ	三種	しゆ	種類	神器、御菜	7	5.19	B	17	4.34	C
36	いせのさぶらう	伊勢三郎	らう	順序	人	3	2.22	D	17	4.34	C
37	くらう	九郎	らう	順序	人	0	0	O	17	4.34	C
38	じふさんにち	十三日	にち	時間	日	4	2.97	D	16	4.08	C
39	じふぐわつ	十月	ぐわつ	時間	月	3	2.22	D	16	4.08	C
40	じふごにち	十五日	にち	時間	日	3	2.22	D	16	4.08	C
41	くぐわつ	九月	ぐわつ	時間	月	2	1.48	D	16	4.08	C
42	じふしにち	十四日	にち	時間	日	0	0	O	16	4.08	C
43	なぬかのひ	七日	か	時間	日	0	0	O	16	4.08	C
44	ふつかのひ	二日	か	時間	日	0	0	O	16	4.08	C
45	みつ	三	つ	その他		8	5.93	B	15	3.83	C
46	げんざんみにふだう	源三位入道	ゐ	位階	人	6	4.45	C	15	3.83	C
47	ひととせ	一年	とせ	時間	年	6	4.45	C	15	3.83	C
48	さんみ	三位	ゐ	位階	位	2	1.48	D	15	3.83	C
49	ひとひのひ	一日	ひ	時間	日	0	0	O	15	3.83	C
50	ごじつき	五十騎	き	性質単一	騎馬	12	8.90	B	14	3.57	C
51	にぐわつ	二月	ぐわつ	時間	月	5	3.71	C	14	3.57	C
52	ひやつき	百騎	き	性質単一	騎馬	5	3.71	C	14	3.57	C

290　第三部　天草版『平家物語』・天草版『エソポのハブラス』の助数詞と数詞

番号	見出し語	漢字	助数詞	助数詞の意味	対象	〈ヘ〉使用度数	〈ヘ〉使用比率	〈ヘ〉記号	〈高〉使用度数	〈高〉使用比率	〈高〉記号
53	しぐわつ	四月	ぐわつ	時間	月	2	1.48	D	14	3.57	C
54	じやうにゐ	正二位	ゐ	位階	位	1	0.74	D	14	3.57	C
55	にじふはちにち	二十八日	にち	時間	日	1	0.74	D	14	3.57	C
56	ほんざんみのちゆうじやう	本三位中将	ゐ	位階	人	1	0.74	D	14	3.57	C
57	みとせ	三年	とせ	時間	年	1	0.74	D	14	3.57	C
58	ゑちぜんのさんみ	越前三位	ゐ	位階	人	1	0.74	D	14	3.57	C
59	くらうたいふのはうぐわん	九郎大夫判官	らう	順序	人	0	0	O	14	3.57	C
60	ここのかのひ	九日	か	時間	日	0	0	O	14	3.57	C
61	せのをのたらう	瀬尾太郎	らう	順序	人	0	0	O	14	3.57	C
62	はつかのひ	廿日	か	時間	日	0	0	O	14	3.57	C

6.4.2　使用度数が10位までの語の比較

　〈高野本〉の助数詞を含む数詞で順位が10位までのものは「にしはつでう」までの11語である。1位は「いちにん」で、使用度数107、使用比率27.31パーミルである。2位が「ひとつ」で、使用度数82、使用比率20.93パーミルである。そのあと順に、「ににん」（69、17.61‰）、「さんみのちゆうじやう」（56、14.29‰）、「いちど」（45、11.49‰）と続く。このうち、「さんみのちゆうじやう」は人物の呼称として用いられている。その他の4語は現代でも頻繁に用いる数詞である。この上位5語が使用比率で10.00パーミルを超えている。これは数詞全体の0.47％にあたる。

　上記の5語に続くAの区分の中で「にねん」「さんぐわつ」「さんねん」「しちぐわつ」の4語は〔時間〕を、「さんにん」は人の数を表し、これらは現代でもよく用いる語である。「にしはつでう」は区画を表す単位「でう」が付いている。平清盛の邸宅の場所を示すときに用いられる。

　〈ヘイケ〉〈高野本〉の10位までの数詞を比較してみよう。双方で記号

SAが付いているのは「いちにん」「ひとつ」「ににん」「いちど」「さんみのちゆうじやう」の5語である。〈高野本〉でSAのものは全部〈ヘイケ〉でもSAである。双方で記号SAあるいはAが付いているのは「さんにん」「さんねん」の2語である。

〈ヘイケ〉でSA・Aであるのに〈高野本〉でそうではないのは「さんみにふだう」(D)・「とひのじらう」(B)・「にしはちでう」(O)・「さんぜんよき」(B)・「にゐどの」(B)の5語である。このうち、「さんぜんよき」「にゐどの」は〈ヘイケ〉でBに近いAであり、〈高野本〉でAに近いBである。また、「にしはちでう」は〈高野本〉でゼロであるが、促音「にしはつでう」の形がAの区分に存する。そこで、はじめの2語に関して詳しく検討しよう。

「さんみにふだう」は源頼政の呼称である。〈ヘイケ〉では同一人物を表すのにこの形のほかに「頼政」9例、「源三位入道」6例、「三位入道殿」3例、「三位の入道」3例が見られる。〈高野本〉では「頼政」16例、「源三位入道　頼政」4例、「三位入道　頼政」1例、「頼政の卿」3例、「源三位　頼政の卿」1例、「頼政法師」3例、「源三位入道」11例、「源三位殿」1例、「三位入道殿」3例が見られる。

源頼政は『平家物語』において重要な登場人物である。〈高野本〉にはさまざまな呼称が存するため「さんみにふだう」の形はDの区分になった。が、〈ヘイケ〉では呼称を整理して用いているためSAの区分になった。

「とひのじらう」は平実平の呼称である。〈ヘイケ〉では同一人物を表すのにこの形のほかに「の」の入らない「土肥次郎」4例がある。〈高野本〉には「土肥の次郎　実平」9例、「土肥」5例、「実平」2例がある。〈高野本〉における「じらう」には兄弟の順序を示す働きを見て取れるが、〈ヘイケ〉では個人名のように用いられ、現代の用法に近くなっている。

平実平も『平家物語』において重要な登場人物である。〈ヘイケ〉は「実平」という実名を用いず、「とひ（の）じらう」に統一した。そして、〈高野本〉に見られるような合戦に参加した武士の名前を列挙する部分を除いて、この人物に関する記事をほぼ削ることなく採用した。

〈高野本〉でAであるのに〈ヘイケ〉でそうではないのは「にねん」（B）・「さんぐわつ」（B）・「しぐわつ」（C）・「にしはつでう」（O）の4語である。これらのうち「にねん」「さんぐわつ」「しぐわつ」は〔時間〕の意味を表す数詞である。「にしはつでう」は〈ヘイケ〉の「にしはちでう」と対応させて捉えるべき言葉である。

以上、〈高野本〉の助数詞を含む数詞で順位が10位までのもの（Aの区分）について、〈ヘイケ〉と〈高野本〉とを比較して考察してきた。それをまとめると次のようである。

（a）〈高野本〉の助数詞を含む数詞で1語の使用比率が10.00パーミルを超えるというきわめて高いものは全部〈ヘイケ〉でも10.00パーミルを超えている。これらは現代でも頻繁に用いる「いちにん」「ひとつ」などと、『平家物語』の重要な登場人物の呼称「さんみのちゆうじやう」である。

（b）〈高野本〉で6位以下には〔時間〕の意味を表す数詞が4語存する。事件や文書を記録として残すために必要な語群である。

（c）〈ヘイケ〉で使用度数が10位に入るのに〈高野本〉でそうではない数詞は「さんみにふだう」「とひのじらう」など、人物の呼称として用いられているものである。これらは『平家物語』における重要な登場人物である。同一人物に対して〈高野本〉ではさまざまな呼称を用いているが、〈ヘイケ〉では整理したり統一したりしてある。この違いが数詞に反映している。

（d）〈高野本〉で使用度数が10位に入るのに〈ヘイケ〉でそうではない数詞は「にねん」「しぐわつ」など〔時間〕の意味を表すものである。記録を残し伝えることを志向する〈高野本〉と、外国人の日本語学習のためのよりよきテキストを志向する〈ヘイケ〉の違いが数詞に反映している。

6.4.3　使用度数の多い語の傾向の比較

表18に示した62語について、助数詞の意味、対象によって分類し、同じ

分類の場合は〈高野本〉の使用度数を降順に並べて示すと表19のようになる。

表19 〈高野本〉で使用度数の多い数詞における助数詞の意味による分類

番号	見出し語	漢字	助数詞	助数詞の意味	対象	〈ヘ〉使用度数	〈ヘ〉使用比率	〈ヘ〉記号	〈高〉使用度数	〈高〉使用比率	〈高〉記号
7	さんぐわつ	三月	ぐわつ	時間	月	8	5.93	B	29	7.4	A
10	しちぐわつ	七月	ぐわつ	時間	月	5	3.71	C	27	6.89	A
18	じふにぐわつ	十二月	ぐわつ	時間	月	1	0.74	D	23	5.87	B
22	ごぐわつ	五月	ぐわつ	時間	月	6	4.45	C	22	5.62	B
28	ろくぐわつ	六月	ぐわつ	時間	月	2	1.48	D	21	5.36	B
29	はちぐわつ	八月	ぐわつ	時間	月	1	0.74	D	20	5.10	B
32	じふいちぐわつ	十一月	ぐわつ	時間	月	1	0.74	D	18	4.59	C
41	くぐわつ	九月	ぐわつ	時間	月	2	1.48	D	16	4.08	C
39	じふぐわつ	十月	ぐわつ	時間	月	3	2.22	D	16	4.08	C
53	しぐわつ	四月	ぐわつ	時間	月	2	1.48	D	14	3.57	C
51	にぐわつ	二月	ぐわつ	時間	月	5	3.71	C	14	3.57	C
43	なぬかのひ	七日	か	時間	日	0	0	O	16	4.08	C
44	ふつかのひ	二日	か	時間	日	0	0	O	16	4.08	C
60	ここのかのひ	九日	か	時間	日	0	0	O	14	3.57	C
62	はつかのひ	廿日	か	時間	日	0	0	O	14	3.57	C
16	いちにち	一日	にち	時間	日	8	5.93	B	24	6.13	B
23	じふろくにち	十六日	にち	時間	日	5	3.71	C	22	5.62	B
40	じふごにち	十五日	にち	時間	日	3	2.22	D	16	4.08	C
38	じふさんにち	十三日	にち	時間	日	4	2.97	D	16	4.08	C
42	じふしにち	十四日	にち	時間	日	0	0	O	16	4.08	C
55	にじふはちにち	二十八日	にち	時間	日	1	0.74	D	14	3.57	C
49	ひとひのひ	一日	ひ	時間	日	0	0	O	15	3.83	C
6	にねん	二年	ねん	時間	年	8	5.93	B	39	9.95	A
9	さんねん	三年	ねん	時間	年	13	9.64	A	27	6.89	A
24	しねん	四年	ねん	時間	年	0	0	O	22	5.62	B
47	ひととせ	一年	とせ	時間	年	6	4.45	C	15	3.83	C

294　第三部　天草版『平家物語』・天草版『エソポのハブラス』の助数詞と数詞

番号	見出し語	漢字	助数詞	助数詞の意味	対象	〈へ〉使用度数	〈へ〉使用比率	〈へ〉記号	〈高〉使用度数	〈高〉使用比率	〈高〉記号
57	みとせ	三年	とせ	時間	年	1	0.74	D	14	3.57	C
5	いちど	一度	ど	頻度	度数	23	17.05	SA	45	11.49	SA
35	さんじゅ	三種	しゅ	種類	神器、御菜	7	5.19	B	17	4.34	C
11	にしはつでう	西八条	でう	区画	土地	0	0	O	27	6.89	A
48	さんみ	三位	ゐ	位階	位	2	1.48	D	15	3.83	C
54	じやうにゐ	正二位	ゐ	位階	位	1	0.74	D	14	3.57	C
4	さんみのちゆうじやう	三位中将	ゐ	位階	人	19	14.08	SA	56	14.29	SA
14	にゐどの	二位殿	ゐ	位階	人	13	9.64	A	25	6.38	B
46	げんざんみにふだう	源三位入道	ゐ	位階	人	6	4.45	C	15	3.83	C
56	ほんざんみのちゆうじやう	本三位中将	ゐ	位階	人	1	0.74	D	14	3.57	C
58	ゑちぜんのさんみ	越前三位	ゐ	位階	人	1	0.74	D	14	3.57	C
27	じなん	次男	なん	順序	人	7	5.19	B	21	5.36	B
12	じふらうくらんど	十郎蔵人	らう	順序	人	1	0.74	D	26	6.64	B
19	いまゐのしらう	今井四郎	らう	順序	人	0	0	O	23	5.87	B
25	とひのじらう	土肥次郎	らう	順序	人	15	11.12	SA	21	5.36	B
26	ゑつちゆうのじらうびやうゑ	越中次郎兵衛	らう	順序	人	8	5.93	B	21	5.36	B
33	かはののしらう	河野四郎	らう	順序	人	0	0	O	18	4.59	C
36	いせのさぶらう	伊勢三郎	らう	順序	人	3	2.22	D	17	4.34	C
37	くらう	九郎	らう	順序	人	0	0	O	17	4.34	C
34	ひぐちのじらう	樋口次郎	らう	順序	人	9	6.67	B	17	4.34	C
59	くらうたいふのはうぐわん	九郎大夫判官	らう	順序	人	0	0	O	14	3.57	C

第一章　天草版『平家物語』の助数詞と数詞　295

番号	見出し語	漢字	助数詞	助数詞の意味	対象	〈へ〉使用度数	〈へ〉使用比率	〈へ〉記号	〈高〉使用度数	〈高〉使用比率	〈高〉記号
61	せのをのたらう	瀬尾太郎	らう	順序	人	0	0	O	14	3.57	C
20	いつしゆ	一首	しゆ	性質単一	歌	10	7.41	B	22	5.62	B
15	いつき	一騎	き	性質単一	騎馬	11	8.15	B	25	6.38	B
13	さんぜんよき	三千余騎	き	性質単一	騎馬	13	9.64	A	25	6.38	B
21	ごひやくよき	五百余騎	き	性質単一	騎馬	10	7.41	B	22	5.62	B
30	さんびやくよき	三百余騎	き	性質単一	騎馬	7	5.19	B	19	4.85	C
50	ごじつき	五十騎	き	性質単一	騎馬	12	8.90	B	14	3.57	C
52	ひやつき	百騎	き	性質単一	騎馬	5	3.71	C	14	3.57	C
1	いちにん	一人	にん	性質単一	人	72	53.37	SA	107	27.31	SA
3	ににん	二人	にん	性質単一	人	38	28.17	SA	69	17.61	SA
8	さんにん	三人	にん	性質単一	人	26	19.27	SA	28	7.15	A
17	しはう	四方	はう	性質単一	方向	9	6.67	B	23	5.87	B
2	ひとつ	一	つ	その他		40	29.65	SA	82	20.93	SA
31	ふたつ	二	つ	その他		8	5.93	B	18	4.59	C
45	みつ	三	つ	その他		8	5.93	B	15	3.83	C

　この表を2.2で提示した【〈高野本〉の助数詞の分類】と比較して整理し、各助数詞を含む数詞の異なり語数を示すと次のようである。
〈表19にある助数詞の意味〉
（1）①〔時間〕　27
　　　　「ぐわつ（月）」の付く語　11、　「か（日）」の付く語　4、
　　　　「にち（日）」の付く語　6、　「ひ（日）」の付く語　1、
　　　　「とせ（年）」の付く語　2、　「ねん（年）」の付く語　3、
（2）①〔頻度〕「ど（度）」の付く語　1
　　　　〔種類〕「しゆ（種）」の付く語　1
　　　　〔区画〕「でう（条）」の付く語　1
　　　　〔位階〕「ゐ（位）」の付く語　7
　　　　〔順序〕11

　　　　　　「なん（男）」の付く語　1、「らう（郎）」の付く語　10
（2）②ａ〔性質単一〕　11
　　　　　　「しゅ（首）」の付く語　1、「き（騎）」の付く語　6、
　　　　　　「にん（人）」の付く語　3、「はう（方）」の付く語　1
（その他）「つ（箇、個）」の付く語　3

〈表19にない助数詞の意味〉
　（1）①〔尺度〕〔容積〕〔量目〕
　（1）②〔集合体〕〔集団〕〔容器〕
　（2）①〔重なり〕
　（2）②ｂ〔性質集合〕

　〈高野本〉で〔尺度〕を単位とする助数詞は16種と多数用いられているが、使用度数の多い数詞は存しない。また、集合や集積、容量の意味を表す助数詞を含む数詞も各語の使用度数が多くない。これは〈ヘイケ〉とほぼ同じ傾向である。
　次に、助数詞の意味、対象という視点から異なり語数の多い数詞について表19を整理すると次のようである。

〈異なり語数の多い助数詞の意味〉
　〔時間〕27語、〔位階〕7語、〔順序〕11語、〔性質単一〕11語
〈異なり語数の多い対象〉
　〈月〉「ぐわつ（月）」の付くもの　11語
　〈日〉「か（日）」「にち（日）」「ひ（日）」の付くもの　計11語
　〈年〉「ねん（年）」「とせ（年）」の付くもの　計5語
　〈人〉「ゐ（位）」「なん（男）」「らう（郎）」「にん（人）」の付くもの
　　　計19語
　〈騎馬〉「き（騎）」の付くもの　6語

　ここにあがってきたものは、事件の〔時間〕〈年〉〈月〉〈日〉、登場人物の〔位階〕〔順序〕による呼称、〈人〉の数、〈騎馬〉の数を表している。これは

軍語りを記録する際に欠かすことのできない要素である。〈ヘイケ〉とほぼ同じ傾向を示している。しかし、細部において異なる傾向を読み取ることができる。〈ヘイケ〉の方が〔性質単一〕の助数詞を含む数詞が多く、〈高野本〉の方が〔時間〕〔順序〕の助数詞を含む数詞が多い。表す対象として、〈ヘイケ〉の方で〈騎馬〉が多く、〈高野本〉の方で〈年〉〈月〉が多い。〈ヘイケ〉と〈高野本〉とを比較することによって、軍記という作品の内容と関係の深い共通の要素と、双方の編集方針・制作事情の相違を反映する要素とを明確にすることができた。

7 おわりに

本研究の目的は、中世日本語の助数詞そのもの、及び助数詞を含む数詞の語彙の変遷に関して、天草版『平家物語』を基準におき、『平家物語』との比較を通して解明することである。その調査の方法と方向として、はじめに6つの指標を立てた。

1 〈ヘイケ〉〈高野本〉の助数詞を含む数詞を抽出して分類、整理する。
2 意味による分類の観点で双方の助数詞を比較する。
3 使用度数による計量的な観点で双方の助数詞を比較する。
4 使用度数による計量的な観点で双方の助数詞を含む数詞を比較する。
5 双方を比較して、助数詞の簡略化が起こっているのかを調査する。助数詞の簡略化が起こっている場合、どのような助数詞の意味で起こっているのかを調査、分析する。
6 作品成立の背景と助数詞、及び助数詞を含む数詞の使用との間にどのような関連があるのかを考察する。

これによって得られた成果を以下に整理して記述しよう。
（a）〈ヘイケ〉で用いられている助数詞は69種、〈高野本〉は112種である。〈ヘイケ〉から異なり語数で507語、延べ語数で1371語、〈高野本〉から異なり語数で1098語、延べ語数で3989語の助数詞を含む

数詞を抽出した。〈ヘイケ〉の助数詞を含む数詞の語彙の規模は〈高野本〉と比較すると、異なり語数で46.2%、延べ語数で34.4%になる。ところで、〈ヘイケ〉の自立語の語彙の規模は〈高野本〉と比較すると、異なり語数で50.2%、延べ語数で47.2%になる。〈ヘイケ〉は〈高野本〉の約半分の語彙の作品である。〈ヘイケ〉の助数詞を含む数詞の語彙の規模を自立語の語彙の規模と比べると、異なり語数は約半分でそれほどに違いがないが、延べ語数はかなり比率が低くなっている。数値の上で〈ヘイケ〉の助数詞を含む数詞の語彙が減少していることが明白になった。

（b）意味による分類の観点で〈ヘイケ〉〈高野本〉の助数詞を比較した結果、次のことが判明した。

① 〈ヘイケ〉で用いられている助数詞は「ぐわち（月）」「より（度）」「たり（人）」の3種を除いて〈高野本〉でも用いられている。〔尺度〕〔時間〕〔頻度〕〔性質単一〕の意味分類に属するものの種類が多い。この共通する助数詞は、戦や歴史を記述する『平家物語』という作品の内容を反映すると同時に、戦乱の続いた中世の日本語において使われていたものである。

② 〈ヘイケ〉のみで用いられている助数詞は室町時代末期に行われていた読み（「ぐわち（月）」）、原拠本に存在したと推定される表現（「より（度）」「たり（人）」）を反映している。

③ 〈高野本〉にある助数詞が〈ヘイケ〉にない原因として、〈ヘイケ〉に該当部分が存しないことと、〈高野本〉で事物が列挙してあったり、詳細な説明がなされていたりする部分が〈ヘイケ〉ではまとめて述べてあったり、簡略な説明になっていたりすることとがあげられる。これは古典の『平家物語』を抜き書き的に編集した点に由来する。また、〈ヘイケ〉が外国語としての日本語と、日本の風俗習慣とを初めて学習する者へ配慮して編集してある点に深く関係している。現代でも用いる「しやく（尺）」や、仏教関係の「ちやくしゆ（搩手）」「ゆじゆん（由旬）」「き（基）」「ぢく（軸）」といった〈高野本〉でも用例の

少ない助数詞は見られなくなった。
(c) 使用度数の観点で基準を設定し、〈ヘイケ〉〈高野本〉の助数詞を比較した結果、次のことが判明した。
① 基幹単位集団と設定した助数詞の使用比率の累積は、〈ヘイケ〉が851.20パーミル、〈高野本〉が824.77パーミルになり、骨格的部分集団といえる数値である。〈ヘイケ〉〈高野本〉共通に度数最高位では〈人〉を対象とするもの、度数高位では〔時間〕の意味を表すものが多い。ただし、〔時間〕の意味を表すものの果たす役割は〈ヘイケ〉よりも〈高野本〉の方が高い。
② 度数中位と設定した助数詞の単位の意味は〈ヘイケ〉〈高野本〉ともに広きにわたるが、〔性質単一〕〔尺度〕〔時間〕が多い。
③ 度数低位の段階に属する助数詞が〈ヘイケ〉に比較して〈高野本〉では大変多い。
④ 使用度数の段階で各助数詞を比較すると大きな相違は見られない。ただし、〈ヘイケ〉の助数詞で急激に変化したものとして「ぐわち（月）」がある。〈ヘイケ〉に存しない助数詞の多くは〈高野本〉で度数低位に属するものである。〈ヘイケ〉の各助数詞は使用度数の面において〈高野本〉を継承している。
(d) 基幹単位集団の助数詞を使用比率によって比較した結果、次のことが判明した。
① 「らう（郎）」は共通して度数最高位に属するが、〈高野本〉での使用比率がきわめて高い。この現象には以下の実態が反映している。〈高野本〉の人物呼称の「らう（郎）」の付いた形に、〈ヘイケ〉では実名のみの短い形が対応する。〈高野本〉ではひとりの人物に対し、「らう（郎）」の付いた形をはじめとして数種類の呼称が用いられるが、〈ヘイケ〉ではある形に統一されている。
② 「き（騎）」は共通して度数最高位に属するが、〈ヘイケ〉での使用比率がきわめて高い。この現象は〈ヘイケ〉の抜き書き的な編集方法を反映している。〈高野本〉は戦闘の描写のほかに、京都の事情・宮

廷や貴族の様子・神社仏閣の動向等を記述し、各種の書状を掲載している。〈ヘイケ〉はさまざまの記事の中から戦闘の描写を多く採用した。

③ 「にち（日）」は〈ヘイケ〉で度数高位、〈高野本〉で度数最高位に属し、〈高野本〉での使用比率がきわめて高い。この現象には以下の実態が反映している。〈ヘイケ〉では〈高野本〉に対応する記事が存在しても、一連の記事や文書の内容をまとめ書きすることに関連して日付を省略する、「にち（日）」の付く語を他の語に置き換える、「にち（日）」の付く語のみを省略する、というような操作を行っている。

④ 「さう（艘）」は〈ヘイケ〉で度数高位、〈高野本〉で度数中位に属し、〈ヘイケ〉での使用比率が高い。この現象には〈ヘイケ〉が船による戦いや移動の話題を多く採用したという実態が反映している。

(e) 使用度数の多い数詞について基準を設定して細分し、比較した結果、次のことが判明した。

① 〈ヘイケ〉で使用比率が 10.00 パーミルを超える数詞は 9 語も存する。上位の 5 語は、「いちにん」「ひとつ」など現代でも頻繁に用いる数詞で、とくに「にん（人）」が付き、人を対象に数える語の占める比率はきわめて高い。10 位までに特定の人物の呼称や邸宅名として用いられている数詞、及び「さんぜんよき」が入る。『平家物語』という作品の根幹に関わる登場人物・舞台として重要なもの、戦闘描写に欠かせないものである。

② 〈ヘイケ〉で 50 位までの数詞は、事件の〔時間〕〈日〉、登場人物の〔時間〕〔位階〕〔順序〕による呼称、〈人〉の数、〈騎馬〉の数を表わしている。これは戦を記録する際に欠かすことのできない要素である。〈ヘイケ〉の助数詞を含む数詞で使用度数の多いものは、軍記という作品の内容と関係の深い語群である。

③ 〈高野本〉で使用比率が 10.00 パーミルを超える数詞は 5 語存する。現代でも頻繁に用いる「いちにん」「ひとつ」などと、『平家物語』の重要な登場人物の呼称「さんみのちゆうじやう」である。10 位まで

には〔時間〕の意味を表す数詞が4語存する。事件や文書を記録として残すために必要な語群である。

④ 〈ヘイケ〉で10位に入るのに〈高野本〉でそうではない数詞は「さんみにふだう」「とひのじらう」など、人物の呼称として用いられているものである。これらは『平家物語』における重要な登場人物である。同一人物に対して〈高野本〉ではさまざまな呼称を用いているが、〈ヘイケ〉では整理したり統一したりしてある。この違いが数詞に反映している。

⑤ 〈高野本〉で10位に入るのに〈ヘイケ〉でそうではない数詞は「にねん」「しぐわつ」など〔時間〕の意味を表すものである。記録を残し伝えることを志向する〈高野本〉と、外国人の日本語学習のためのよりよきテキストを志向する〈ヘイケ〉の違いが数詞に反映している。

⑥ 〈高野本〉で50位までの数詞は、〈ヘイケ〉とほぼ同じ傾向を示しているが、細部において異なる傾向を読み取ることができる。〈ヘイケ〉の方が〔性質単一〕の助数詞を含む数詞が多く、〈高野本〉の方が〔時間〕〔順序〕の助数詞を含む数詞が多い。表す対象として、〈ヘイケ〉の方で〈騎馬〉が多く、〈高野本〉の方で〈年〉〈月〉が多い。

〈ヘイケ〉と〈高野本〉の助数詞を比較することによって、軍記という作品の内容と関係の深い共通の要素、双方の編集方針・制作事情の相違を反映する要素、時代の違いに関係なく共通する要素、時代の変遷を反映する要素、〈ヘイケ〉の原拠本と関係する要素を明確にすることができた。そして、各助数詞が、これらのうちの、ある要素のみを持っているというわけではないことも判明した。たとえ軍記という共通の要素を持っていても、それにとどまらず、編集方針・制作事情の相違を反映する要素を併せ持つ「き（騎）」「にち（日）」「らう（郎）」のような助数詞も見られた。〈ヘイケ〉の抜き書き的な編集によって多く採用されたのは戦闘場面の描写である。人物呼称の整理統一によって、残された「らう（郎）」の付く呼称は現代語の人名に近いものになっている。〈高野本〉では虚構であったり再構成されたものであ

ったりしても、事件を事実として記録し、文書をありのままに掲載するために、日時に関する事項が一層重要であった。また、事件に関係した人物をその時点の呼称で網羅的に記録することも、一層重要であった。

　本研究によって助数詞の変遷に関して意味分類・使用度数の観点から特色を把握することができた。そして、数詞に関しては使用度数の高い語の観点から助数詞の分析結果を補強する形で特色を把握することができた。

注
1)　後述する関口佳子（1990）では「尊」を助数詞として認定し、用例に「三尊」をあげている。が、調査の結果、「尊」の付く「三尊」4例、「五大尊」1例はすべて自立的用法とみなせるものであった。「弥陀の三尊」（巻2、上、123-1)、「三尊来迎便あり、」（巻3、上、156-7)、「来迎の三尊おはします。」（灌、下、398-15)、「つねは三尊の来迎を期す。」（灌、下、401-14)、以上は阿弥陀如来・観世音菩薩・勢至菩薩の総称。「五大尊の像」（巻3、上、146-15)、五大明王の異称。
2)　数詞に関する研究文献を発表順に並べたものに、安田尚道（1993・1996）がある。これによって研究の歴史の概要を知ることができる。
3)　助数詞そのもの（ここでは「すん」）に焦点をあてる場合には、使用度数・度数という語を用いることにする。
4)　『日本国語大辞典　第二版』（小学館）を見ると、「しょうがち」「ろくがち」等の項目で、キリシタン資料ではない近世の文献からも引用している。
5)　『婦人雑誌の用語―現代語の語彙調査―』、『総合雑誌の用語―現代語の語彙調査―』などが公表され、その分類の方法は修正されつつ『分類語彙表』へ踏襲された。
6)　大野晋（1971）の調査では0.1パーミル以上の語集団が総使用度数の79%にあたった。
7)　近藤政美（2002）では、使用比率50.00パーミル以上の語集団を第一基幹語彙、5.00パーミル以上の語集団を第二基幹語彙として設定している。
8)　藤原成経の乳母の呼称に「ろくでう（六条）」（度数4）がある。成経の北の方である平教盛の娘の介添えを務めている。この呼称は京都の区画に関係するとも思われるが、生没年・系譜ともに未詳であり、判然としない。
9)　「けん（間）」には〔性質単一〕の意味で家を対象とするものがあるが、その用例は次の1例のみである。「京白河に四五万間の在家、一度に火をかけて、

皆焼払ふ。」(巻7、下、46-9)
10)〈へ〉「今井，高梨，そのほか歴々の者ども百人ばかり」(174-18)の1例で、〈高〉で「家子・郎等召しあつめて」(巻7、下、29-9)とある部分に対応する。

〈文献〉
飯田朝子(2004)『数え方の辞典』 小学館
池上秋彦(1971)「数詞」「助数詞」の項目の解説『日本文法大辞典』 明治書院
市古貞次 編(1973〜1974)『高野本平家物語 東京大学国語研究室蔵』〈一〉〜〈十二〉 笠間書院
伊藤雅光(2002)「語彙の量的性格」『朝倉日本語講座』4 語彙・意味 朝倉書店
大野晋(1971)「平安時代和文脈系文学の基本語彙に関する二三の問題」『国語学』87輯
奥津敬一郎(1969)「数量的表現の文法」『日本語教育』14号
梶原正昭・山下宏明 校注(上―1991、下―1993)新日本古典文学大系『平家物語』上下 岩波書店
金田一春彦・清水功・近藤政美(1973)『平家物語総索引』 学習研究社
慶応義塾大学付属研究所斯道文庫編(第1刷1970、第2刷1986)『百二十句本平家物語』 汲古書院
国立国語研究所(1953)『婦人雑誌の用語―現代語の語彙調査―』 秀英出版
国立国語研究所(1957・1958)『総合雑誌の用語―現代語の語彙調査―』前編・後編 秀英出版
国立国語研究所(1964)『分類語彙表』 秀英出版
近藤政美・武山隆昭・近藤三佐子(1996)『平家物語〈高野本〉語彙用例総索引』(自立語篇) 勉誠社
近藤政美・武山隆昭・池村奈代美・濱千代いづみ・近藤三佐子(1998)「接辞(接頭語・接尾語・助数詞)の用例付き索引」『平家物語〈高野本〉語彙用例総索引』(付属語篇)下 勉誠社
近藤政美・池村奈代美・濱千代いづみ(1999)『天草版平家物語語彙用例総索引』 勉誠出版
近藤政美・濱千代いづみ(2000)「天草版『平家物語』の語彙の特色―『平家物語』〈高野本〉との比較による―」愛知県立大学大学院『国際文化研究科論集』第1号
近藤政美(2002)「天草版『平家物語』における助詞の基幹語彙について―『平家物語』〈高野本〉との比較を中心にして―」『岐阜聖徳学園大学紀要〈教育学部編〉』第41集

真田信治（1977）「基本語彙・基礎語彙」岩波講座『日本語』9（語彙と意味）岩波書店

志甫由紀恵（1992）「中世軍記物語の数詞―『曾我物語』と『平家物語』の考察」『日本語研究センター報告』1号

小学館国語辞典編集部（2000～2002）『日本国語大辞典　第二版』　小学館

関口佳子（1990）「覚一本平家物語の助数詞」『平家物語の国語学的研究』（西田直敏著、和泉書院）に収録。

築島裕（1965）「日本語の数詞の変遷」『言語生活』第166号

土井忠生　訳注（1955）『ロドリゲス日本大文典』1974年5刷　三省堂

土井忠生・森田武・長南実　編訳（1980）『邦訳日葡辞書』　岩波書店

前田富祺（1984）「中世文学と数詞」『武蔵野文学』32

前田富祺（1986）「古典の中の数詞・助数詞」『日本語学』第5巻第8号

水谷静夫（1983）『朝倉日本語新講座』2語彙　朝倉書店

峰岸明（1966）「平安時代の助数詞に関する一考察（一）」『東洋大学紀要　文学部篇』第20集、『平安時代古代記録の国語学的研究』（1986、東京大学出版会）に再録。

三保忠夫（1999）「古代における助数詞とその文字表記」『国語と国文学』第76巻第5号

三保忠夫（2000）『日本語助数詞の歴史的研究　近世書札礼を中心に』　風間書房

宮地敦子（1972）「数詞の諸問題」『品詞別日本文法講座　名詞・代名詞』　明治書院

安田尚道（1993）「日本語数詞研究文献目録」『青山語文』第23号

安田尚道（1996）「日本語数詞研究文献目録（2）」『青山語文』第26号

第二章　天草版『エソポのハブラス』の助数詞と数詞

キーワード：エソポのハブラス　助数詞　数詞　伊曽保物語
　　　　　　天草版『平家物語』

1　はじめに

1.1　目的と文献

　本研究の目的は、天草版『エソポのハブラス』の助数詞そのもの、及び助数詞を含む数詞に関して、古活字本『伊曽保物語』・天草版『平家物語』と比較し、その特色を把握することである。

　濱千代（2006）において天草版『平家物語』と『平家物語』〈高野本〉の助数詞、及び助数詞を含む数詞の語彙を比較した。そのときに、考察の方向は2点あった。

- ○　助数詞の簡略化が起こっているか。起こっている場合、どのような助数詞の意味で起こっているか。
- ○　作品成立の背景と助数詞、及び助数詞を含む数詞の使用との間にどのような関連があるのか。

この結果を次のようにまとめて示した。ここでは天草版『平家物語』を〈天草版〉、『平家物語』〈高野本〉を〈高野本〉と略している。

　（ア）　数値の上で〈天草版〉の助数詞を含む数詞の語彙が減少していることが明白になった。

　（イ）　意味による分類の観点で比較した結果、次のことが判明した。

　　①　〈天草版〉で用いられている助数詞は「ぐわち（月）」「より（度）」「たり（人）」の三種を除いて〈高野本〉でも用いられている。〔尺度

〔時間〕〔頻度〕〔性質単一〕の意味分類に属するものの種類が多い。この共通する助数詞は、戦や歴史を記述する『平家物語』という作品の性格を反映すると同時に、戦乱の続いた中世の日本語において使われていたものである。

② 〈天草版〉のみで用いられている助数詞は室町時代末期に行われていた読み（「ぐわち（月）」）、原拠本に存在した表現（「より（度）」）を反映している。

③ 〈高野本〉にある助数詞が〈天草版〉にない原因として、〈天草版〉に該当部分が存しないことと、〈高野本〉で事物が列挙してあったり、詳細な説明がなされていたりする部分が〈天草版〉ではまとめて述べてあったり、簡略な説明になっていたりすることとがあげられる。これは古典の『平家物語』を抜き書き的に編集した点に由来する。また、〈天草版〉が外国語としての日本語と、日本の風俗習慣とを初めて学習する者へ配慮して編集してある点に深く関係している。現代でも用いる「しやく（尺）」や、仏教関係の「ちやくしゆ（搩手）」「ゆじゆん（由旬）」「き（基）」「ぢく（軸）」といった〈高野本〉でも用例の少ない助数詞は見られなくなった。

(ウ) 〈天草版〉と〈高野本〉とを比較した時に現れた助数詞を含む数詞の減少、言い換えると助数詞の簡略化は、双方の作成の目的、編集方針を反映した現象であることを立証した。

天草版『平家物語』と『平家物語』〈高野本〉との比較では、助数詞の簡略化と作品の編集方針を分離して考察することが困難であった。ここでは、天草版『エソポのハブラス』・古活字本『伊曽保物語』を調査の対象にすることで、中世末期から江戸初期にかけての助数詞、及び助数詞を含む数詞の特色を一層明らかにすることに努める。

計量に利用した文献は次のものである。
 a 『エソポのハブラス本文と総索引』
 b 『仮名草子伊曽保物語用語索引』
 c 『天草版平家物語語彙用例総索引』

これらは共通の方針と基準の下に作成してあるわけではないので、単語の認定の基準を一致させるようにして計量した。

天草版『エソポのハブラス』及び天草版『平家物語』の本文は、文献a・c、及び『キリシタン版エソポのハブラス私注』に基づき、漢字仮名交じりに直して引用する。古活字本『伊曽保物語』の本文は日本古典文学大系『仮名草子集』に依拠し、適宜くり返し符号を文字に、旧字体の漢字を新字体に直し、送り仮名や句読点を補うなどして引用する。『仮名草子集』の底本の本文を確認する場合、『古活字本伊曽保物語』（国立国会図書館所蔵本影印）を用いる。それぞれ次の略称を用いる。

〈エソポ〉〈エ〉……天草版『エソポのハブラス』
〈伊曽保〉〈伊〉……古活字本『伊曽保物語』
〈ヘイケ〉〈ヘ〉……天草版『平家物語』

『平家物語』〈高野本〉の助数詞、及び助数詞を含む数詞に触れることもあるが、その場合、略称は〈高野本〉〈高〉を用い、本文の引用は新日本古典文学大系『平家物語』上下に依拠し、適宜くり返し符号を文字に、旧字体の漢字を新字体に直し、送り仮名や句読点を補うなどする。底本の本文は『高野本平家物語』（東京大学国語研究室蔵）で確認する。章末に〈エソポ〉〈伊曽保〉の助数詞を含む数詞の一覧を付表として掲載する。

1.2 助数詞の範囲と助数詞の分類

「数を表す部分」に続く言葉を、助数詞とみるか名詞とみるか判断に迷う場合がしばしばある。本論では峰岸明（1966）に示されている助数詞の処理方法を参考にし、次のような区分を行う。

【助数詞の範囲】
〔1〕 事物の名称が、そのものの数量を示すために、本来の意義・用法のまま基数詞と複合して、一種の数詞として用いられる場合は、自立的用法の名詞とみなす。
〔2〕 事物の名称そのもののほかに、その数量を示す特定の語があって、

これが基数詞と熟合してその事物の数量・性質・形状などを表示する場合、助数詞本来の用法とする。

助数詞の分類の基準を意味の異同によって次のように定める。

【助数詞の分類】
（１）量を測る単位
　①人為的に特定の単位を設定したもの
　　〔尺度〕〔容積〕〔量目〕〔時間〕に細かく分類する。
　②容器、集団の名称を単位名としたもの
　　〔集合体〕〔集団〕〔容器〕に細かく分類する。
（２）数を数える単位
　①頻度・順序・種類などを単位名としたもの
　　〔頻度〕〔重なり〕〔種類〕〔区画〕〔位階〕〔順序〕に細かく分類する。
　②性質・形状などを単位名としたもの
　a　単一体を単位とする場合　〔性質単一〕とする。
　b　集合体を単位とする場合　〔性質集合〕とする。
（その他）和語につく「つ」、漢語名詞の前にある「か」、
　　　　　数量の倍数を表す「倍」

2　助数詞と助数詞を含む数詞の概要

2.1　天草版『エソポのハブラス』の助数詞の概要

　〈エソポ〉から異なり語数で58語、延べ語数で150語の助数詞を含む数詞を抽出した。延べ語数を異なり語数で割ると2.59になる。同じ語が平均して2.59回出現していることになる。
　〈エソポ〉のすべての助数詞を【助数詞の分類】に従って整理すると次のようである。

【〈エソポ〉の助数詞の分類】
（1）量を測る単位
　　①人為的に特定の単位を設定したもの……計11種
　　　〔尺度〕　すん（寸）、ま（間）……2種
　　　〔容積〕　こく（石）……1種
　　　〔量目〕　りやう（両）……1種
　　　〔時間〕　とき（時）、げつ（月）、つき（月）、ねん（年）、か（日）、
　　　　　　　にち（日）、や（夜）……7種
　　②集合体や容器の名称を単位名としたもの……計2種
　　　〔集合体〕　は（把）……1種
　　　〔集団〕　……0種
　　　〔容器〕　はい（杯）……1種
（2）数を数える単位
　　①頻度・種類・順序などを単位名としたもの……計5種
　　　〔頻度〕　たび（度）、ど（度）、かなで（奏）、くち（口）……4種
　　　〔重なり〕　……0種
　　　〔種類〕　……0種
　　　〔区画〕　……0種
　　　〔位階〕　……0種
　　　〔順序〕　くわん1（巻）……1種
　　②性質・形状などを単位名としたもの……計14種
　　a　単一体を単位とする場合……14種
　　　〔性質単一〕　ひき（匹）、くわん（貫）、ほん（本）、にん（人）、り（人）、
　　　　　　　　しよ（所）、ところ（所）、くわん2（巻）、はう（方）、えだ（肢）、
　　　　　　　　きよく（曲）、し（紙）、じ（字）、ふし（節）
　　b　集合体を単位とする場合……0種
　　　〔性質集合〕
（その他）……計3種
　　　　　　　か（箇）、つ（箇・個）、ばい（倍）

上記を単純に合計すると35種になる。が、「くわん（巻）」が二類で用いられているので、これを同じ助数詞とみなす。この結果、〈エソポ〉から34の異なる助数詞を抽出した。

2.2 古活字本『伊曽保物語』の助数詞の概要

〈伊曽保〉から異なり語数で59語、延べ語数で220語の助数詞を含む数詞を抽出した。延べ語数を異なり語数で割ると3.73になる。同じ語が平均して3.73回出現していることになる。

〈伊曽保〉のすべての助数詞を【助数詞の分類】に従って整理すると次のようである。

【〈伊曽保〉の助数詞の分類】
（1）量を測る単位
　①人為的に特定の単位を設定したもの……計8種
　　〔尺度〕　しゃく（尺）、すん（寸）……2種
　　〔容積〕　こく（石）……1種
　　〔量目〕　りやう（両）……1種
　　〔時間〕　つき（月）、ねん（年）、にち（日）、や（夜）……4種
　②集合体や容器の名称を単位名としたもの……計0種
　　〔集合体〕　……0種
　　〔集団〕　……0種
　　〔容器〕　……0種
（2）数を数える単位
　①頻度・種類・順序などを単位名としたもの……計4種
　　〔頻度〕　たび（度）、ど（度）、くち（口）……3種
　　〔重なり〕　……0種
　　〔種類〕　しゆ（種）……1種
　　〔区画〕　……0種
　　〔位階〕　……0種

〔順序〕……0種
②性質・形状などを単位名としたもの……計11種
　a　単一体を単位とする場合……11種
　〔性質単一〕　ひき（匹）、くわん（貫）、くわんめ（貫目）、ほん（本）、にん（人）、り（人）、ところ（所）、たい（体）、さう（艘）、はう（方）、ふし（節）
　b　集合体を単位とする場合……0種
　〔性質集合〕
（その他）……計3種
　　　　　　か（箇）、つ（箇・個）、ばい（倍）

　上記を単純に合計すると26種になる。〈エソポ〉のように2類で用いられているものはない。この結果、〈伊曽保〉から26の異なる助数詞を抽出した。

2.3　天草版『平家物語』の助数詞の概要

　〈ヘイケ〉から異なり語数で496語、延べ語数で1361語の助数詞を含む数詞を抽出した[1]。延べ語数を異なり語数で割ると2.74になる。同じ語が平均して2.74回出現していることになる。
　〈ヘイケ〉のすべての助数詞を【助数詞の分類】に従って整理すると次のようである。

【〈ヘイケ〉の助数詞の分類】

（1）量を測る単位
　①人為的に特定の単位を設定したもの……計25種
　　〔尺度〕　たん（段）、ちやう（町）、り（里）、ひろ（尋）、けん（間）、すん（寸）、ぢやう（丈）、ま（間）、そく（束）……9種
　　〔容積〕　こく（石）……1種
　　〔量目〕……0種
　　〔時間〕　とき（時）、せ（世）、だい（代）、よ（代・世）、ぐわち（月）、ぐわつ（月）、さい（歳）、とせ（年）、ねん（年）、か（日）、

じつ（日）、にち（日）、ひ（日）、や（夜）、よ（夜）
……15種
②集合体や容器の名称を単位名としたもの……計3種
〔集合体〕　ふさ（房）……1種
〔集団〕　つら（行）、むら（群）……2種
〔容器〕　……0種
（2）数を数える単位
①頻度・種類・順序などを単位名としたもの……計17種
〔頻度〕　より（度）、かたな（刀）、たび（度）、ど（度）、へん（返・遍）、じふ（入）、ばん1（番）……7種
〔重なり〕　へ（重）、ぢゆう（重）……2種
〔種類〕　しゆ（種）……1種
〔区画〕　でう1（条）……1種
〔位階〕　ほん（品）、ゐ（位）……2種
〔順序〕　ばん2（番）、なん（男）、らう（郎）……3種
②性質・形状などを単位名としたもの……計25種
a　単一体を単位とする場合……22種
〔性質単一〕　しゆ（首）、ひき（匹）、まい（枚）、き（騎）、くわん（貫）、ほん（本）、う（宇）、かう（行）、たん（端）、でう2（条）、ながれ（流）、たり（人）、にん（人）、り（人）、しよ（所）、ところ（所）、たい（体）、さう（艘）、くわん（巻）、はう（方）、くわ（顆）、すぢ（筋）
b　集合体を単位とする場合……3種
〔性質集合〕　ぶ（部）、かさね（重）、りやう（領）
（その他）……計2種
か（箇）、つ（箇・個）

　上記を単純に合計すると71種になる。が、「ばん（番）」「でう（条）」が二類で用いられているので、これを同じ助数詞とみなす。この結果、〈ヘイケ〉から69の異なる助数詞を抽出した。

2.4 3作品の比較から見る全体像

〈エソポ〉の助数詞を含む数詞の異なり語数は58語、延べ語数は150語で、〈ヘイケ〉の助数詞を含む数詞の異なり語数は496語、延べ語数は1361語である。〈エソポ〉の規模は〈ヘイケ〉と比較すると、異なり語数で11.7％、延べ語数で11.0％になる。

第一部では同じ文献を用いて〈エソポ〉と〈ヘイケ〉の自立語全部の語彙を計量した。それによると〈エソポ〉の異なり語数は2904語、延べ語数は11749語、〈ヘイケ〉の異なり語数は7421語、延べ語数は46893語である。〈エソポ〉の自立語の語彙の規模は〈ヘイケ〉と比較すると、異なり語数で39.1％、延べ語数で25.1％になる[2]。

表1 〈エソポ〉〈ヘイケ〉の異なり語数・延べ語数の比較

作品		〈エソポ〉	〈ヘイケ〉	〈エソポ〉／〈ヘイケ〉
助数詞を含む数詞	異なり語数	58語	496語	11.7％
	延べ語数	150語	1361語	11.0％
自立語全部	異なり語数	2904語	7421語	39.1％
	延べ語数	11749語	46893語	25.1％

〈エソポ〉の助数詞を含む数詞の規模を〈ヘイケ〉と比較した数値は、〈エソポ〉の自立語の語彙の規模を〈ヘイケ〉と比較した数値に比べてはるかに小さい。以上から、次のことが数値の上で明白になった。

（a）〈エソポ〉と〈ヘイケ〉とは室町時代末期の話し言葉で書かれた日本語教材という共通点を持っているが、〈エソポ〉は〈ヘイケ〉と比較して助数詞を含む数詞の使用が少ない。

助数詞の種類の合計は、〈エソポ〉が35、〈伊曽保〉が26、〈ヘイケ〉が71である。〈エソポ〉は〈伊曽保〉の1.3倍、〈ヘイケ〉の半分になる。そして、3作品の助数詞を含む数詞の異なり語数・延べ語数は次のようであった。

314　第三部　天草版『平家物語』・天草版『エソポのハブラス』の助数詞と数詞

表2　3作品の助数詞を含む数詞の異なり語数・延べ語数

作　品	〈エソポ〉	〈伊曽保〉	〈ヘイケ〉
異なり語数	58語	59語	496語
延べ語数	150語	220語	1361語
延べ語数／異なり語数	2.59	3.73	2.74

　〈エソポ〉と〈伊曽保〉とは共通の祖本としての文語本が存したであろうと考えられているが、〈エソポ〉の下巻に相当する部分は収録寓話の異同が大きい[3]。遠藤潤一氏はこの部分に関して、〈エソポ〉が共通の祖本によらず、16世紀ヨーロッパにおいて標準的で権威あるラテン語本によったとしている[4]。

　表2から次の点が確認できる。
（b）　助数詞を含む数詞の語彙の規模は〈伊曽保〉の方が〈エソポ〉より大きい。しかし、助数詞の種類では〈エソポ〉の方がバラエティに富んでいる。

3　意味による分類の観点で見た助数詞

3.1　助数詞の有無による整理

　〈エソポ〉〈伊曽保〉〈ヘイケ〉の全部の助数詞を意味による分類の観点で比較することで、その特色を把握しよう。3作品にあるもの、2作品にあるもの、1作品にしかないものに分け、整理して示すと次のようになる。

（A）　3作品にあるもの
（1）量を測る単位
　　①人為的に特定の単位を設定したもの……計5種
　　　〔尺度〕　すん（寸）……1種
　　　〔容積〕　こく（石）……1種
　　　〔時間〕　ねん（年）、にち（日）、や（夜）……3種

（2）数を数える単位
　　①頻度・種類・順序などを単位名としたもの……計2種
　　　〔頻度〕たび（度）、ど（度）……2種
　　②性質・形状などを単位名としたもの……計7種
　　a　単一体を単位とする場合……7種
　　　〔性質単一〕ひき（匹）、くわん（貫）、ほん（本）、にん（人）、り（人）、
　　　　　　　　ところ（所）、はう（方）
（その他）……計2種
　　　　　　か（箇）、つ（箇・個）

（B）〈エソポ〉〈伊曽保〉にあって〈ヘイケ〉にないもの
（1）量を測る単位
　　①人為的に特定の単位を設定したもの……計2種
　　　〔量目〕りやう（両）……1種
　　　〔時間〕つき（月）……1種
（2）数を数える単位
　　①頻度・種類・順序などを単位名としたもの……計1種
　　　〔頻度〕くち（口）……1種
　　②性質・形状などを単位名としたもの……計1種
　　a　単一体を単位とする場合……1種
　　　〔性質単一〕ふし（節）
（その他）……計1種
　　　　　　ばい（倍）

（C）〈エソポ〉〈ヘイケ〉にあって〈伊曽保〉にないもの
（1）量を測る単位
　　①人為的に特定の単位を設定したもの……計3種
　　　〔尺度〕ま（間）……1種
　　　〔時間〕とき（時）、か（日）……2種

（2）数を数える単位
　②性質・形状などを単位名としたもの……計2種
　　a　単一体を単位とする場合……2種
　　〔性質単一〕　しよ（所）、くわん2（巻）

(D)　〈伊曽保〉〈ヘイケ〉にあって〈エソポ〉にないもの
（2）数を数える単位
　①頻度・種類・順序などを単位名としたもの……計1種
　　〔種類〕　しゆ（種）……1種
　②性質・形状などを単位名としたもの……計2種
　　a　単一体を単位とする場合……2種
　　〔性質単一〕　たい（体）、さう（艘）

(E)　〈エソポ〉にのみあるもの
（1）量を測る単位
　①人為的に特定の単位を設定したもの……計1種
　　〔時間〕　げつ（月）……1種
　②集合体や容器の名称を単位名としたもの……計2種
　　〔集合体〕　は（把）……1種
　　〔容器〕　はい（杯）……1種
（2）数を数える単位
　①頻度・種類・順序などを単位名としたもの……計2種
　　〔頻度〕　かなで（奏）……1種
　　〔順序〕　くわん1（巻）……1種
　②性質・形状などを単位名としたもの……計4種
　　a　単一体を単位とする場合……4種
　　〔性質単一〕　えだ（肢）、きよく（曲）、し（紙）、じ（字）

（F）〈伊曽保〉にのみあるもの
（1）量を測る単位
　①人為的に特定の単位を設定したもの……計1種
　　〔尺度〕　しやく（尺）……1種
　②性質・形状などを単位名としたもの……計1種
　a　単一体を単位とする場合……1種
　　〔性質単一〕　くわんめ（貫目）

（G）〈ヘイケ〉にのみあるもの
（1）量を測る単位
　①人為的に特定の単位を設定したもの……計17種
　　〔尺度〕　たん（段）、ちやう（町）、り（里）、ひろ（尋）、けん（間）、
　　　　　　ぢやう（丈）、そく（束）……7種
　　〔時間〕　せ（世）、だい（代）、よ（代・世）、ぐわち（月）、ぐわつ（月）、
　　　　　　さい（歳）、とせ（年）、じつ（日）、ひ（日）、よ（夜）
　　　　　　……10種
　②集合体や容器の名称を単位名としたもの……計3種
　　〔集合体〕　ふさ（房）……1種
　　〔集団〕　つら（行）、むら（群）……2種
（2）数を数える単位
　①頻度・種類・順序などを単位名としたもの……計13種
　　〔頻度〕　より（度）、かたな（刀）、へん（返・遍）、じふ（入）、
　　　　　　ばん1（番）……5種
　　〔重なり〕　へ（重）、ぢゆう（重）……2種
　　〔区画〕　でう1（条）……1種
　　〔位階〕　ほん（品）、ゐ（位）……2種
　　〔順序〕　ばん2（番）、なん（男）、らう（郎）……3種
　②性質・形状などを単位名としたもの……計14種
　a　単一体を単位とする場合……11種

〔性質単一〕　しゅ（首）、まい（枚）、き（騎）、う（宇）、かう（行）、
　　　　　　　たん（端）、でう２（条）、ながれ（流）、たり（人）、くわ（顆）、
　　　　　　　すぢ（筋）

b　集合体を単位とする場合……3種

〔性質集合〕　ぶ（部）、かさね（重）、りやう（領）

表3　〈エソポ〉〈伊曽保〉〈ヘイケ〉の助数詞の種類

助数詞の分類			エソポ	伊曽保	ヘイケ	Ⓐ3作品	Ⓑエ伊	Ⓒエヘ	Ⓓ伊ヘ	Ⓔエのみ	Ⓕ伊のみ	Ⓖヘのみ
量を測る単位	人為的に特定の単位を設定したもの	尺度	2	2	9	1	0	1	0	0	1	7
		容積	1	1	1	1	0	0	0	0	0	0
		量目	1	1	0	0	1	0	0	0	0	0
		時間	7	4	15	3	1	2	0	1	0	10
	集合体や容器の名称を単位名としたもの	集合体	1	0	1	0	0	0	0	1	0	1
		集団	0	0	2	0	0	0	0	0	0	2
		容器	1	0	0	0	0	0	0	1	0	0
数を数える単位	頻度・種類・順序などを単位名としたもの	頻度	4	3	7	2	1	0	0	1	0	5
		重なり	0	0	2	0	0	0	0	0	0	2
		種類	0	1	0	0	0	0	1	0	0	0
		区画	0	0	1	0	0	0	0	0	0	1
		位階	0	0	2	0	0	0	0	0	0	2
		順序	1	0	3	0	0	0	0	1	0	3
	性質・形状などを単位名としたもの	性質単一	14	11	22	7	1	2	2	4	1	11
		性質集合	0	0	3	0	0	0	0	0	0	3
その他		か、つ、ばい	3	3	2	2	1	0	0	0	0	0
合　　計			35	26	71	16	5	5	3	9	2	47

以上から次の点が指摘できる。
（a） 各作品で助数詞の種類が多いのは〔時間〕〔頻度〕〔性質単一〕の意味分類である。3作品で共通に見られる（A）も同様の様相を呈している。
（b） 〈エソポ〉〈伊曽保〉と比較して〈ヘイケ〉で多いのは〔尺度〕の意味分類である。それは〈ヘイケ〉のみに見られる（G）にもよく現れている。

3.2　3作品にあるもの

（A）3作品にあるものは16種類である。これらは室町時代から江戸時代にかけて一般に用いられていた助数詞と言えよう。その中には作品により用法の異なるもの、限られているものがある。

（1）「すん（寸）」　使用度数〈エ〉1、〈伊〉2、〈ヘ〉4
〈エソポ〉〈伊曽保〉では成句の中で用いられる。用例の後の括弧内にページ・行を示すことにする。

(1)　天下の善悪は舌三寸のさへづるにあるといふことがござる。しかれば、天下・国家の安否も舌に任することなれば、(〈エ〉416-7)

(2)　夫世中のありさまを見るに、舌三寸のさへづりをもつて、現世は安穏にして、(〈伊〉367-4)

(3)　三寸の舌のさへづりをもつて、五尺の身を損じ候も、(〈伊〉367-10)

「すん（寸）」を含む数詞はイソップが主人のシャントに獣の舌を調達した理由を述べる会話に出現する。イソップは先に珍しい物を、次に世間第一の悪しき物を手に入れるように言われた。例(1)と例(2)は対応する部分である。「舌三寸のさへづる（り）」は、口先だけの物言いで内実の伴わない意味で用いる成句である。また、「三寸の舌のさへづりをもつて、五尺の身を損ず」は、当時ことわざとして用いられた。

これに対して〈ヘイケ〉では実際の長さを表す場合に用いている。

(4)　（与一が）扇の要から上一寸ばかりおいてひつぷつと射切つたれば、

320　第三部　天草版『平家物語』・天草版『エソポのハブラス』の助数詞と数詞

　　　（〈ヘ〉337-9）
　(5)　（長兵衛は）太刀の切つ先五寸ばかり打ち折つて捨ててのけた。
　　　（〈ヘ〉112-2）

（2）「ひき（匹）」　使用度数〈エ〉10、〈伊〉16、〈ヘ〉9
　〈エソポ〉で「ひき（匹）」を付けて数える対象は獣・馬・羊の子・驢馬・狼・狐の6類にわたる。また、〈伊曽保〉では獣・羊・牝馬・犬・野牛・驢馬・狼・牛・ゑのこの9類に及ぶ。
　(6)　この四匹が同心して、山中を駆けめぐるに、獣一匹行きやうたれば、
　　　（〈エ〉446-4）
　(7)　（狼が牧羊犬に）「御邊はなにとて瘦せ給ふぞ。我に羊を一疋たべ。
　　　（〈伊〉443-2）
　例(6)の四匹は、この話の題目に掲げてある「獅子と犬と狼と豹」の4種類の異なる獣を表している。例(7)では狼から犬への会話の中で、羊を数えるのに用いている。つまり、獣から獣への会話の中で、獣を数えるのに用いている。〈エソポ〉と〈伊曽保〉の「ひき（匹）」は色々な獣を数える単位である。
　これに対して〈ヘイケ〉では対象がすべて馬である。
　(8)　（競は）宗盛から下された媛廷にうち乗つて、乗り替へ一匹引かせて、（〈ヘ〉119-15）
　(9)　義経は鞍置き馬を二匹追ひ落とされたれば、一匹は足うち折つて転び落ち、一匹は相違なう平家の城の後ろに落ち着き、
　　　（〈ヘ〉271-8, 9, 9）
　〈ヘイケ〉の「ひき（匹）」は鞍置き馬・乗り替えの馬というように、戦闘に用いるが人の乗っていない馬を数える助数詞である。武士の乗っている場合は「き（騎）」を用いる。
　なお、大型の獣を数えるのに、現代では「とう（頭）」を単位に用いるが、3作品に「とう（頭）」の例は見られない。

（3）「ほん（本）」 使用度数〈エ〉4、〈伊〉3、〈ヘ〉6

「ほん（本）」は細長い物を数える単位である。〈エソポ〉では柱3・斧の柄1、〈伊曽保〉では柱2・植木1を対象に数える時、「ほん（本）」が付いている。

(10)　ある杣人、山に入つて、「斧の柄を一本下されば、一期の御恩と存ぜうずる」と、（〈エ〉486-24）

(11)　天これを憐ませられて、柱を一本下さるれば、（〈エ〉454-10）

(12)　この巻物を一本のうへ木には、必花実あり。（〈伊〉403-2）

例(10)に対応する話が〈伊曽保〉には存在しない。例(11)に対応する部分は「柱を一つ」（〈伊〉415-10）とある。また、〈エソポ〉の「柱ただ一本」（〈エ〉440-9）、「一本の柱とは」（〈エ〉440-15）に、〈伊曽保〉の「柱一本」（〈伊〉396-4）、「一本の柱とは」（〈伊〉396-7）がそれぞれ対応する。例(12)は〈伊曽保〉の中「十　いそほ物のたとへを引きける事」にあるが、これに相当する部分が〈エソポ〉で「読誦の人へ対して書す」に移され、「植木には」の形で「一本の」が付いていない。

〈ヘイケ〉では卒塔婆5・柱1を対象に用いている。

(13)　（康頼が卒塔婆を）千本ながら海に入れたれば、そのうち一本安芸の国の厳島の渚に打ち上げたところで、（〈ヘ〉66-22, 22）

長い棒状のものを数えるのなら、矢を対象とする時に用いてもいいはずである。しかし、〈ヘイケ〉で矢は「つ」を単位とする場合が多く、「すぢ（筋）」を単位とする場合もあるが、「ほん（本）」は見られない。

(14)　（有国は）矢を七つ八つほど射立てられて、立死に死んでござる。（〈ヘ〉169-22）

(15)　（兼平は）残つた八筋の矢を差し詰め、引き詰め散々に射る。（〈ヘ〉247-13）

現代に比べ、「ほん（本）」を付けて表す対象の範囲が狭いようである。

以上をまとめると次のようである。

（a）　3作品で共通に見られる助数詞は、室町時代から江戸時代にかけて

一般に用いられたものである。
（b）「すん（寸）」は〈エソポ〉〈伊曽保〉で成句の中で、〈ヘイケ〉で実際の長さを表す場合に用いる。寓話と軍記という作品の素材の相違が反映されている。
（c）「ひき（匹）」は〈エソポ〉〈伊曽保〉で色々な獣を数えるのに、〈ヘイケ〉で人の乗っていない馬を数えるのに用いる。寓話と軍記という作品の素材の相違が反映されている。現代の用法と比較した場合、「ひき（匹）」で表す対象の範囲が広い。
（d）「ほん（本）」は〈エソポ〉で柱・斧の柄、〈伊曽保〉で柱・植木、〈ヘイケ〉で卒塔婆・柱を対象にする。現代の用法と比較した場合、表す対象の範囲が狭い。

3.3 〈エソポ〉〈伊曽保〉にあって〈ヘイケ〉にないもの

　（B）〈エソポ〉〈伊曽保〉にあって〈ヘイケ〉にないものは5種類である。そのうち、「りやう（両）」「つき（月）」は〈高野本〉にあるが、「くち（口）」「ふし（節）」「ばい（倍）」は〈高野本〉でも見られない。

（1）「りやう（両）」　使用度数〈エ〉1、〈伊〉1、〈ヘ〉0

　「りやう（両）」は〈エソポ〉でも〈伊曽保〉でも金子の単位として用いられている。

　⒃　ある貪欲な者、一跡をことごとく沽却して、金子百両を求め、人も行かぬ所穴を掘つて、深う隠せども、（〈エ〉478-13）

　⒄　かの人怒つて、仏像を取つて打ち砕く所に、その仏のみぐしの中に金数百両有けり。（〈伊〉449-14）

〈ヘイケ〉には使用例がないが、〈高野本〉には12例見られ、金・砂金・綿の量目を示している。

　⒅　（平重盛は）金を三千五百両召しよせて、「汝は大正直の者であんなれば、五百両をば汝にたぶ。三千両を宋朝へ渡し、育王山へまゐらせて、千両を僧にひき、二千両をば御門へまゐらせ、田代を育王山へ申

よせて、我後世とぶらはせよ」とぞの給ひける。(〈高〉上 177-5〜7)

　巻第三「金渡」の章段に集中して 7 例見られる。この章段は新日本古典文学大系で 1 ページ分という短い分量で、平重盛が中国の臨済宗の育王山に金を寄進したことを記している。〈ヘイケ〉にはない章段である。巻第三「公卿揃」の始めに「砂金一千両、富士の綿二千両」(〈高〉上 149-1)、「行隆之沙汰」に「百疋百両」(〈高〉上 189-2)、巻第八「征夷将軍院宣」に「沙金百両」(〈高〉下 87-7)とあるが、これらの章段も〈ヘイケ〉にはない。〈高野本〉の 12 例のうち 11 例は〈ヘイケ〉に訳出されなかった章段で用いられている。そして、残り 1 例は以仁王の笛の由緒を述べる部分に見られ、〈ヘイケ〉ではその部分が削除されている。

　⒆　此宮は、蟬折・小枝と聞えし漢竹の笛を、ふたつもたせ給へり。かの蟬折と申は、昔鳥羽院の御時、こがねを千両、宋朝の御門へおくらせ給ひたりければ、…金堂の弥勒に参らッさせおはします。
　　　(〈高〉上 237-16)

例⒆に対応する〈ヘイケ〉の本文は次のようである。

　⒇　宮は蟬折れ、小枝といふ漢竹の笛を二つもたせられたが、その蟬折れをば、金堂の弥勒へ今生の祈禱のためか、または後生のためにか寄進させられて (〈ヘ〉124-11〜15)

「りやう(両)」は原拠とした『平家物語』に使われていたが、〈ヘイケ〉に編集する際に訳出されない章段にあった。

(2)　「つき(月)」使用度数〈エ〉2、〈伊〉2、〈ヘ〉0

「つき(月)」は〈エソポ〉で音読みの数字の後に続けて用いられる。
　「十二月」(〈エ〉440-16)、「六か月前」(〈エ〉443-18)

〈伊曽保〉の「つき」の読みは日本古典文学大系『仮名草子集』の校注者の判断によるもので、影印の『古活字本伊曽保物語』(80-11)(95-7)に振り仮名はない。
　「十二か月」(〈伊〉396-8)、「六か月」(〈伊〉403-13)

校注者も指摘しているように、日葡辞書の「イッカ(一箇)」の項目に、

「音読みの数字・か・つき」の形が示してある[5]。

  Icca. イッカ（一箇）Nen（年），tcuqi（月），xo（所），cocu（国）の
  語を伴って，年，月，場所，寺院，国を数える言い方。例，Iccanen.
  （一箇年）一年．Iccatcuqi.（一箇月）一か月，など．

〈伊曽保〉も「音読みの数字・か・つき」の形と考えられる。現代語で「音読みの数字・か」の次には音読みの「げつ」が来る。「げつ」は〈エソポ〉のみに「数月」（〈エ〉435-11）の１例が存し、「か」を含まない語形である。

〈ヘイケ〉には使用例がないが、〈高野本〉には３例見られる。

 (21) （通盛から北の方へ）「…あはれなんしにてあれかし。うきよのわすれがたみにも思ひをくばかり。さていく月ほどになるやらん。心ちはいかがあるやらん。いつとなき波の上、舟のうちのすまひなれば、しづかに身身とならん時もいかがはせん」（〈高〉下184-12）

 (22) うき世の忘れ形見はあらうず。ただしいつとない波の上、船の内の住まひなれば、身身とならうも心くるしい（〈ヘ〉281）

〈高野本〉の例(21)で「いく月」は、平通盛が具体的な事柄を述べて北の方のからだを気遣う部分に見られる。〈ヘイケ〉の例(22)ではその部分が抜け落ちている。また、鬼界が島へ流された康頼が、帰郷を願って詠んだ祝詞の中に「月のならび十月二月」（〈高〉上125-11）とあり、一語に二度出てくる。〈ヘイケ〉ではこの祝詞の部分が削除されている。〈高野本〉の「つき」の読みは校注者の判断によるものであるが、「十」「二」に影印で振り仮名があり、「月」は「つき」と読んでさしつかえないであろう。

「つき（月）」は室町末期から江戸初期にかけて「音読みの数字・（か）・つき」の形で用いられた。「つき（月）」は原拠とした『平家物語』で「訓読みの数字または不定の語・つき」の形で使われていたが、〈ヘイケ〉に編集する際に訳出されない部分にあった。

（３）「くち（口）」 使用度数〈エ〉4、〈伊〉1、〈ヘ〉0

 〈エソポ〉〈伊曽保〉の各１例は、イソップの主人で学者のシャントが、海

の水を一口で飲むという難題を掛けられた場面に出てくる。

　⑶　シヤント沈酔して居らるる所へ人が来て、「大海の潮を一口に飲み尽さるる道があらうか」と問ふに、(〈エ〉417-18)

　⑷　しやんとおどろきさはぎ、「こは誠に侍るや。なにとしてあの潮を二口共飲み候べき。(〈伊〉369-13)

〈エソポ〉の残り3例は「一口のパン」(485-7)、「(犬が狐を)一口に咬み殺いた」(477-12)、「(獅子王が驢馬を)一口にくらひ殺さうとする」(482-17)である。〈エソポ〉〈伊曽保〉の「くち(口)」は飲食・動物の攻撃という行為における口に入れる回数を表している。〈ヘイケ〉で「くち(口)」が見られない現象には、〈エソポ〉〈伊曽保〉には飲食の行為や情景がしばしば描写されるが、〈ヘイケ〉にはその描写が極めて少ないという作品の内容の相違が関係していよう。

（4）「ふし（節）」　使用度数〈エ〉1、〈伊〉2、〈ヘ〉0

「ふし（節）」は〈エソポ〉〈伊曽保〉で歌の曲節を数える単位として用いている。

　⑸　(狐が鶏に)「…ことには一曲の妙な声が世に隠れない。一節承らうずるために参つたれば、ここにおりやれ」と(〈エ〉477-3)

　⑹　(狐が烏に)「…あはれ一節聞かまほしうこそ侍れ」と申ければ、烏此儀を誠と心得て、「さらば、声を出さん」とて、口をはたけけるひまに、終に肉を落としぬ。(〈伊〉412-3)

　⑺　(狐が鶏に)「…あはれ一節歌ひ候へかし。(〈伊〉434-10)

例⑸・例⑺は互いに同話が存在しない。例⑹に対応する〈エソポ〉の本文は次のようである。

　⑻　(狐が烏に)「…一曲聞かさせられいかし」と言へば、烏このことを聞いて、真かと心得て、一曲あげうと口を開くとともに、肉をば落いた。(〈エ〉450-17〜19)

〈伊曽保〉の「一節」「声を出さん」に〈エソポ〉の「一曲」「一曲あげう」が対応し、「きよく（曲）」を用いた表現になっている。

「ひとふし」は『源氏物語』『徒然草』などにも見られるが、ひとつの出来事、ひとつの点という意味に解せる[6)]。

(29) この比の歌は、一ふしをかしく言ひかなへたりと見ゆるはあれど、（徒然草 101–10）

歌の曲節を数える単位の「ふし（節）」は新しい用法と言えよう。日葡辞書にヒトフシの見出しがあり、次のように説明されている。

Fitofuxi. ヒトフシ（一節） 竹，葦やこれと同類の物の節，指の関節，Catcuuo（鰹）と呼ばれる combalamaz の干したもの〔鰹節〕，また，歌の節などの数え方．

「ふし（節）」のほかに歌を数える単位として、〈エソポ〉に「きよく（曲）」「かなで（奏）」がある。これについて後述する。

（5）「ばい（倍）」 使用度数〈エ〉2、〈伊〉2、〈へ〉0

「ばい（倍）」は〈エソポ〉〈伊曽保〉で「一倍」の語形で用いられ、「一倍まし」と同意で二倍の意味を表す。

(30) （犬は肉の大きさが）己が含んだよりも、一倍大きなれば、影とは知らいで、含んだを捨てて、（〈エ〉 445–17）

(31) 「理のこうずるは非の一倍」というて、（〈エ〉 480–21）

(32) （御門が二人の人に）「…後に望まん物は、前の望みに、一倍をあたへん」との給へば、欲心なる者は、「なに事にてもあれ、一倍取らん」と思ふによ（っ）て（〈伊〉 455–7, 8）

〈エソポ〉の例(30)に対して〈伊曽保〉に同話が存するが、「ある犬、…「わがくはゆる所の肉より大きなる」と心得て、これを捨てて」（〈伊〉405–9）とあり「一倍」を用いない。例(31)・例(32)には相互に同話が存しない。「一倍」には数量・程度のはなはだしい意味を表す副詞的用法もあり、『日本国語大辞典』『時代別国語大辞典室町時代編』で例(30)を引用している。

以上をまとめると次のようである。

（a）〈エソポ〉〈伊曽保〉にあって〈へイケ〉にないもののうち〈高野

本〉にある助数詞は、原拠の『平家物語』を〈ヘイケ〉に編集する際に訳出されない章段や部分にあったものである。
（b）「つき（月）」は室町末期から江戸初期にかけて「音読みの数字・(か)・つき」の形で用いられた。
（c）〈ヘイケ〉で「くち（口）」が見られない現象には、〈エソポ〉〈伊曽保〉には飲食の行為や情景がしばしば描写されるが、〈ヘイケ〉にはその描写が極めて少ないという作品の内容の相違が関係していよう。
（d）歌の曲節を数える単位の「ふし（節）」は新しい用法といえる。
（e）「ばい（倍）」は〈エソポ〉〈伊曽保〉で「一倍」の語形で用いられ、二倍の意味を表す。現代語の副詞的用法にとれるものもある。

3.4 〈エソポ〉〈ヘイケ〉にあって〈伊曽保〉にないもの

（C）〈エソポ〉〈ヘイケ〉にあって〈伊曽保〉にないものは5種類である。それらの使用度数を示すと、次のようである。

　　　　ま（間）……〈エ〉1、〈ヘ〉5
　　　　とき（時）……〈エ〉1、〈ヘ〉1
　　　　か（日）……〈エ〉1、〈ヘ〉65
　　　　しよ（所）……〈エ〉2、〈ヘ〉6
　　　　くわん2（巻）……〈エ〉1、〈ヘ〉1

〈エソポ〉の使用度数はどれも少ない。下巻に集中し、〈伊曽保〉に「くわん2（巻）」に対応する部分のみがあり、その他は同話が存しない。

(33) （炭焼が洗濯人へ）家も広う、間々も多いを見て、「…この一間（ひとま）を我にお貸しやれ」と言へば、（〈エ〉473-12）
(34) （洗濯人が炭焼へ）「余が一七日（ひとなぬか）の間洗ひ清めうほどの物を、そなたの一時（ひととき）召されうことをもつて汚さうずれば、少しの間もかなふまじい」と。（〈エ〉473-15, 16）
(35) 子ども一所に集まり居た時（〈エ〉491-18）
(36) 諸鳥一所に集まつて評議して言ふは、（〈エ〉492-13）
(37) それから一巻（いちくわん）の書を作つて帝へこれを奉つたれば、（〈エ〉431-10）

例(33)・例(34)の例は「炭焼と洗濯人の事」における問いかけと回答である。「ま（間）」は部屋を数える単位として用いられている。例(37)に対応する〈伊曽保〉の本文は「一七日にこの書を集め、奉る。」(〈伊〉378-1)とあり、「一巻の書」が「この書」になっている。なお、ここに「一七日」があるが、読み方に関しては校注者により「いつしちにち」の振り仮名が付され、頭注に根拠として「一七日（ixxichinichi）ノ聴聞」（ロ氏大文典）が示してある。

目をひくのは〈ヘイケ〉の「か（日）」の使用度数65である。合戦の記録という『平家物語』が持っている作品の性質を受け継いで〈ヘイケ〉でも多用されている。これに対し、〈エソポ〉〈伊曽保〉では日日を指定する必要はなかった。

以上をまとめると、次のようである。
　（a）〈エソポ〉〈ヘイケ〉にあって〈伊曽保〉にないものは、〈エソポ〉の使用度数が少ない。〈エソポ〉の下巻に集中し、〈伊曽保〉に対応する話が存在しない。
　（b）「か（日）」は合戦の記録という作品の性質を受け継いで〈ヘイケ〉で多用された。

3.5 〈伊曽保〉〈ヘイケ〉にあって〈エソポ〉にないもの

（D）〈伊曽保〉〈ヘイケ〉にあって〈エソポ〉にないものは3種である。それらの使用度数を示すと、次のようである。

　　　しゅ（種）……〈伊〉1、〈ヘ〉7
　　　たい（体）……〈伊〉2、〈ヘ〉1
　　　さう（艘）……〈伊〉1、〈ヘ〉17

すべて〈エソポ〉に対応する話が存しない章に出現する。〈伊曽保〉ではイソップが上巻十二でサモに着き、サモでの話題が十三から十六で述べられ、その後諸国行脚にでかけるが、〈エソポ〉には十三から十六に相当する話が載っていない。「肴一種」(〈伊〉383-11)、「天人二体」(〈伊〉384-3)、「天朝二体」(〈伊〉384-5)はそこでの用例である。「たい（体）」は天人を数えるのに

用いている。また、〈伊曽保〉の中巻四「伊曽保帝王に答る物語の事」に相当する話も〈エソポ〉に存しない。「小舟一艘」(〈伊〉395-7)はそこでの用例である。

〈ヘイケ〉の「しゆ(種)」は7例全部が「三種の神器」の語形で固定している。「たい(体)」は「一千一体の仏」(〈ヘ〉4-9)とあり、仏を数えるのに用いている。また、「さう(艘)」が合戦の記録という性質を受け継いで多用されている。

(38) 源氏方から船を五百艘ほど押し出いて、そのまま取り回さうとしたれば、また平家方からも船を千余艘で漕ぎ出いて、(〈ヘ〉209-11, 13)

以上をまとめると、次のようである。
(a) 〈伊曽保〉〈ヘイケ〉にあって〈エソポ〉にないものは、〈伊曽保〉の使用度数が少ない。〈エソポ〉に対応する話が存在しない。
(b) 「さう(艘)」は合戦の記録という作品の性質を受け継いで〈ヘイケ〉で多用された。

3.6 〈エソポ〉にのみあるもの

(E) 〈エソポ〉にのみあるものは9種である。それらの使用度数は次のようである。

「げつ(月)」1、「は(把)」1、「はい(杯)」2、
「かなで(奏)」1、「くわん1(巻)」1、「えだ(肢)」2、
「きよく(曲)」4、「し(紙)」1、「じ(字)」1

まず、「かなで(奏)」「きよく(曲)」について取り上げる。この2種は音楽の節や楽曲を数える単位である。

(39) (野牛が狼に)「…最後に一奏舞うて死なうず。一曲添声に預かれ」と (〈エ〉481-21)

3例の「きよく(曲)」は「ふし(節)」の項で引用したが、再度示す。

(25) (狐が鶏に)「…ことには一曲の妙な声が世に隠れない。一節承らうずるために参つたれば、ここにおりやれ」と (〈エ〉477-3)

⑻　（狐が烏に）「…一曲聞かさせられいかし」と言へば、烏このことを聞いて、真かと心得て、一曲あげうと口を開くとともに、肉をば落いた。（〈エ〉450-17～19）

　例⑻は〈伊曽保〉の例⑻に対応する部分で、先の「一曲」が「一節」（〈伊〉412-3）に、後の「一曲あげう」が「声を出さん」（〈伊〉412-4）に相当する。例㊴・例㉕は〈伊曽保〉に同話が存在しない。「ふし（節）」は〈エソポ〉〈伊曽保〉両方で歌の曲節を数える単位として用いられ、それは新しい用法と言えた。「きよく（曲）」も〈エソポ〉で声に出して歌う数の単位として用いられている。

　ところで、「きよく（曲）」は〈高野本〉に7例存し、琵琶の楽曲を数えるのに用いる。

　⑷　（影のごとくなるものが御門に）「是は昔、貞敏に三曲つたへ候し、大唐の琵琶の博士、廉承武と申す者で候が、三曲のうち秘曲を一曲のこせるによって、（〈高〉下54-8, 9, 9）

　この「曲」は楽曲の意味の名詞としての扱いも可能であるが、助数詞として処理した。〈高野本〉に対応する部分が〈ヘイケ〉に1例しかなく、その部分は〈高野本〉の「彼三曲」（下216-1）が〈ヘイケ〉で「琵琶の秘曲」（〈ヘ〉298-20）と表現が変わっている。

　日葡辞書にイッキョク、ヒトカナデの見出しがあり、それぞれ次のように説明されている。

　　Icqioku.　イッキョク（一曲）　舞ったり，弾奏したり，歌ったり，物語ったりなどする時の優美さやよい音色のところ．

　　Fitocanade.　ヒトカナデ（一奏で）　歌を伴った一踊り．

　例㊴にある「添声」については次のように説明されている。

　　Soyegoye.　ソエゴエ（添声）　演劇〔能〕の際に，演技者が声がかれているとか，声が出せないとかする場合に，謡うのを援助すること．

　〈エソポ〉の「かなで（奏）」「きよく（曲）」、そして〈エソポ〉〈伊曽保〉の「ふし（節）」は、どの用例も声に出して歌う行為と深く関係している。小林千草（2008）は、〈ヘイケ〉に関して「ハビアンは能の語りのリズムを

第二章　天草版『エソポのハブラス』の助数詞と数詞　331

念頭に入れて、原拠本たる平家物語を室町口語訳していった」点を指摘した。〈ヘイケ〉と合冊された〈エソポ〉の口語化に、ハビアンがどの程度関与したか明瞭に言えないが、〈エソポ〉に助数詞の面から能の語りの素養の反映を見ることができる。

　次に「は（把）」「くわん1（巻）」について取り上げる。この2種が出現する話や部分は〈伊曽保〉に存在しない。「は（把）」は下巻「百姓と子どもの事」に出現する。
　㊶　（木の枝を）一把づつ面々に渡いたれば（〈エ〉492-1）
「くわん1（巻）」は作品の構成を表す題目にある。
　㊷　エソポが作り物語の下巻（〈エ〉469-19）

　第三に「げつ（月）」「はい（杯）」「えだ（肢）」「し（紙）」「じ（字）」について取り上げる。これらが出現する話は〈伊曽保〉に存在するが、該当部分の表現が異なっている。
　㊸　元より数月棺の中に籠り居たことなれば（〈エ〉435-11）
　㊹　久しく籠居せし故（〈伊〉388-9）
　㊺　なま温い湯を一盃大茶碗に持つて来て（〈エ〉411-16）
　㊻　一盃づつ引き受け引き受け飲むに（〈エ〉412-6）
　㊼　ま一肢は我にくれい（〈エ〉446-10）
　㊽　ま一肢をば我にくれい（〈エ〉446-13）
　㊾　肢一つ得させよ（〈伊〉406-5）
　㊿　エソポ一紙を調えて（〈エ〉440-24）
　(51)　いそ保懐より小文一つ取りいだし、（〈伊〉396-14）
　(52)　その故は、ここにまた石に五字書いてござる。それといふは、オ、コ、ミ、テ、ワとあつた。（〈エ〉420-4）
　(53)　そのゆえは此文字にあらはれ、（〈伊〉371-15）
〈エソポ〉の例㊸に〈伊曽保〉の例㊹が対応する。〈エソポ〉の例㊺・例㊻は〈伊曽保〉で上巻「第三　柿を吐却すること」に相当するが、〈伊曽

保〉では簡易な表現になっており、対応箇所を取り出せない。例(47)・例(48)は〈エソポ〉で「獅子と犬と狼と豹との事」、例(49)は〈伊曽保〉で中巻「十四　師子王・羊・牛・野牛の事」にある。動物が異なるが内容の対応する話での使用例である。例(47)に対応する〈伊曽保〉の本文に脱落が考えられる。例(48)に例(49)が対応するが、〈伊曽保〉は「つ」を用いた表現になっている。同様の表現は「肢一つ」(〈エ〉446-8)、「ま一つの肢」(〈エ〉446-14)のように〈エソポ〉にも見られ、それらは〈伊曽保〉で「肢一つ」(〈伊〉406-3)、「今一つの相残る肢」(〈伊〉406-5)となっている。日葡辞書にヒトエダの見出しがあり、次のように説明されている。

　　Fitoyeda　ヒトエダ（一枝・一肢）　木の枝や花の枝、豚、鹿その他動
　　　物の四肢の部分を数える言い方。また、薙刀を数えるのにも使われる。

〈エソポ〉の例(50)に〈伊曽保〉の例(51)が、〈エソポ〉の例(52)に〈伊曽保〉の例(53)が対応する。ともに表現が異なっている。

以上をまとめると、次のようである。
（a）〈エソポ〉に助数詞の面から能の語りの素養の反映を見ることができる。
（b）〈エソポ〉にのみある助数詞は、〈伊曽保〉に対応する話が存在しないか、存在しても対応する部分の表現が異なっているために出現しないものである。

3.7　〈伊曽保〉にのみあるもの

（F）〈伊曽保〉にのみあるものは2種類である。それらの使用度数は次のようである。

　　　「しゃく（尺）」2、「くわんめ（貫目）」9

（1）「しゃく（尺）」　使用度数〈伊〉2

「しゃく（尺）」1例は上巻「第五　けだものの舌の事」でイソップの答えの中に現れる。〈エソポ〉に対応する話は存するが、表現が異なっている。

　(54)　しばらく世間の悪事を案じ候に、是禍門也。三寸の舌のさへづりを

もつて、五尺の身を損じ候も、みな舌ゆゑのしわざにて候はずや（〈伊〉367-10）

(55) 舌はこれ禍の門なりと申す諺がござれば、これに過ぎた悪しい物はござるまじい（〈エ〉416-14）

あと1例は上巻「十五　長者と他国の商人の事」に「一尺四方の箱一つ」（〈伊〉382-12）の形で現れるが、この話は〈エソポ〉に存しない。

「しやく（尺）」は〈高野本〉で11例見られる。漢音の「せき（尺）」も3例ある。しかし、その全用例に該当する部分が〈ヘイケ〉に存しない。

「しやく（尺）」が〈伊曽保〉にのみあるのは〈エソポ〉対応する話が存在しなかったり、存在しても表現が異なっていたりして出現しないためである。

(2)　くわんめ（貫目）　使用度数〈伊〉9

「くわんめ（貫目）」は「くわん（貫）」と同じく、貨幣を数える単位である。〈伊曽保〉では銀子の単位として三貫目、四貫目、十貫目が用いられている。上巻「十三　商人かねをおとす公事の事」（379〜380）で、落とした銀子が三貫目か四貫目かで裁判になり、イソップがみごとに裁いてみせる。

(56) ある商人、さんにおいて三貫目の銀子をおとすによつて、札を立ててこれをもとむ。…ある者是を拾ふ。…主（＝商人）俄に欲念おこつて褒美のかねを難渋せしめんがため、「わがかねすでに四貫目ありき。持ちきたれるところは三貫目なり。…」…二人ながら糺明の庭にまかり出る。…かの主、誓断をもつて「四貫目ありき」と云ふ。かの者は、「三貫目ありき」と云ふ。（〈伊〉379-2, 10, 11, 15, 15）

また、上巻「十五　長者と他国の商人の事」（382〜383）で、十貫目の銀子を長者に預けた商人が、イソップの知恵を借りて無事に銀子を取り戻す。

(57) ある時、片田舎の商人、銀子十貫目持ち来りて、…長者たやすく預かりける。…長者あらがひて　云はく、「我汝が銀を預かる事なし。…」…かの玉を預からんがために、…もとの銀子をあたへてけり。そのゆゑは、「此箱の内の明珠、十貫目の南鐐よりそくばくまさるべし」と思ふによつてなり。（〈伊〉382-4, 383-5）

これらの話は〈エソポ〉に存在しない。「くわんめ（貫目）」という単位が〈エソポ〉に見られないのは、金銭の争いを扱った上記の話を〈エソポ〉が採用しなかったことによる。

　ここで「くわん（貫）」に触れておこう。「くわん（貫）」は3作品にあるが、使用度数は〈エ〉1、〈伊〉7、〈ヘ〉2で、〈伊曽保〉の多さが目を引く。

　〈エソポ〉の「ネテナボ帝王、エソポに御不審の条々。」で、未だかつて見聞かぬものは何かという、エジプトの学者から出された難題に、イソップが答える部分に出てくる。例(58)と例(59)とは対応する部分である。

　(58)　その理はリセロ帝王から借らせられた、三十万貫の借状であつた。
　　　（〈エ〉441-2)

　(59)　「それりくうるすといふけれしやの帝王より、三十万貫を借り候所、実正明白なり」とありければ、（〈伊〉397-2)

〈伊曽保〉の中巻「六　さぶらひ鵜鷹にすく事」(397～398)で、イソップはエジプトの臣下の鵜飼・鷹狩りを、経費と利益という点で諌める。

　(60)　住人安じて云はく「其費えいくばくぞや」侍答へて云はく、「毎年百貫あてなり」といふ。……「その徳いかほどあるぞ」と問。侍答へて云はく、「五貫三貫の間」といふ。……住人笑つていはく、「……そのゆゑは、百貫の損をして五三貫の徳ある事を好む人は、ただの狂人にことならず〈伊〉398-6, 7, 10, 10)

下巻「廿九　出家とゑのこの事」には進物の金銭に対する出家の欲深さが語られる。

　(61)　此出家の重欲心をさとつて申けるは、「……持ちたる百貫の料足を、貴僧に奉るべしといひおき侍る」（〈伊〉465-7)

これらの話は〈エソポ〉に存しない。なお、〈ヘイケ〉では清盛から妓王の母に毎月おくられた「百石、百貫」（〈ヘ〉93-23)（〈ヘ〉98-8)に用いられている。「くわん（貫）」が〈伊曽保〉で多いのは、経費と利益という金銭の損得や金銭への欲心を扱った話を〈伊曽保〉が採用したことによる。

　以上をまとめると、次のようである。

（a）「しやく（尺）」が〈伊曽保〉にのみあるのは〈エソポ〉に対応する話が存在しないか、存在しても表現が異なっているために出現しないものである。

（b）「くわんめ（貫目）」は〈伊曽保〉で多用され〈エソポ〉に見られない。それは金銭の争いを扱った話を〈エソポ〉が採用しなかったことによる。同様に、「くわん（貫）」が〈伊曽保〉で多いのは、経費と利益という金銭の損得や金銭への欲心を扱った話を〈伊曽保〉が採用したことによる。

3.8 〈ヘイケ〉にのみあるもの

（G）〈ヘイケ〉にのみあるものは全部で47種類である。3作品すべてで〔時間〕〔頻度〕〔性質単一〕の意味分類に属すものが多いが、〈ヘイケ〉にのみあるものも、これらの意味分類に属すものが多い。また、〔尺度〕の意味分類に属すものが〈ヘイケ〉では〈エソポ〉〈伊曽保〉に比べてはるかに多く、それが〈ヘイケ〉にのみあるものの種類を伸ばしている。〈ヘイケ〉は「この国の風俗を知り」「日域の往時を訪ふべき書」[7]として、ハビアンにより選ばれ、抄訳された作品である。その作品の性格が（G）〈ヘイケ〉にのみあるものの属す意味分類によく反映している。

使用比率がとくに高く、50パーミルを超えるものは、〔位階〕の「ゐ（位）」（度数107）、〔順序〕の「らう（郎）」（度数136）、〔性質単一〕の「き（騎）」（度数178）の3種類である。50パーミルに近いものに〔区画〕の「でう（条）」（度数67）がある。「ゐ（位）」は位そのものを表す場合もあるが、「三位入道」（度数21、源頼政の呼称）のように、その位に叙された人や関係者を表す場合もある。「らう（郎）」は兄弟の中における出生の順序を示し、人物呼称として用いられる。「き（騎）」は馬に乗っている武士の数を示し、その数が軍団の規模を表している。「でう（条）」は通りや土地そのものを表すのが本来の用法であるが、「西八条」（度数15、平清盛の邸宅の呼称）のように、その土地にある屋敷を表したり、「七条の修理の大夫」（度数2、藤原信隆の呼称）のように、その土地に住んでいる人を表したりする用

法も多く見られる。

以上をまとめると、次のようである。
（ａ）〈ヘイケ〉にのみあるものは〔時間〕〔頻度〕〔性質単一〕〔尺度〕の意味分類に属すものが多い。〈ヘイケ〉は日本の風俗と歴史を知るという目的で選ばれ、抄訳された作品である。その作品の性格がこの点によく反映している。
（ｂ）〈ヘイケ〉にのみあるものの中で、とくに使用比率の高いものは〔位階〕の「ゐ（位）」、〔順序〕の「らう（郎）」、〔性質単一〕の「き（騎）」、〔区画〕の「でう（条）」である。これらは人物の呼称としてよく用いられる。また、武士の数を示し、軍団の規模を表すのに用いられる。

4　おわりに

　天草版『エソポのハブラス』の助数詞そのもの、及び助数詞を含む数詞に関して、古活字本『伊曽保物語』・天草版『平家物語』と比較し、その特色を把握することに努めた。まずその結果を掲示する。

（ａ）　３作品の比較から見る数詞・助数詞の全体像
①　〈エソポ〉と〈ヘイケ〉とは室町時代末期の話し言葉で書かれた日本語教材という共通点を持っているが、〈エソポ〉は〈ヘイケ〉と比較して助数詞を含む数詞の使用が少ない。
②　助数詞を含む数詞の語彙の規模は〈伊曽保〉の方が〈エソポ〉より大きい。しかし、助数詞の種類では〈エソポ〉の方がバラエティに富んでいる。
③　各作品で助数詞の種類が多いのは〔時間〕〔頻度〕〔性質単一〕の意味分類である。３作品で共通に見られる（Ａ）も同様の様相を呈している。
④　〈エソポ〉〈伊曽保〉と比較して〈ヘイケ〉で多いのは〔尺度〕の意味

分類である。それは〈ヘイケ〉のみに見られる（G）にもよく現れている。

（b） 3作品に見られる助数詞
　① 3作品で共通に見られる助数詞は、室町時代から江戸時代にかけて一般に用いられたものである。
　② 「すん（寸）」は〈エソポ〉〈伊曽保〉で成句の中で、〈ヘイケ〉で実際の長さを表す場合に用いる。寓話と軍記という作品の素材の相違が反映されている。
　③ 「ひき（匹）」は〈エソポ〉〈伊曽保〉で色々な獣を数えるのに、〈ヘイケ〉で人の乗っていない馬を数えるのに用いる。寓話と軍記という作品の素材の相違が反映されている。現代の用法と比較した場合、「ひき（匹）」で表す対象の範囲が広い。
　④ 「ほん（本）」は〈エソポ〉で柱・斧の柄、〈伊曽保〉で柱・植木、〈ヘイケ〉で卒塔婆・柱を対象にする。現代の用法と比較した場合、表す対象の範囲が狭い。

（c） 〈エソポ〉〈伊曽保〉にあって〈ヘイケ〉にない助数詞
　① 〈エソポ〉〈伊曽保〉にあって〈ヘイケ〉にないもののうち〈高野本〉にある助数詞は、原拠の『平家物語』を〈ヘイケ〉に編集する際に訳出されない章段や部分にあったものである。
　② 「つき（月）」は室町末期から江戸初期にかけて「音読みの数字・（か）・つき」の形で用いられた。
　③ 〈ヘイケ〉で「くち（口）」が見られない現象には、〈エソポ〉〈伊曽保〉には飲食の行為や情景がしばしば描写されるが、〈ヘイケ〉にはその描写が極めて少ないという作品の内容の相違が関係していよう。
　④ 歌の曲節を数える単位の「ふし（節）」は新しい用法といえる。
　⑤ 「ばい（倍）」は〈エソポ〉〈伊曽保〉で「一倍」の語形で用いられ、二倍の意味を表す。現代語の副詞的用法にとれるものもある。

（d） 〈エソポ〉〈ヘイケ〉にあって〈伊曽保〉にない助数詞
　① 〈エソポ〉〈ヘイケ〉にあって〈伊曽保〉にないものは、〈エソポ〉の

使用度数が少ない。〈エソポ〉の下巻に集中し、〈伊曽保〉に対応する話が存在しない。
　②　「か（日）」は合戦の記録という作品の性質を受け継いで〈ヘイケ〉で多用された。
（e）〈伊曽保〉〈ヘイケ〉にあって〈エソポ〉にない助数詞
　①　〈伊曽保〉〈ヘイケ〉にあって〈エソポ〉にないものは、〈伊曽保〉の使用度数が少ない。〈エソポ〉に対応する話が存在しない。
　②　「さう（艘）」は合戦の記録という作品の性質を受け継いで〈ヘイケ〉で多用された。
（f）〈エソポ〉にのみある助数詞
　①　〈エソポ〉に助数詞の面から能の語りの素養の反映を見ることができる。
　②　〈エソポ〉にのみある助数詞は、〈伊曽保〉に対応する話が存在しないか、存在しても対応する部分の表現が異なっているために出現しないものである。
（g）〈伊曽保〉にのみある助数詞
　①　「しやく（尺）」が〈伊曽保〉にのみあるのは〈エソポ〉に対応する話が存在しないか、存在しても表現が異なっているために出現しないものである。
　②　「くわんめ（貫目）」は〈伊曽保〉で多用され〈エソポ〉に見られない。それは金銭の争いを扱った話を〈エソポ〉が採用しなかったことによる。同様に、「くわん（貫）」が〈伊曽保〉で多いのは、経費と利益という金銭の損得や金銭への欲心を扱った話を〈伊曽保〉が採用したことによる。
（h）〈ヘイケ〉にのみある助数詞
　①　〈ヘイケ〉にのみあるものは〔時間〕〔頻度〕〔性質単一〕〔尺度〕の意味分類に属すものが多い。〈ヘイケ〉は日本の風俗と歴史を知るという目的で選ばれ、抄訳された作品である。その作品の性格がこの点によく反映している。
　②　〈ヘイケ〉にのみあるものの中で、とくに使用比率の高いものは〔位

階〕の「ゐ（位）」、〔順序〕の「らう（郎）」、〔性質単一〕の「き（騎）」、〔区画〕の「でう（条）」である。これらは人物の呼称としてよく用いられる。また、武士の数を示し、軍団の規模を表すのに用いられる。

　次に助数詞の簡略化が見られるかという点と、助数詞の使用の視点で〈エソポ〉〈伊曽保〉に相違があるかという点について述べる。
　濱千代（2006）の天草版『平家物語』と『平家物語』〈高野本〉との比較では、助数詞の簡略化と作品の編集方針を分離して考察することが困難であった。今回、天草版『エソポのハブラス』・古活字本『伊曽保物語』を調査の対象にしたことで、次の点が明らかになった。
（a）〈エソポ〉〈伊曽保〉〈ヘイケ〉すべてにあるが〈高野本〉にない助数詞はない。
（b）〈エソポ〉〈伊曽保〉〈ヘイケ〉すべてにないが〈高野本〉にある助数詞は39種に及ぶ。

〈高野本〉にある助数詞39種は次のものである。
（1）量を測る単位
　①人為的に特定の単位を設定したもの……計14種
　　〔尺度〕　さと（里）、ゆじゆん（由旬）、つか（握）、せき（尺）、ふせ（伏）、ちやくしゆ（搩手）……6種
　　〔量目〕　こん（斤）……1種
　　〔時間〕　こく（剋）、こふ（劫）、じ（時）、てん（点）、しう（秋）、せい（歳）、しゆん（旬）……7種
　②集合体や容器の名称を単位名としたもの……計2種
　　〔容器〕　へい（瓶）、びやう（瓶）……2種
（2）数を数える単位
　①頻度・種類・順序などを単位名としたもの……計5種
　　〔頻度〕　くわい（回）、かへり（返）……2種
　　〔重なり〕　ちよう（重）、かい（階）、とう（等）……3種

②性質・形状などを単位名としたもの……計18種

a　単一体を単位とする場合……16種

　〔性質単一〕　き（基）、せん（銭）、ぢく（軸）、く（句）、でふ（帖）、し（枝）、もん（文）、ふり（振）、きれ（切）、めん（面）、よ（節）、えふ（葉）、つう（通）、ちやう（張）、ぎやう（行）、ちやう（挺）

b　集合体を単位とする場合……2種

　〔性質集合〕　くだり（襲）、て（手）

このことから〈エソポ〉〈伊曽保〉の作品の規模が〈高野本〉に比べて小さいとはいえ、中世末期から江戸初期にかけて成立した3作品で助数詞が減少していると指摘できる。とくに〔時間〕〔性質単一〕の意味に分類される助数詞が減少している。

何を対象にその助数詞が用いられたかという点で、〈エソポ〉と〈伊曽保〉の助数詞を比較すると、双方に違いがあることも判明した。「かなで（奏）」「きよく（曲）」など、声に出して歌う行為に関わる単位を〈エソポ〉は多用する。〈エソポ〉に助数詞の面から能の語りの素養の反映を見ることができる。また、金銭に関わる単位を〈伊曽保〉は多用するが〈エソポ〉はそうではない。〈エソポ〉〈伊曽保〉とは共通の祖本としての文語本が存したであろうと考えられているが、〈エソポ〉の下巻に相当する部分は収録寓話の異同が大きい。その共通の祖本部分の中でも〈伊曽保〉の上巻十三・十五、中巻六の話が〈エソポ〉に存在しない。これらの話で金銭が話題になり、「くわんめ（貫目）」「くわん（貫）」のような金銭に関わる単位が現れる。〈エソポ〉は金銭の話題を採用しなかったと考える。〈エソポ〉〈伊曽保〉の助数詞に編集方法の相違が反映していると推定する。

注

1）　前章で〈ヘイケ〉の助数詞を含む語の数値を異なり語数507語、延べ語数1371語と示した。この時は「さんがねん（三が年）」「いちでうのじらう（一

条の次郎)」のように1語の中に助数詞が複数ある場合、助数詞ごとに区別して計量した。この方法で計量すると、〈エソポ〉の異なり語数・延べ語数は60語・152語、〈伊曽保〉は62語・223語になる。今回は助数詞が複数ある場合も、1語と見なして計量した。また、〈ヘイケ〉と〈エソポ〉の基準をそろえるための修正も加えた。これによって〈ヘイケ〉の数値に変更が生じた。

2) 〈エソポ〉と〈ヘイケ〉は1ページあたり24行という同じ組み方で印刷し、合わせ綴じてあるので、物語の本文のページ数が作品の規模を表していると見なせる。〈エソポ〉の物語の本文は409ページから502ページまでの94ページである。〈ヘイケ〉の本文は3ページから408ページまでの406ページである。ページ数で作品の規模を捉えると、〈エソポ〉は〈ヘイケ〉の23.2%になる。

3) 〈エソポ〉〈伊曽保〉ともにイソップの生涯と数々の寓話とで構成されている。〈エソポ〉に載るイソップの生涯を〈伊曽保〉はすべて含むが、〈伊曽保〉の上十三～十六、中四・六・七の話は〈エソポ〉に存在しない。また、〈エソポ〉の寓話は70話、〈伊曽保〉は65話で、そのうち内容が共通なのは26話である。とくに〈エソポ〉の下巻は、全45話のうち共通なのは2話のみである。

4) 遠藤潤一（1987）は共通の「祖本の原典はSteinhöwel集のロマンス語訳本であったと考えられる」とし、天草版の編者は共通の「祖本にイソップ寓話としては異質な話が登場する辺りに差し掛かって」「ラテン語本に依拠しての編集に切り替えたのではないであろうか」とする。

5) 日葡辞書の引用は『邦訳日葡辞書』による。以降の引用も同様である。

6) 『源氏物語語彙用例総索引』自立語篇によると、「ひとふし（一節）」は14例である。日本古典文学大系『徒然草』では1例である。ひとつの出来事、ひとつの点という意味に解せる。

7) 〈ヘイケ〉の「読誦の人に対して書す」に「この国に来たつて、天の御法を説かんとするには、この国の風俗を知り、また言葉を達すべきこと専らなり。」「言葉を学びがてらに日域の往時を訪ふべき書これ多しといへども、…平家物語に如くはあらじと思ひ、これを選んで」とある。

〈文献〉

市古貞次 編（1973～1974）『高野本平家物語』東京大学国語研究室蔵〈一〉～〈十二〉 笠間書院

上田英代・村上征勝ほか（1994）『源氏物語語彙用例総索引』（自立語篇） 勉誠社

遠藤潤一（1987）『邦訳二種 伊曽保物語の原典的研究 総説』 風間書房

大塚光信（1983）『キリシタン版エソポのハブラス私注』 臨川書店

大塚光信・来田隆（1999）『エソポのハブラス本文と総索引』　清文堂出版
梶原正昭・山下宏明　校注（上—1991、下—1993）新日本古典文学大系『平家物語』上下　岩波書店
小林千草（2008）「『天草版平家物語』〈重衡東下り・千手〉の段と能「千手重衡」―不干ハビアンの"語り"の文体に占める本段の普遍性と特殊性―」『近代語研究』第14集　武蔵野書院
近藤政美・武山隆昭・池村奈代美・濱千代いづみ・近藤三佐子（1998）『平家物語〈高野本〉語彙用例総索引』（付属語篇）　勉誠社
近藤政美・池村奈代美・濱千代いづみ（1999）『天草版平家物語語彙用例総索引』　勉誠出版
小学館国語辞典編集部（2000〜2002）『日本国語大辞典　第二版』　小学館
土井忠生・森田武・長南実　編訳（1980）『邦訳日葡辞書』　岩波書店
中川芳雄　解説（1994）『古活字本伊曽保物語』国立国会図書館所蔵本影印　勉誠社再版
西尾実　校注（1957）日本古典文学大系『方丈記　徒然草』　岩波書店
濱千代いづみ（2006）「助数詞の観点による天草版『平家物語』と『平家物語』〈高野本〉との比較」『解釈』第52巻、第5・6号　解釈学会
峰岸明（1966）「平安時代の助数詞に関する一考察（一）」『東洋大学紀要　文学部篇』第20集、『平安時代古記録の国語学的研究』（1986、東京大学出版会）に再録。
室町時代語辞典編修委員会　編『時代別国語大辞典室町時代編』　三省堂
森田武（1965）校注・解説「伊曽保物語」（日本古典文学大系『仮名草子集』）　岩波書店
横山英　監修（1975）『仮名草子伊曽保物語用語索引』　白帝社

付表　〈エソポ〉〈伊曽保〉の助数詞を含む数詞

見出し語	漢字	分類	対象	助数詞	〈エ〉度数	〈伊〉度数	〈ヘ〉度数
ごしやく	五尺	尺度	長さ	しやく		1	
さんずん	三寸	尺度	長さ	すん		1	
したさんずん	舌三寸	尺度	長さ	すん	1	1	
ひとま	一間	尺度	長さ	ま	1		5
いちこく	一石	容積	〈エ〉小麦、〈伊〉米	こく	1	1	

第二章　天草版『エソポのハブラス』の助数詞と数詞　343

見出し語	漢字	分類	対象	助数詞	〈エ〉度数	〈伊〉度数	〈ヘ〉度数
ひやくりやう	百両	量目	金、砂金	りやう	1	1	
いちや	一夜	時間	夜	や	2	3	6
ひとなぬか	一七日	時間	日	か	1		
すげつ	数月	時間	月	げつ	1		
じふにつき	十二月	時間	月	つき	1		
ひととき	一時	時間	時間	とき	1		
いつしちにち	一七日	時間	日	にち		1	
ごさんにち	五三日	時間	日	にち		1	
さんじふにち	三十日	時間	日	にち	1	1	1
いちねん	一年	時間	年	ねん	1		1
せんねん	千年	時間	年	ねん	1		2
まんねん	万年	時間	年	ねん			2
いちは	一把	集合体	束ねた物	は	1		
いつぱい	一杯	容器	湯	はい	2		
ひとかなで	一奏	頻度	舞の回数	かなで	1		
ひとくち	一口	頻度	口に入れる回数	くち	4		
ふたくち	二口	頻度	口に入れる回数	くち		1	
いくたび	幾度	頻度	度数	たび		4	1
ちたび	千度	頻度	度数	たび		7	1
ひとたび	一度	頻度	度数	たび	1	3	5
ふたたび	二度	頻度	度数	たび	4	5	11
いちど	一度	頻度	度数	ど	1	5	23
いつしゆ	一種	種類	肴	しゆ		1	
げくわん	下巻	順序	書物	くわん	1		
ひとえだ	一肢	性質単一	動物の肢	えだ	2		
いつきよく	一曲	性質単一	楽曲	きよく	4		

344　第三部　天草版『平家物語』・天草版『エソポのハブラス』の助数詞と数詞

見出し語	漢字	分類	対象	助数詞	〈エ〉度数	〈伊〉度数	〈ヘ〉度数
いつし	一紙	性質単一	文書	し	1		
いつしょ	一所	性質単一	場所	しょ	2		1
よところ	四所	性質単一	場所	ところ	1	1	
いっぱう	一方	性質単一	方向	はう	2		4
しはう	四方	性質単一	方向	はう		1	9
いちくわん	一巻	性質単一	文書	くわん	1		1
ごくわん	五貫	性質単一	銭	くわん		1	
ごさんくわん	五三貫	性質単一	銭	くわん		1	
さんくわん	三貫	性質単一	銭	くわん		1	
さんじふまんぐわん	三十万貫	性質単一	銭	くわん	1		
ひやくくわん	百貫	性質単一	銭	くわん		2	
ひやくくわんあて	百貫	性質単一	銭	くわん		1	
さんぐわんめ	三貫目	性質単一	銀銭	くわんめ		5	
しくわんめ	四貫目	性質単一	銀銭	くわんめ		2	
じふくわんめ	十貫目	性質単一	銀銭	くわんめ		2	
いっさう	一艘	性質単一	船	さう		1	3
ごじ	五字	性質単一	文字	じ	1		
にたい	二体	性質単一	天人	たい		2	
いちにん	一人	性質単一	人	にん	15	22	72
ごいちにん	御一人	性質単一	人	にん	1		1
さんにん	三人	性質単一	人	にん		6	26
じふにん	十人	性質単一	人	にん		1	1
にさんにん	二三人	性質単一	人	にん	1		1
ににん	二人	性質単一	人	にん	17	12	38
りやうにん	両人	性質単一	人	にん	4	3	
ひとは	一羽	性質単一	鳥	は	1		

第二章　天草版『エソポのハブラス』の助数詞と数詞　345

見出し語	漢字	分類	対象	助数詞	〈エ〉度数	〈伊〉度数	〈ヘ〉度数
りやうばう	両方	性質単一	方向、方面	はう	4		5
いつぴき	一匹	性質単一	〈エ〉獣、羊の子、驢馬、馬、狼、狐、〈伊〉羊4、驢馬1、狼1、野牛1、牛1、えのこ1、〈ヘ〉馬	ひき	6	9	6
さんびき	三匹	性質単一	馬	ひき	1		
しひき	四匹	性質単一	獣	ひき	1		
すじつぴき	数十匹	性質単一	馬	ひき	1		
せんごひやくひき	千五百匹	性質単一	羊	ひき		2	
にひき	二匹	性質単一	〈エ〉獣、〈伊〉牝馬2、犬1、野牛2、〈ヘ〉馬	ひき	1	5	2
ひとふし	一節	性質単一	歌	ふし	1	2	
いつぽん	一本	性質単一	〈エ〉柱3、斧の柄1、〈伊〉柱2、植木1、〈ヘ〉卒塔婆	ほん	4	3	2
ひとり	一人	性質単一	人	り	3	8	6
ひとりごと	一人言	性質単一	人	り	1	3	1
ひとりみ	一人身	性質単一	人	り		2	

見出し語	漢字	分類	対象	助数詞	〈エ〉度数	〈伊〉度数	〈ヘ〉度数
ふたり	二人	性質単一	人	り	1	9	4
いつつ	五	つ		つ	1	3	1
ここのつ	九	つ		つ	1	1	1
ななつ	七	つ		つ	1	2	
ひとつ	一	つ		つ	22	28	40
ひとつくち	一口	つ		つ		1	
ふたつ	二	つ		つ	6	12	8
ふたつがさ	二嵩	つ		つ		1	
みつ	三	つ		つ		6	8
むつ	六	つ		つ		1	2
やつ	八	つ		つ	1		2
よつ	四	つ		つ	6	10	1
よつあし	四足	つ		つ	1	4	
いちばい	一倍	その他	倍率	ばい	2	2	
いつしゃくよはう	一尺四方	尺度、性質単一	長さ、方向	しゃく、はう		1	
じふにかつき	十二箇月	その他、時間	月	か、つき		1	
ろくかつき	六箇月	その他、時間	月	か、つき		1	
ろつかつきまえ	六箇月前	その他、時間	月	か、つき	1		
にさんがにち	二三箇日	その他、時間	日	か、にち	1		

おわりに

　『平家物語』は数詞の多く現れる作品である。これは、『平家物語』の記録を残すという性格を表す一特徴でもある。そのような記録を残すという性格が、天草版『平家物語』（以下、〈ヘイケ〉）にも伝承されていることが、『平家物語』〈高野本〉（以下、〈高野本〉）と比較することで明らかになった。双方の助数詞を比較することによって、軍記という作品の内容と関係の深い共通の要素、双方の編集方針・制作事情の相違を反映する要素、時代の違いに関係なく共通する要素、時代の変遷を反映する要素、〈ヘイケ〉の原拠本と関係する要素を明確にすることができた。〈ヘイケ〉の抜き書き的な編集によって多く採用されたのは戦闘場面の描写である。〈ヘイケ〉の人物呼称の整理統一によって、「らう（郎）」の付く呼称は現代語の人名に近いものになっている。〈高野本〉では、事件を事実として記録し、文書をありのままに掲載するために、日時に関する事項が一層重要で、多くの数詞・助数詞を活用している。

　天草版『エソポのハブラス』（以下、〈エソポ〉）と〈ヘイケ〉は室町時代末期の話し言葉で書かれた日本語教材という共通点を持っているが、〈エソポ〉は〈ヘイケ〉と比較して助数詞を含む数詞の使用が少ないことが判明した。〈エソポ〉・古活字本『伊曽保物語』（以下、〈伊曽保〉）と比較して〈ヘイケ〉で多いのは〔尺度〕の意味分類である。

　〈エソポ〉・〈伊曽保〉・〈ヘイケ〉に共通にみられる助数詞でも、使用範囲に違いがある。たとえば「ひき（匹）」は〈エソポ〉〈伊曽保〉で色々な獣を数えるのに、〈ヘイケ〉で人の乗っていない馬を数えるのに用いる。ここに、寓話と軍記という作品の素材の相違が反映されている。また、現代の用法と比較した場合、「ひき（匹）」で表す対象の範囲が広い。

　一つの作品でのみ高率か、あるいはその作品でのみ見られる助数詞というものがある。〈ヘイケ〉でのみ高率の「ゐ（位）」、「らう（郎）」、「き（騎）」

などは、人物の呼称として、また、武士の数を示し、軍団の規模を表すのに用いられ、軍記という要素を反映している。〈エソポ〉と〈伊曽保〉はともにイソップ寓話であるが、「くわんめ（貫目）」「くわん（貫）」など金銭に関わる助数詞を〈伊曽保〉で多用するが、〈エソポ〉はそうではないという違いがある。これはどの寓話を採用したかの相違に由来するが、〈エソポ〉に金銭の損得や金銭への欲心を扱った話を採用しなかったのではないかとも考えられる。

　助数詞の簡略化については、〈エソポ〉〈伊曽保〉の作品の規模が〈高野本〉に比べて小さいとはいえ、中世末期から江戸初期にかけて成立した3作品で助数詞が減少していると指摘できる。とくに〔時間〕〔性質単一〕の意味に分類される助数詞が減少している。

　本研究によって助数詞の変遷に関して意味分類・使用度数の観点から特色を把握することができた。そして、数詞に関しては使用度数の高い語の観点から助数詞の分析結果を補強する形で特色を把握することができた。今後の課題として、現代日本語の助数詞との比較がある。また、数詞には語構成によって数を表す部分のみのもの、数を表す部分に助数詞の付いたもの、数を表す部分に名詞の付いたものの3種類がある。これら数詞全部を対象とする研究も残されている。

あとがき

　本書は天草版『エソポのハブラス』・古活字本『伊曽保物語』・天草版『平家物語』とこれらに関係の深い文献を利用し、計量的な手法と視点を取り入れて中世近世日本語の語彙と語法を明らかにしようと努めたものである。

　既発表の論文を基にしているが、全体に統一性を持たせて内容を見直し、書き改めた。発表時に言葉不足であった部分を補足し、計量データは最近の学界の傾向を反映すべく再計量した。発表時には『フロッピー版古典対照語い表』(1989)の数値を利用したが、『日本古典対照分類語彙表』(2014)が刊行されたので、数値をすべて後者のものに入れ替えて計算し直した。また、発表時の紙面の制約で公表しなかった部分も多くあり、それらを本書の中に取り込んだ。そして、論の根拠を示すために多くの表を掲載することにした。これらの事情によって、数々の修正と増補がなされている。

　本書は次の論文に基づいている。旧稿名・掲載誌を示す。

第一部　天草版『エソポのハブラス』の語彙と語法
　第一章　「天草版『エソポのハブラス』の語彙の特色―基幹語彙の視点で天草版『平家物語』・『平家物語』〈高野本〉と比較する―」『岐阜聖徳学園大学国語国文学』第30号　2011年
　第二章　「天草版『エソポのハブラス』・天草版『平家物語』の語彙の豊富さ，類似度，偏り」『岐阜聖徳学園大学紀要〈教育学部編〉』第50集　2011年
　第三章　「天草版『エソポのハブラス』の助動詞の語彙―国字本『伊曽保物語』・天草版『平家物語』との比較を通して―」『岐阜聖徳学園大学国語国文学』第28号　2009年
　第四章　「天草版『エソポのハブラス』の助詞の語彙―天草版『平家物語』・『平家物語』〈高野本〉との比較を通して―」『岐阜聖徳学園大学国語国文学』第31号　2012年

第二部　古活字本『伊曽保物語』・『教訓近道』の疑問表現
　　第一章　「古活字本『伊曽保物語』の疑問詞疑問文」『解釈』58巻11・12月号　669集〈解釈学会〉　2012年
　　第二章　「古活字本『伊曽保物語』の肯否疑問文」『岐阜聖徳学園大学紀要〈教育学部編〉』第52集　2013年
　　第三章　「『教訓近道』の疑問表現―『伊曽保物語』との比較を通して―」『岐阜聖徳学園大学国語国文学』第32号　2013年

第三部　天草版『平家物語』・天草版『エソポのハブラス』の助数詞と数詞
　　第一章　「助数詞の観点による天草版『平家物語』と『平家物語』〈高野本〉との比較」『解釈』52巻5・6月号　614・615集〈解釈学会〉　2006年
　　第二章　「天草版『エソポのハブラス』の助数詞と助数詞を含む数詞―国字本『伊曽保物語』・天草版『平家物語』との比較を通して―」『岐阜聖徳学園大学国語国文学』第29号　2010年

　いわゆるキリシタン資料との出会いは古く、国字本『こんてむつすむん地』が最初である。次にローマ字本『コンテムツス・ムンヂ』を国字本と比較しながら読んだ。続けて天草版『平家物語』を読み、その語彙・語法・音韻に興味を抱いた。
　『岐阜聖徳学園大学国語国文』第28号（2009）に「近藤政美著『天草版『平家物語』の原拠本、および語彙・語法の研究』」という紹介文を載せた時、紹介の後方に以下のような回想を記した。「筆者は近藤政美先生に師事し、『天草版平家物語総索引』の作成時には原稿の清書をお手伝いして言葉の単位句切りを学んだ。『中世国語論考』を拝読し、実証的に研究を進めてきた先生の手法を範としてきた。平成になって間もなくのころ、MS-DOSというOSで動くパソコンを使いこなすため、先生に従い、東京や関西で開かれる研究会に参加した。そこで得た知識や手法を応用し、何万件というデータを入力し、その内容を確認するという多大な作業を行うようになった。土曜

日や日曜日、あるいは夏季休業日や冬季休業日に先生の研究室を訪ねた。入力したデータの集計をパソコンに任せている間が休憩の時間で、20分から30分くらいはあった。その後、OSは進化し、ハードディスクの容量は大きくなり、付設の機器もソフトウェアも格段に進歩し、その値段も手ごろになった。しかし、先生とお茶を飲みながらパソコンの回転する音を聞き、集計の間は凍りついたままだったディスプレイの画面が急に変り、期待していた結果が映し出された時の感動は今も覚えている。何ものにもかえられない記憶である。」

　パソコンと周辺機器、ソフトウェアの使用方法やデータの扱い方などは、西日本データベース研究会や計量国語学会、国立国語研究所の催しなどへの参加を通して、開催者や発表者から多くのことを学んだ。天草版『平家物語』については、文部省の出版助成をいただき、近藤政美先生・池村奈代美氏と文脈付き索引の作成を目指し、武山隆昭氏の協力を得て『天草版平家物語語彙用例総索引』を刊行した。そして、この索引を利用して『平家物語』やその他の古典と比較しつつ、研究成果を公表した。本書の第三部第一章はこの索引を利用してできあがったものである。その後、研究対象は天草版『エソポのハブラス』・古活字本『伊曽保物語』、さらに『教訓近道』へと自然に広がった。研究を進める中で、天草版『平家物語』と天草版『エソポのハブラス』の語彙の相補完的関係が見えてきた。

　集計の間20分から30分も凍りついたままのディスプレイを横目に見た時代に比べると、集計に時間がかからなくなった今は隔世の感がある。しかし、1件1件のデータを採取するときには、今も変わらず慎重な判断が要求される。そして、データを分析する手法と視点が大変重要であり、データを有効に活用することにつながるのである。

　近藤政美先生に師事して学んだことは研究に対する姿勢の基礎になった。研究会や学会、催しなどへの参加を通して、当時の最新の情報を得ることができた。文献や論文を通して諸先学からも多くのことを学んだ。数々の学恩を被りながら本書が成立していることを強く感じている。

本書の刊行には和泉書院社長の廣橋研三氏から格別の御尽力をたまわりました。心より感謝申し上げます。

　　平成27年12月吉日

　　　　　　　　　　　　　　　　　　　　　　　　濱千代いづみ

付記　本書の出版にあたり、岐阜聖徳学園大学から学術図書出版助成金の交付を受けました。厚く御礼申し上げます。

索　引

あ　行

相手の意志	179, 184, 186
相手への配慮	149, 150
ある形に統一	265, 279
いかが(は)せん	147, 148
1語あたりの使用度数	68, 69, 89, 97
イッキョク	330
いで	103, 104, 130
いまゐのしらう	263
依頼	206, 207, 208
色々な獣	322, 337
う	73, 87, 91
うず	74, 87, 90, 91
疑い	145
エソポ養子に教訓の条々	129
えだ(枝)	239
えふ(葉)	241
置き換える	274, 279
同じ傾向	297
音韻の変化	27, 33
音韻変化を伴う複合語	74, 90

か　行

か(日)	328, 338
―か	184, 185, 186, 199, 205, 206, 207, 208
該当部分ナシ	277
係り結び形式	176, 177, 178, 185
格助詞をとらない	87
獲得すべき語彙	229
かなで(奏)	329
から	123, 124, 131
漢文訓読の語法	180
漢文訓読文体	153, 157
勧誘	206, 207, 208
き	88, 91
き(基)	238
き(騎)	260, 265, 266, 267, 279, 299
基幹語彙	8, 32, 76, 77, 79, 81, 82, 84, 87, 88, 89, 90, 105, 106, 107, 122, 124, 131
基幹単位集団	244, 249, 251, 256, 257, 299
基数詞	216
基礎語	24, 33
期待値偏差	44, 45, 49
〈騎馬〉	297, 301
基本形式	144
基本形式Ⅰ	156, 157
基本形式Ⅱ	156, 157
基本形式Ⅲ	156, 157
基本語彙	76
疑問詞疑問文	140, 144, 156, 198, 200, 201, 202, 204, 207, 208
疑問詞なにと＋か	148
疑問詞に「なに・なん」を含むもの	149, 150
疑問詞(を含む成分)	198, 201, 207
疑問詞(を含む成分)＋か	145, 146
疑問詞(を含む成分)＋や	157
疑問表現	140, 197
ぎやう(行)	243
キャロル	41, 42, 49
教訓	130, 132
共通語群	45, 47, 49
共通語群への傾斜	45, 46, 49, 50
共通の要素	297

共通見出し語	44, 45	心の動き	27, 33
きよく(曲)	238, 329	骨格部分をなす語集団	7, 8, 15, 33
きれ(切)	240	固定化	154, 156
記録	229, 292, 301	ごとくぢや	74, 90
禁止表現	130, 132	ごとし	84, 85, 86, 87, 91
金銭	340	異なり語数	8, 9, 40, 68, 89, 97, 261
金銭の争い	335, 338		

さ 行

く(句)	239	さう(艘)	269, 274, 275, 278, 279, 300, 329, 338
寓話の記述形式	26, 33		
くださる	27	さうなり	73
くち(口)	324, 327, 337	作成の目的	243
くらう	264	作品の規模	69, 89, 98, 130
くらうたいふのはうぐわん	264	作品の語彙の偏り	49
ぐわち(月)	232, 298	作品の内容	232, 283, 287, 298, 300, 327, 337
ぐわつ(月)	256		
くわん(貫)	334	さす	82, 83
くわんめ(貫目)	333, 335, 338	させ給ふ	83
軍団の規模	336, 339	させらる	82
敬語	149, 150, 151	さと(里)	235
敬語の変遷	27, 30, 33	さまざまな呼称	292, 301
げな	74, 90	散布度	39
けり	88, 91	さんみにふだう	291
けれども	103, 104, 130	し(枝)	240
けん2(間)	238	じ(字)	242
減少している	228, 298	〔時間〕	250, 251, 256, 257, 292, 299, 301
現代でも頻繁に用いる	292, 300	〔時間〕〔順序〕の助数詞を含む数詞	297, 301
現代でも頻繁に用いる数詞	282, 283, 290, 300	〔時間〕〔頻度〕〔性質単一〕	319, 336
語彙の偏り	46, 49	したごころ	85, 129
語彙の規模	298, 314, 336	実際の長さ	322, 337
語彙の傾向	39, 40	実名	265, 278
語彙の類似度	44, 49	じふしにち	272
語彙の類似度C	43	じふらうくらんど	263
語彙量	8, 40	じふろくにち	270, 272
口語的文脈	90, 103, 104, 131	しゃく(尺)	236, 332
肯否疑問文	140, 175, 178, 198, 199, 201, 205, 207, 208	〔尺度〕	235, 319, 336
声に出して歌う行為	330, 340	―終止形+や	179, 181, 184, 185, 186

索　引　355

主語が二人称でなくて直上の語句の真偽を問うもの	181, 184, 186
順位	9
使用度数	7, 106, 243, 251, 279, 287
使用度数の多い語	261
使用比率	280
使用率	7, 8, 9, 105, 131
省略する	274, 279
助詞「か」	201, 202, 208
助詞「ぞ」	204
助詞の語彙	95, 99, 130
助詞の使用	98, 99, 130
助詞「や」	201, 202, 204, 208
序数詞	216
助数詞	215, 220, 297, 308
助数詞が減少している	340
助数詞の簡略化	243, 339
助数詞の種類	314, 336
助数詞の分類	220, 308
助数詞を含む語	224, 226
助数詞を含む数詞	279, 282, 290, 297, 308, 310, 311
助数詞を含む数詞の減少	243
助数詞を含む数詞の語彙	228
助動詞の語彙	67
助動詞の使用	69, 90
自立語の語彙	7, 8, 38, 39, 40
人物	26, 27, 33
人物の呼称	290, 292, 301, 336, 339
す	82, 83
推量の助動詞	151
推量の助動詞「けん」	148
推量の助動詞「べき」	148
推量表現	152, 153
数詞	215, 216
数種類の呼称	265, 278
すん(寸)	319, 322, 337
成句	322, 337
制作事情	297
〔性質単一〕	238
〔性質単一〕の助数詞を含む数詞	297, 301
せき(尺)	236
せ給ふ	83
せらる	82
0・1の段階	28, 29, 32
0・1・2の段階	28, 29, 32, 33, 34
せん(銭)	239
選択疑問文	140
戦闘	267, 279
そ	128
添声	330
そのごとく	85, 87

た　行

た	73, 87, 91
第一基幹語彙	9, 15, 24, 25, 27, 33
第一・第二基幹語彙	106
第二基幹語彙	9, 15, 25, 26, 27, 33
第三基幹語彙	106
対象	340
代表値	39
タイプ・トークン比	41, 42, 43, 49
田中章夫	44, 49
たり(人)	234, 298
ぢく(軸)	239
ぢや	74, 87, 90, 91
ちやう(張)	242
ちやう(挺)	243
ちやくしゆ(擽手)	237
中世の日本語	232, 298
つう(通)	241
つか(握)	236
使い分け	89
つき(月)	323, 327, 337
で	127, 132
であ	74, 90

邸宅の場所	283	**は　行**	
邸宅名	283, 300	ばい(倍)	326, 327, 337
でふ(帖)	240	初めて学習する者	243, 298
てんげり	74, 90	場所	27, 33
問い	145	話し言葉	88, 91, 124, 131
同一・類似	87	判断	27, 33
登場人物の呼称	292, 300	日が入っていない	272
動物	26, 27, 33	ひき(匹)	320, 322, 337
動物の食住	27, 33	非推量の表現	149, 150, 152, 153
特定の人物の呼称	283, 300	日付	272
ところで	103, 123, 124, 131	日付を省略する	274, 279
〈年〉〈月〉	297, 301	ヒトカナデ	330
度数高位	249, 250, 256	人の乗っていない馬	322, 337
度数最高位	249, 256	〈人〉を対象とするもの	
とひのじらう	291		250, 251, 256, 257, 299
―とや―連体形	178	人を対象に数える語	283, 300
		人を対象にして数えるもの	282
な　行		表現の固定化	147, 148
な	128, 130, 132	標準偏差	39, 40
な…そ	128	品詞別	38, 40, 41
内容の判定	183, 184, 186	ふし(節)	325, 327, 337
なかれ	128	武士の数	336, 339
なりとも	103	ふせ(伏)	237
なんだ	74, 87, 90, 91	仏教関係の記述	237
にち(日)	256, 269, 270, 279, 300	船による戦いや移動	278, 279
日常語	24, 25, 33	ふり(振)	240
「にち(日)」の付く語	274	文が疑問詞(を含む成分)で成立する形式	
二人称主語に用いて直上の語句の真偽を問			156
うもの	179	文語的文脈	90
日本語学習	292, 301	分散	39, 40
によつて	103, 122, 124, 131	文全体の内容に対する判定	184
２ランク以上の隔たり	124, 127, 131	文全体の判定	185, 186
ぬ	88, 91	文中の助詞「か」	201, 202, 203, 204, 208
抜き書き的な編集方法	267, 279	文末助詞形式	
抜き書き的に	237, 243, 298		176, 179, 184, 185, 186, 199, 207
能の語り	331, 332, 338	文末に疑問詞(を含む成分)を用いる形式	
延べ語数	8, 40, 41, 68, 89, 97		154, 156

文末の助詞「ぞ」	203		や 行	
文末の助詞「や」	204			
文末の助詞「や」「ぞ」	204, 208	や	126, 127, 131	
文末を「か」で結ぶ形式	157	―や	177	
文末を疑問詞(を含む成分)で結ぶ形式		―やいなや	180	
	146	―や―連体形	177	
文末を「ぞ」で結ぶ形式	146, 149, 150	やうなり	84, 87	
文末を「や」で結ぶ形式	146, 151, 153, 157	やら	103	
文末を連体形で結ぶ形式		ユール	42, 49	
	145, 146, 148, 198, 201, 207	ゆじゅん(由旬)	236	
平均像	45, 46, 47, 49, 50	よ(節)	241	
平均度数	38, 39, 40	より(度)	233, 298	
編集方針	243, 297		ら・わ 行	
編集方法の相違	340			
補完	34	らう	74, 90	
ほん(本)	321	らう(郎)	260, 261, 262, 263, 265, 278, 299	
		り	88, 91	
ま 行		りやう(両)	322	
まい	74, 90	累積使用度数	77, 79, 81, 106, 107	
まします	30	ん(む)	88, 91	
宮島達夫	43, 49		*	
むず(んず)	74, 90			
名詞	220, 307	K特性値	42, 43, 49	
めん(面)	241	TTR	41	
もん(文)	240	TTR2	41, 42	

■ 著者紹介

濱千代いづみ（はまちよ いづみ）

愛知県立大学文学部卒業、岐阜聖徳学園大学大学院国際文化研究科修了
愛知県立名古屋南高等学校教諭・豊田工業高等専門学校教授・愛知県立大学講師（非常勤）を経て、現在　岐阜聖徳学園大学教育学部教授・同大学院国際文化研究科教授

『保元物語（校註）』　　　　　　武蔵野書院、1993、共編
『平家物語〈高野本〉語彙用例総索引』勉誠社、1998、共編
『天草版平家物語語彙用例総索引』勉誠出版、1999、共編
『校注平家物語選』　　　　　　　和泉書院、2007、共編
『学生・教師・社会人のための改訂漢字ハンドブック』
　　　　　　　　　　　　　　　　和泉書院、2015、共編

研究叢書　474

中世近世日本語の語彙と語法
―キリシタン資料を中心として―

2016年3月1日　初版第一刷発行

著　者　濱千代いづみ
発行者　廣橋研三
　　　　〒543-0037　大阪市天王寺区上之宮町7-6
発行所　有限会社　和泉書院
　　　　電話 06-6771-1467
　　　　振替 00970-8-15043
　　　　印刷／製本　亜細亜印刷

ⒸIzumi Hamachiyo 2016 Printed in Japan　ISBN978-4-7576-0784-2 C3381
本書の無断複製・転載・複写を禁じます

── 研究叢書 ──

書名	著者	番号	価格
天草版『平家物語』の原拠本、および語彙・語法の研究	近藤　政美 著	376	13000 円
方言数量副詞語彙の個人性と社会性	岩城　裕之 著	390	8500 円
生活語の原風景	神部　宏泰 著	405	8000 円
国語表記史と解釈音韻論	遠藤　邦基 著	406	10000 円
谷崎潤一郎の表現　作品に見る関西方言	安井　寿枝 著	407	8000 円
平安時代識字層の漢字・漢語の受容についての研究	浅野　敏彦 著	415	9000 円
文脈語彙の研究　平安時代を中心に	北村　英子 著	416	9000 円
平安文学の言語表現	中川　正美 著	417	8500 円
祭祀の言語	白江　恒夫 著	419	9000 円
日本古代文献の漢籍受容に関する研究	王　小林 著	420	8000 円

（価格は税別）

研究叢書

書名	著者	番号	価格
日本語音韻史論考	小倉 肇 著	421	13000 円
都市言語の形成と地域特性	中井 精一 著	423	8000 円
日本人の想像力 方言比喩の世界	室山 敏昭 著	425	11000 円
近世後期語・明治時代語論考	増井 典夫 著	426	10000 円
法廷における方言 「臨床ことば学」の立場から	札埜 和男 著	427	5000 円
都市と周縁のことば 紀伊半島沿岸グロットグラム	岸江 信介／太田 有多子／中井 精一／鳥谷 善史 編著	434	9000 円
枕草子及び尾張国歌枕研究	榊原 邦彦 著	435	12000 円
形式語研究論集	藤田 保幸 編	440	12000 円
王朝助動詞機能論 あなたなる場・枠構造・遠近法	渡瀬 茂 著	441	8000 円
日本植物文化語彙攷	吉野 政治 著	443	8000 円

（価格は税別）

研究叢書

書名	著者	番号	価格
引用研究史論	藤田 保幸 著	446	10000円
詩・川柳・俳句のテクスト分析 語彙の図式で読み解く	野林 正路 著	448	8000円
近世武家社会における待遇表現体系の研究 桑名藩下級武士による『桑名日記』を例として	佐藤志帆子 著	451	10000円
現代日本語の受身構文 タイプとテクストジャンル	志波 彩子 著	454	10000円
対称詞体系の歴史的研究	永田 高志 著	455	7000円
語源辞書 松永貞徳『和句解』 本文と研究	土居 文人 著	457	11000円
蘭書訳述語攷叢	吉野 政治 著	460	13000円
院政鎌倉期説話の文章文体研究	藤井 俊博 著	468	8000円
仮名遣書論攷	今野 真二 著	469	10000円
鷹書の研究 宮内庁書陵部蔵本を中心に	三保 忠夫 著	472	28000円

（価格は税別）